DDR UND DEUTSCHE EINHEIT

Jürgen Weber
unter Mitarbeit von Harald Focke

BUCHNERS KOLLEG. THEMEN GESCHICHTE

Buchners Kolleg. Themen Geschichte

DDR und deutsche Einheit

Jürgen Weber
unter Mitarbeit von Harald Focke

Dieses Werk folgt der reformierten Rechtschreibung und Zeichensetzung. Ausnahmen bilden Texte, bei denen künstlerische, philologische oder lizenzrechtliche Gründe einer Änderung entgegenstehen.

1. Auflage 1 6 5 4 2012 11 10
Die letzte Zahl bedeutet das Jahr dieses Druckes.
Alle Drucke dieser Auflage sind, weil untereinander unverändert, nebeneinander benutzbar.

www.ccbuchner.de

Herstellung: ARTBOX GRAFIK & SATZ GmbH, Bremen
Druck: creo Druck & Medienservice GmbH, Bamberg
Bindearbeiten: Stürtz GmbH, Würzburg

ISBN 978-3-7661-**4697**-7

Inhalt

2. Die Krise der 1980er-Jahre

3. Der Weg zur deutschen Einheit

Geschichte In Clips:
Auf unserer Hompage (*www.ccbuchner.de*) befinden sich Filmausschnitte zu Ereignissen, die in diesem Buch behandelt werden. Geben Sie dazu in das Suchfeld unserer Internetseite den im Buch genannten Clip-Code ein.

So gekennzeichnete Arbeitsaufträge sind besonders geeignet, die Methodenkompetenz zu trainieren.

M Weiteres Quellenmaterial zum kostenlosen Downloaden finden Sie auf der Homepage *www.ccbuchner.de* unter BN 4697.

„Wissen schadet nichts“

Joachim Gauck[1], der sich selbst als „reisender Demokratielehrer“ bezeichnet, besucht 2010 eine Schule im hessischen Rüsselsheim, um dort über die DDR zu berichten:

DDR-Geschichte steht in Rüsselsheim im ersten Halbjahr der Klasse 13 kurz vor den Abi-Prüfungen auf dem Plan. Das Thema sei schon ziemlich trocken, sagen mehrere Schüler, und die Sichtweise darauf ohnehin eine streng westliche. Hallstein-Doktrin, Blockbildung, Ostpolitik und Kalter Krieg. Allenfalls noch der Mauerbau hat Eindruck hinterlassen. „Unfassbar, dass die ein ganzes Land eingemauert haben“, sagt Stefan aus dem Leistungskurs Geschichte. Das hätten ja nicht mal die Nazis fertiggebracht. Die DDR wirke auf ihn heute wie ein „Spaßverein“, sagt sein Mitschüler Sven. „Diese Parolen, der Dialekt, die Namen.“ Was man eben so mitbekommt in Zeitungen und im Fernsehen. Wie es sich dagegen wirklich hinter der Mauer gelebt hat, das können sie sich nicht vorstellen, und deshalb ist Gaucks Auftritt auch eine Art Feldstudie: So also sieht ein Ossi aus, so hat er gelebt. [...]
Er spricht von seinem Vater, der 1951 abgeholt und nach Sibirien verschleppt wurde, wie die Familie mehr als zwei Jahre lang nichts über seinen Verbleib wusste und wie diese Zeit ihn, den damals Elfjährigen, politisiert habe. [...] „Auch Oberschüler, Cliquen, junge Leute wie ihr wurden damals einfach abgeholt und ins Gefängnis gebracht.“ Seine Mutter verbot der Familie wegen der Sache mit dem Vater jegliche Fraternisierung mit dem System. Gauck war weder Pionier noch FDJler und wurde so statt Lehrer schließlich Pfarrer. [...]
Seinen Söhnen wurden Abitur und Studium verwehrt, seinem Bruder die Karriere – nicht aus Unfähigkeit, sondern weil sie nicht in die Partei oder eine ihrer Organisationen eintreten wollten. „So ergeht es einem, wenn man sich in der Diktatur querstellt“, sagt Gauck. Jeder müsse sich selbst fragen, wie er damals gehandelt hätte.
Das ist in der Tat die schwierigste Übung, aber Gauck liefert eine plausible Antwort. Man könne sich dem Sog einer vermeintlich Gutes verheißenden Diktatur nur schwer entziehen; wenn alle mitmachten, sei man sehr wahrscheinlich auch selbst dabei, denke schließlich gar nicht mehr darüber nach und verändere sich. Das sei der Grund, warum Ost- und Westdeutsche noch verschieden sind. „Die Leute hier sind ja charakterlich nicht besser. Sie durften nur vierzig Jahre eher in Freiheit leben.“ Bei dem ein oder anderen hier in der Aula aber, stellt er am Ende der Veranstaltung fest, habe er schon diesen Gedanken lesen können: „O Gott, ich hätte auch als Ossi ganz gut funktioniert.“ [...]
Am Ende kommt er dann [...] noch kurz auf die Stasi zu sprechen, erzählt von deren 90 000 hauptamtlichen Mitarbeitern und doppelt so vielen Spitzeln, um 17 Millionen Menschen zu überwachen. „Diese Dimension hat mich schon sehr beschäftigt“, sagt Stefan aus der 13. Klasse. „Man kann es sich einfach nicht vorstellen“, ergänzt Sven. „Es ist eben auch verdammt lange her.“ Beide haben jetzt erst mal andere Sorgen; am Montag beginnen für sie die Abiturprüfungen. „Es ist ja auch gut, dass die Jugend die Vergangenheit nicht so verbissen sieht wie wir Erwachsenen“, sagt Gauck. „Aber Wissen schadet nichts.“

Zitiert nach: www.faz.net (15. März 2010)

---

[1] *Zu Joachim Gauck siehe Seite 103 f. und 132 f.*

1. Historische Hypotheken der SED-Diktatur

Wissen und Kompetenzen erwerben

Am Ende des Kapitels können Sie...

- die wirtschaftliche, gesellschaftliche und politische Entwicklung in der Sowjetischen Besatzungszone erläutern.
- die Stationen auf dem Weg zur Gründung der DDR beschreiben.
- den Aufstieg und die Machtsicherung der SED-Diktatur skizzieren und erklären.
- den Aufbau des „planmäßigen Sozialismus“ erläutern.
- die Ursachen und Folgen der Krise von 1953 benennen und einordnen.
- die Gründe der Fluchtbewegung aus der DDR wiedergeben und die Auswirkungen des Mauerbaus erklären.
- die Haltung der SED-Führung zum „Prager Frühling“ und seiner Niederschlagung beurteilen.

Wichtige Namen

- Alexander Dubček
- Otto Grotewohl
- Erich Mielke
- Wilhelm Pieck
- Josef Stalin
- Walter Ulbricht

Methoden

- Plakate analysieren
- Fotografien interpretieren
  ➧ Methoden-Baustein, S. 58 f.

Wichtige Begriffe

- Bodenreform
- Mauerbau
- Ministerium für Staatsicherheit (MfS)
- „Prager Frühling“
- Sozialistische Einheitspartei Deutschlands (SED)
- Sowjetische Besatzungszone (SBZ)
- Volkskongressbewegung

1946 – **21./22. April:** Gründung der SED
1949 – **7. Oktober:** Gründung der DDR
1952 – „Planmäßiger Aufbau des Sozialismus“
1953 – **17. Juni:** Volksaufstand in der DDR
1961 – **13. August:** Bau der Berliner Mauer
1968 – „Prager Frühling“

1.1 Die Situation nach Kriegsende

8. Mai 1945
Das Oberkommando der deutschen Wehrmacht unterzeichnet in Berlin die bedingungslose Kapitulation: Damit endet in Europa der Zweite Weltkrieg.

5. Juni 1945
Die Siegermächte übernehmen die „oberste Regierungsgewalt" in Deutschland (*Berliner Erklärung*).

17. Juli – 2. August 1945
Die USA, Großbritannien und die Sowjetunion legen auf der Potsdamer Konferenz die Grundsätze der Behandlung Deutschlands fest.

▲ **Die Alliierten in Berlin.**
Foto, Juni 1945.

M1

Besatzungsziele der Siegermächte

Gemäß dem Kommuniqué über die Potsdamer Konferenz vom 2. August 1945 einigen sich die drei Siegermächte auf folgende Formulierungen zur Behandlung Deutschlands:

III. Deutschland

[…] Es ist nicht die Absicht der Alliierten, das deutsche Volk zu vernichten oder zu versklaven. Die Alliierten wollen dem deutschen Volk die Möglichkeit geben sich vorzubereiten, sein Leben auf einer neuen demokratischen und friedlichen Grundlage von Neuem wieder aufzubauen. […]

A. Politische Grundsätze

[…] 3. Die Ziele der Besetzung Deutschlands, durch welche der Kontrollrat sich leiten lassen soll, sind:

(I) Völlige Abrüstung und Entmilitarisierung Deutschlands und die Ausschaltung der gesamten deutschen Industrie, welche für eine Kriegsproduktion benutzt werden kann, oder deren Überwachung. […]

(II) Das deutsche Volk muss überzeugt werden, dass es eine totale militärische Niederlage erlitten hat, und dass es sich nicht der Verantwortung entziehen kann für das, was es auf sich geladen hat, dass seine eigene mitleidlose Kriegsführung und der fanatische Widerstand der Nazis die deutsche Wirtschaft zerstört und Chaos und Elend unvermeidlich gemacht haben.

(III) Die nationalsozialistische Partei mit ihren angeschlossenen Gliederungen und Unterorganisationen ist zu vernichten […].

(IV) Die endgültige Umgestaltung des deutschen politischen Lebens auf demokratischer Grundlage und eine eventuelle friedliche Mitarbeit Deutschlands am internationalen Leben sind vorzubereiten.

4. Alle nazistischen Gesetze […] müssen abgeschafft werden.

5. Kriegsverbrecher […] sind zu verhaften und dem Gericht zu übergeben. […]

6. Alle Mitglieder der nazistischen Partei, welche mehr als nominell an ihrer Tätigkeit teilgenommen haben, und alle anderen Personen, die den alliierten Zielen feindlich gegenüberstehen, sind aus den öffentlichen oder halböffentlichen Ämtern und von den verantwortlichen Posten in wichtigen Privatunternehmungen zu entfernen. […]

7. Das Erziehungswesen in Deutschland muss so überwacht werden, dass die nazistischen und militärischen Lehrsätze völlig entfernt werden und eine erfolgreiche Entwicklung der demokratischen Ideen möglich gemacht wird.

8. Das Gerichtswesen wird entsprechend den Grundsätzen der Demokratie und der Gerechtigkeit auf der Grundlage der Gesetzlichkeit und der Gleichheit aller Bürger vor dem Gesetz ohne Unterschied der Rasse, der Nationalität und der Religion reorganisiert werden.

9. Die Verwaltung Deutschlands muss in Richtung auf eine Dezentralisation der politischen Struktur und der Entwicklung einer örtlichen Selbstverantwortung durchgeführt werden. Zu diesem Zwecke:

(I) Die lokale Selbstverwaltung wird in ganz Deutschland nach demokratischen Grundsätzen […] wiederhergestellt.

(II) In ganz Deutschland sind alle demokratischen politischen Parteien zu erlauben und zu fördern […].

(IV) Bis auf Weiteres wird keine zentrale deutsche Regierung errichtet werden. […]

10. Unter Berücksichtigung der Notwendigkeit zur Erhaltung der militärischen Sicherheit wird die Freiheit der Rede, der Presse und der Religion gewährt. Die religiösen Einrichtungen sollen respektiert werden. Die Schaffung freier Gewerkschaften, gleichfalls unter Berücksichtigung der Notwendigkeit zur Erhaltung der militärischen Sicherheit, wird gestattet werden.

B. Wirtschaftliche Grundsätze

[…] 11. Mit dem Ziel der Vernichtung des deutschen Kriegspotenzials ist die Produktion von Waffen, Kriegsausrüstung und Kriegsmitteln, ebenso die Herstellung aller Typen von Flugzeugen und Seeschiffen zu verbieten und zu unterbinden. Die Herstellung von Metallen und Chemikalien, der Maschinenbau und die Herstellung anderer Gegenstände, die unmittelbar für die Kriegswirtschaft notwendig sind, ist streng zu überwachen und zu beschränken, entsprechend dem genehmigten Stand der friedlichen Nachkriegsbedürfnisse Deutschlands […].

12. In praktisch kürzester Frist ist das deutsche Wirtschaftsleben zu dezentralisieren mit dem Ziel

◄ **„Das Deutsche Gebäude."**
Titelblatt des „Ulenspiegel", Zeichnung von Herbert Sandberg, Augustheft 1946, Jahrgang 1, Nr. 17.
Die Zeitschrift „Ulenspiegel" wurde von Herbert Sandberg und Günther Weisenborn von 1945 bis 1950 in Berlin herausgegeben.

- *Vergleichen Sie die Karikatur mit den Zielen der Potsdamer Konferenz (M1). Erklären Sie, wie der Künstler die gemeinsame Umsetzung durch die Besatzungsmächte beurteilt. Berücksichtigen Sie dabei auch die Bildunterschrift: „Da baut nun jeder seine Ecke. Wie soll das mal unter ein Dach?"*

der Vernichtung der bestehenden übermäßigen Konzentration der Wirtschaftskraft […].
Bei der Organisation des deutschen Wirtschaftslebens ist das Hauptgewicht auf die Entwicklung der Landwirtschaft und der Friedensindustrie für den inneren Bedarf (Verbrauch) zu richten.
14. Während der Besatzungszeit ist Deutschland als eine wirtschaftliche Einheit zu betrachten. […]
15. Es ist eine alliierte Kontrolle über das deutsche Wirtschaftsleben zu errichten, jedoch nur in den Grenzen, die notwendig sind […].
19. Die Bezahlung der Reparationen soll dem deutschen Volke genügend Mittel belassen, um ohne eine Hilfe von außen zu existieren. […]

IV. Reparationen aus Deutschland
[…] 3. Die Reparationsansprüche der Vereinigten Staaten, des Vereinigten Königreiches und der anderen zu Reparationsforderungen berechtigten Länder werden aus den westlichen Zonen und den entsprechenden deutschen Auslandsguthaben befriedigt werden.
4. In Ergänzung der Reparationen, die die UdSSR aus ihrer eigenen Besatzungszone erhält, wird die UdSSR zusätzlich aus den westlichen Zonen erhalten:

a) 15% [der westlichen Reparationsgüter] im Austausch für einen entsprechenden Wert an Nahrungsmitteln, Kohle, Kali, Pottasche, Zink, Holz, Tonprodukten, Petroleumprodukten und solchen anderen Waren, nach Vereinbarung,
b) 10% [der westlichen Reparationsgüter] ohne Bezahlung oder Gegenleistungen irgendwelcher Art.

Herbert Michaelis u.a. (Hrsg.), Ursachen und Folgen. Vom deutschen Zusammenbruch 1918 und 1945 bis zur staatlichen Neuordnung in der Gegenwart, Bd. 24, Berlin o. J., S. 447ff.

1. *Fassen Sie die gemeinsamen Besatzungsziele zusammen.*
2. *In welchen Formulierungen sind unterschiedliche Interpretationen und zukünftiger Streit angelegt? Begründen Sie Ihre Meinung.*
3. *Arbeiten Sie die Widersprüche zwischen den politischen und wirtschaftlichen Zielen des Kommuniqués heraus.*

M2

Potsdam – eine Illusion?

Skeptisch beurteilt der amerikanische Geschäftsträger in Moskau, George F. Kennan, das Ergebnis der Potsdamer Konferenz. Im Sommer 1945 verfasst er eine Stellungnahme, über die er in seinen Erinnerungen berichtet.

Die Idee, Deutschland gemeinsam mit den Russen regieren zu wollen, ist ein Wahn. Ein ebensolcher Wahn ist es zu glauben, die Russen und wir könnten uns eines schönen Tages höflich zurückziehen, und aus dem Vakuum werde ein gesundes und friedliches, stabiles und freundliches Deutschland steigen. Wir haben keine andere Wahl, als unseren Teil von Deutschland [...] zu einer Form von Unabhängigkeit zu führen, die so befriedigend, so gesichert, so überlegen ist, dass der Osten sie nicht gefährden kann. Das ist eine gewaltige Aufgabe für Amerikaner. Aber sie lässt sich nicht umgehen; und hierüber, nicht über undurchführbare Pläne für eine gemeinsame Militärregierung, sollten wir uns Gedanken machen. Zugegeben, dass das Zerstückelung bedeutet. [...] Ob das Stück Sowjetzone wieder mit Deutschland verbunden wird oder nicht, ist jetzt nicht wichtig. Besser ein zerstückeltes Deutschland, von dem wenigstens der westliche Teil als Prellbock für die Kräfte des Totalitarismus wirkt, als ein geeintes Deutschland, das diese Kräfte wieder bis an die Nordsee vorlässt. [...] Wenn wir auch unsere bereits übernommenen Verpflichtungen bei der Kontrollkommission loyal erfüllen sollten, so dürfen wir uns doch über die Möglichkeiten einer Dreimächtekontrolle keine Illusionen machen. [...] Im Grunde sind wir in Deutschland Konkurrenten der Russen. Wo es in unserer Zone um wirklich wichtige Dinge geht, sollten wir in der Kontrollkommission keinerlei Zugeständnisse machen.

George F. Kennan, Memoiren eines Diplomaten, Stuttgart [4]1968, S. 262f.

1. *Erörtern Sie, wie Kennan seine Skepsis gegenüber der Sowjetunion begründet.*
2. *Nennen Sie die Passagen des Potsdamer Kommuniqués, die aus der Sicht Kennans besonders fragwürdig sind.*

M3
Ein sowjetisches Deutschland

Der Historiker Jochen Laufer zitiert im Folgenden Wjatscheslaw M. Molotow[1)] und dessen Einschätzung der deutschlandpolitischen Ziele Stalins:

[1)] Wjatscheslaw Michailowitsch Molotow (1890–1986): gehörte jahrzehntelang zu den engsten Mitarbeitern Stalins; 1930 bis 1941 war er Vorsitzender des Rates der Volkskommissare (Ministerpräsident), 1939 bis 1949 sowie 1953 bis 1956 bekleidete er das Amt des sowjetischen Außenministers

Für Stalin gab es niemals eine Offenheit der Ziele. In dieser Beziehung war sich Molotow völlig sicher. Rückblickend erklärte er: „Stalin selbst setzte sich für die Schaffung der DDR ein und erklärte, dass es eine neue Etappe in der Entwicklung Deutschlands sei, in dieser Beziehung kann es keinen Zweifel geben. Stalin, das war ein Mann, der alles für den Sozialismus gab und sozialistische Errungenschaften nicht aufgegeben hätte. Wir meinten, dass man vom Aufbau des Sozialismus in der DDR nicht sprechen solle, um das Volk nicht gegen sich zu haben. Der Aufbau [des Sozialismus] begann, und dann musste man kräftigen Druck ausüben auf dieses Deutschland, wo wir erst mit der Arbeit begannen und arbeiten mussten, dass es nicht zum alten Zustand zurückkehrt."
Ganz selbstverständlich [...] sprach Molotow hier von der DDR als „Deutschland". Die DDR sollte zum sowjetischen Deutschland werden. Stalin, Molotow, die sowjetischen Bevollmächtigten, aber auch die KPD/SED wollten ihr eigenes – aus ihrer Perspektive „unser" – Deutschland bauen. Verschleierung seiner Ziele war dabei ein Grundzug des stets misstrauischen und stets zu jeder List bereiten Stalin. Doch nur in seltenen Momenten bekannte er sich dazu. Dies führte und führt zu einer Konfusion der Begriffe: Von „Demokratie" wurde gesprochen, wo der Weg zum Sozialismus gemeint war; „Sicherheit" wurde gefordert, wo Unterdrückung bzw. Zurückdrängung wirklicher und vermeintlicher innerer bzw. äußerer Gegner beabsichtigt war; von Deutschland war die Rede, wo es um die SBZ ging.

Jochen Laufer, Stalins Friedensziele und die Kontinuität der sowjetischen Deutschlandpolitik 1941–1953, in: Stalin und die Deutschen. Neue Beiträge der Forschung, hrsg. von Jürgen Zarusky (Schriftenreihe der Vierteljahrshefte für Zeitgeschichte/ Sondernummer), München 2006, S. 151

1. *Erläutern Sie die deutschlandpolitischen Ziele Stalins.*
2. *Erörtern Sie, warum Stalin seine eigentlichen Absichten verschleierte.*
3. *Beurteilen Sie das Gewicht der Aussagen Molotows.*

Der Zusammenbruch als „Stunde Null"?

Mit der bedingungslosen Kapitulation des nationalsozialistischen Deutschland gegenüber den alliierten Siegermächten endete am 8. Mai 1945 in Europa der Zweite Weltkrieg – die größte, vom Hitler-Regime verschuldete Katastrophe des 20. Jahrhunderts. Der Krieg hatte über 50 Millionen Todesopfer gefordert. Weite Teile Europas lagen in Trümmern. Not und Hunger gehörten zum Alltag der Überlebenden.

Der Zusammenbruch des staatlichen und gesellschaftlichen Lebens in Deutschland bei Kriegsende war zugleich auch die Stunde der Befreiung von einem menschenverachtenden Regime. Millionen Menschen fühlten sich von einem Alpdruck befreit, viele wussten nicht wie es weitergehen sollte. Erleichterung und Bedrückung, Apathie und ein Hochgefühl der Freiheit vermischten sich zu einer verschwommenen Stimmungslage, die häufig mit dem Begriff der *„Stunde Null"* umschrieben wurde. Dieser Begriff enthält sowohl die Vorstellung vom totalen Zusammenbruch als auch die Hoffnung auf einen radikalen Neubeginn. Er darf aber nicht darüber hinwegtäuschen, dass auch nach 1945 viele politische und gesellschaftliche Kontinuitäten wirksam blieben.

Die Sowjetische Besatzungszone entsteht

Eine für die deutsche Nachkriegsgeschichte folgenschwere Entscheidung über die militärische Einteilung Deutschlands trafen die Kriegsalliierten bereits im September 1944 in London (*Londoner Protokoll*). Ursprünglich waren etwa drei gleich große Besatzungszonen vorgesehen. Dabei wurde eine Grenzlinie in Nord-Süd-Richtung von Lübeck über Helmstedt-Eisenach bis Hof festgelegt. Der britische Premierminister *Winston Churchill*[1] wollte verhindern, dass die damals rasch nach Westen vorrückende Rote Armee ganz Deutschland besetzen würde. Unabhängig vom Frontverlauf bei Kriegsende sollte die Sowjetunion nur den östlichen Teil Deutschlands als Besatzungsgebiet erhalten. Der sowjetische Staats- und Parteichef *Josef W. Stalin*[2] akzeptierte diese Regelung sofort, nicht jedoch den britischen Vorschlag von „gemischten" Besatzungstruppen in den einzelnen Zonen. Die alleinige Zuständigkeit sollte bei jeweils einer Besatzungsmacht liegen, darauf beharrten die Sowjets. Außerdem einigte man sich darauf, Berlin als besonderes Territorium in drei Sektoren aufzuteilen und gemeinsam zu verwalten.

Nach der Kapitulation Deutschlands kontrollierte die Sowjetunion ganz Berlin, aber zunächst nur knapp die Hälfte des Gebietes, das ihr als zukünftige Besatzungszone zugedacht worden war. Denn die amerikanischen und britischen Truppen waren bis nach Thüringen, Sachsen-Anhalt und den westlichen Teil Sachsens und Mecklenburgs vorgedrungen, also viel weiter nach Osten als gedacht. Vereinbarungsgemäß zogen sich die anglo-amerikanischen Besatzungstruppen Anfang Juli 1945 aus diesen Gebieten wieder zurück und überließen sie den sowjetischen Besatzern. Im Gegenzug räumten diese zwölf der 20 Bezirke Berlins. Die Stadt lag jetzt wie eine Insel in der *Sowjetischen Besatzungszone* (*SBZ*). Aus der amerikanischen und britischen Verfügungsmasse erhielt dann auch Frankreich eine eigene Besatzungszone zugewiesen.

---

1) Sir Winston Churchill (1874–1965): britischer Journalist, Offizier und Politiker; 1940–1945 und 1951–1955 Premierminister; 1940–1955 Führer der Konservativen; 1953 erhielt er den Nobelpreis für Literatur

2) Josef W. Stalin (eigentlich Dschugaschwili, 1878–1953): aus Georgien stammender russischer Revolutionär, ab 1922 Generalsekretär des Zentralkomitees der kommunistischen Partei der Sowjetunion (KPdSU)

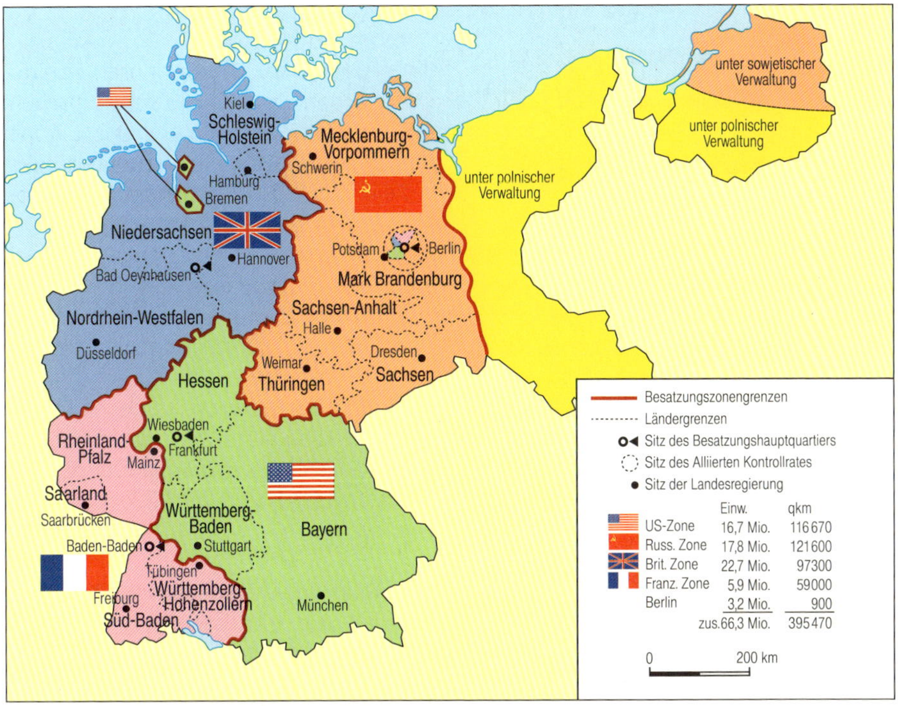

▲ **Die Besatzungszonen und die 1946/47 gebildeten Länder.**
Quelle: British Zone Review, Vol. 1, Nr. 40 vom 29. März 1947.

Die Besatzungszonen entwickeln sich auseinander

Die vier Besatzungszonen waren nur als rein militärische Abgrenzungen gedacht, denn nach wie vor sollte Deutschland von den Siegermächten gemeinsam verwaltet werden. Dementsprechend übernahmen diese am 5. Juni 1945 (*Berliner Erklärung*) die „oberste Regierungsgewalt" einschließlich aller sonstigen staatlichen Befugnisse bis ins kleinste Dorf hinein.
In Berlin wurde der *Alliierte Kontrollrat* als eine Art Regierung der vier Militärgouverneure eingerichtet. Als Vertreter ihrer Regierungen sollten die vier Oberbefehlshaber alle wichtigen Entscheidungen einstimmig treffen und in ihren jeweiligen Besatzungszonen in eigener Verantwortung umsetzen. Meinungsverschiedenheiten zwischen den Alliierten verhinderten allerdings eine einheitliche Besatzungspolitik. Zwar ging das *Potsdamer Abkommen* vom 2. August 1945 noch von der „wirtschaftlichen Einheit" des besetzten Landes aus. Das scheiterte jedoch, weil sich die drei Mächte nicht über die Höhe der von der sowjetischen Seite geforderten deutschen Reparationen im Wert von zehn Milliarden Dollar einigen konnten. Schließlich kam man überein, dass jede Besatzungsmacht ihre Ansprüche im Wesentlichen aus ihrer eigenen Zone befriedigen sollte. Damit war das besetzte Deutschland faktisch in ein östliches und ein westliches Reparationsgebiet aufgeteilt worden. Bald regierte und verwaltete jede Siegermacht ihre Zone, wie sie es für richtig hielt. Die Besatzungsgebiete entwickelten sich politisch auseinander. Darunter litt der wirtschaftliche Austausch. Traditionelle Wirtschaftsräume wurden zerschnitten. Die ehemalige Reichshauptstadt Berlin wurde in vier Sektoren aufgeteilt und bildete eine besondere Einheit unter der Vier-Mächte-Verwaltung.

Die Potsdamer Konferenz

Vom 17. Juli bis zum 2. August 1945 fanden sich die „Großen Drei", der US-Präsident *Harry S. Truman*[1], der britische Premierminister Winston Churchill, der am 28. Juli von *Clement R. Attlee* abgelöst wurde, und der sowjetische Staats- und Parteichef Josef W. Stalin mit ihren Beraterstäben im Schloss Cecilienhof ein, um die politischen, territorialen und ökonomischen Probleme, die der Zweite Weltkrieg in Europa hinterlassen hatte, zu lösen.
Über die politischen Grundsätze der zukünftigen Behandlung Deutschlands bestand zwischen den Alliierten seit der *Konferenz von Jalta* im Februar 1945 äußerliche Einigkeit: *Entwaffnung* und *Entmilitarisierung*, *Entnazifizierung*, *Demokratisierung* des politischen Lebens, *Dezentralisierung* der staatlichen Ordnung und der Wirtschaft sowie Wiederaufbau der *lokalen Selbstverwaltung* „nach demokratischen Grundsätzen" (➧ M1 und M2). Allerdings verbanden die Westmächte und die Sowjetunion mit den gefundenen „Formelkompromissen" unterschiedliche Inhalte. Ob unter diesen Voraussetzungen Deutschland im Sinne einer politischen Einheit, als Staat, erhalten bleiben würde, war ebenso unklar wie zwischen den Alliierten umstritten.

Ziele sowjetischer Deutschlandpolitik

Der deutschlandpolitische Kurs Stalins war vom Sicherheitsmotiv und vor allem von der Forderung nach umfangreichen Reparationen für den industriellen Wiederaufbau seines im Krieg verwüsteten Landes bestimmt. In der Frage der zukünftigen staatlichen Gestalt Deutschlands verfolgte er dagegen keine einheitliche Linie. Unmittelbar nach dem Sieg über Hitler-Deutschland versicherte Stalin öffentlich, die Einheit des Landes erhalten zu wollen. In der Praxis hielt er sich jedoch an die Devise, die er im Frühjahr 1945 einer jugoslawischen Regierungsdelegation bei einem vertraulichen Gespräch in Moskau mitteilte: „Dieser Krieg ist nicht wie in der Vergangenheit; wer immer ein Gebiet besetzt, erlegt ihm auch sein eigenes gesellschaftliches System auf. Jeder führt sein eigenes System ein, so weit seine Armee vordringen kann. Es kann gar nicht anders sein."
Das bedeutete nicht zwingend, dass Stalin von Anfang an auf die Errichtung eines separaten ostdeutschen Staates abzielte. Er wollte sich die Option zur Einflussnahme auf ganz Deutschland (und Westeuropa) aus mindestens zwei Gründen offenhalten:

- Ein dauerhaftes militärisches Engagement der USA in Europa hielt er für unwahrscheinlich, aber eine nachhaltige ökonomische und politische Schwächung Großbritanniens und Frankreichs für sicher, wodurch die Sowjetunion zur dominierenden Macht auf dem Kontinent aufsteigen konnte.
- Außerdem wollte er seinen Anspruch auf Reparationen und Mitregierung des Ruhrgebietes (Kohlenbergwerke, Stahlkonzerne) nicht gefährden.

So schwankte die sowjetische Nachkriegspolitik in der Deutschlandfrage zwischen einer Minimal- und einer Maximallösung. Zumindest in ihrer eigenen Besatzungszone wollte die Sowjetunion aber ihren Einfluss dauerhaft sichern und ein kommunistisches Gesellschaftssystem mit Vorbildcharakter für Gesamtdeutschland errichten (➧ M3).

---

[1] *Harry S. Truman (1884–1972): 1945–1952 amerikanischer Präsident (Demokrat)*

1.2 Entwicklungen in der sowjetischen Zone

▲ **„Junkerland wird Bauernland."**
Plakat zur Bodenreform in der SBZ, 1945.
- *Analysieren Sie die Botschaft des Plakats.*

9. Juni 1945
In der SBZ wird die Sowjetische Militäradministration (SMAD) eingesetzt.

1945 – 1953
Die Sowjetunion entzieht ihrer Zone Güter im Wert von etwa 14 Milliarden Dollar für Reparationen und Besatzungskosten.

Seit 1945
Im Zuge der Bodenreform verlieren tausende Großgrundbesitzer ihr Land. Etwa 10 000 Firmen einschließlich aller Banken und Versicherungen werden entschädigungslos enteignet und verstaatlicht.

◀ Gräberstätte „Karnickelberg".

Foto, 1995.

Neben Mühlberg (M1) zählte auch Bautzen zu den zehn „Speziallagern" des sowjetischen Geheimdienstes in der SBZ. Heute erinnert eine Gräberstätte auf dem „Karnickelberg" in der Nähe der sächsischen Justizvollzugsanstalt an die Opfer der kommunistischen Gewaltherrschaft. Auf dem „Karnickelberg" wurden viele der Toten, die im Speziallager ums Leben kamen, verscharrt. Im Vordergrund befindet sich ein Grab von sieben unbekannten Opfern des Terrors. Nähere Informationen über die „Gedenkstätte Bautzen" bietet folgende Homepage: www.stsg.de/cms/bautzen/startseite

M1
Kurzer Prozess

Im Dezember 2009 berichtet die Süddeutsche Zeitung über das Schicksal von Rolf Schubert, eines bei Kriegsende 16 Jahre alten Jungen aus dem sächsischen Mittweida:

Es waren Deutsche, erzählt Schubert, „zwei Kommunisten aus Mittweida", die ihn an diesem 25. September 1945 verhafteten und den Russen übergaben. Sie sperrten ihn zunächst ins örtliche Gefängnis, dort traf er „fast die Hälfte meiner Schulklasse" wieder. Man warf den Jugendlichen pauschal vor, der nationalsozialistischen Untergrundbewegung „Werwolf" anzugehören. „Unsinn", sagt Schubert. Das sei nur ein Vorwand gewesen. Tatsächlich habe Stalin die deutsche Intelligenz auslöschen wollen. Schuberts Vater hatten die neuen Herrscher bereits im Mai '45 geholt. Er starb einen Tag vor Weihnachten in Bautzen. „Sie haben ihn ermordet", sagt Schubert.

Sechs Wochen nach der Festnahme brachten sie ihn in das Lager Mühlberg an der Elbe. [...] Während des Krieges diente das Areal den Deutschen als Kriegsgefangenenlager. Menschen aus vielen Nationen waren hier eingepfercht, jüngsten Schätzungen zufolge sind dort 3 000 Kriegsgefangene, darunter viele Russen, ums Leben gekommen. Nach dem Einmarsch der Roten Armee übernahm der sowjetische Geheimdienst NKWD das Lager für seine Zwecke. Schubert erinnert sich: „Wir hausten in Holzbaracken, es gab kaum was zu essen, jeden Tag starben 20 bis 40 Gefangene, die dann im Wald verscharrt wurden." Jahrzehnte später, als Schubert bereits um Entschädigung kämpfte, schrieb ein Mithäftling in einem Brief an das Versorgungsamt München über die Zustände im Lager Mühlberg: „Wir lebten in den Baracken zu jeweils 250 Mann. Die Schlafmöglichkeiten bestanden in Brettern in zwei Ebenen. Unsere Tageskleidung diente nachts als Unterlage. Jeder Häftling hatte eine Decke." [...] Unterernährung und Tuberkulose waren die häufigsten Todesursachen. In den drei Jahren des Bestehens des Lagers von 1945 bis 1948 starben von 21 000 Inhaftierten rund 7 000. Rund 15 Monate vegetierte Schubert in dieser Hölle.

Anfang Februar 1947 trieben die Bewacher diejenigen Gefangenen, die man für arbeitsfähig hielt, auf einen Bahnhof und sperrten sie in Viehwaggons. Etwa tausend meist junge Männer hatte man ausgesucht, Schubert gehörte dazu. 35 Tage dauerte die Fahrt Richtung Sibirien. [...] Mitte März hatten sie das Ziel erreicht: die sibirische Stadt Anschero-Sudschensk. [...]

In Anschero-Sudschensk muss Schubert zwei Jahre Zwangsarbeit im Bergbau leisten, später in einem Steinbruch in Stalinsk, weitere Städte in der Sowjetunion folgen.

Dann ging`s nach Hause. Endlich. Am 31. Mai 1952 war er wieder in Mittweida. Aber Mittweida lag in der DDR, da wollte er nicht bleiben. „Für das DDR-Regime galten wir immer noch als Kriegsverbrecher." Auch er, der bei Kriegsende 16 Jahre alt war.

Wolfgang Görl, Die Hölle auf Erden, in: Süddeutsche Zeitung vom 5./6. Dezember 2009, S. 55

1. *Erläutern Sie anhand des Fallbeispiels, was die sowjetische Besatzungsmacht mit ihrem Vorgehen bewirken wollte.*
2. *Recherchieren Sie nach weiteren Berichten von ehemaligen Häftlingen in den „Speziallagern" der SBZ. Bereiten Sie anschließend eine Präsentation oder Ausstellung mit Ihren Ergebnissen vor.*

M2
Die Bodenreform

Auf Befehl der sowjetischen Besatzungsmacht wird in allen Ländern der SBZ eine Bodenreform durchgeführt. In der Anordnung vom 3. September 1945 zur Bodenreform in Sachsen-Anhalt heißt es u.a.:

Die Bodenreform muss die Liquidierung des feudal-junkerlichen Großgrundbesitzes gewährleisten und der Herrschaft der Junker und Großgrundbesitzer im Dorfe ein Ende bereiten, weil diese Herrschaft immer eine Bastion der Reaktion und des Faschismus in unserem Lande darstellte und eine der Hauptquellen der Aggression und der Eroberungskriege gegen andere Völker war. [...] Somit ist die Bodenreform die wichtigste Voraussetzung der demokratischen Umgestaltung und des wirtschaftlichen Aufstieges unseres Landes.
[...] Das Ziel der Bodenreform ist: a) das Ackerland der bereits bestehenden Bauernhöfe unter fünf Hektar zu vergrößern; b) neue, selbstständige Bauernwirtschaften für landlose Bauern, Landarbeiter und kleine Pächter zu schaffen; c) an Umsiedler und Flüchtlinge, die durch die räuberische hitlerische Kriegspolitik ihr Hab und Gut verloren haben, Land zu geben; d) zur Versorgung der Arbeiter, Angestellten und Handwerker mit Fleisch und Milchprodukten in der Nähe der Städte Wirtschaften zu schaffen, die der Stadtverwaltung unterstehen, sowie den Arbeitern und Angestellten zum Zwecke des Gemüseanbaus kleine Grundstücke (Parzellen) zur Verfügung zu stellen [...].

Die anfängliche Freude der Kleinbauern über das ihnen zugewiesene Land schlägt bald in Verbitterung um, da die sowjetische Besatzungsmacht landwirtschaftliches Gerät, Vieh und Nahrungsmittel abtransportiert und Ablieferungsquoten festsetzt. Wer dies nicht schafft, wird bestraft. Im Juli 1948 klagt der Neubauer Max Franke in der SED-Zeitung „Der freie Bauer" über die Lage auf dem Land:

Wir haben keinen Pflug, keine Egge, keinen Wagen, kein Zugtier, nicht einmal einen Spaten [...]. Die Verzweiflung und Wut unter den Siedlern kennt keine Grenzen. Wir haben den Versprechungen geglaubt und sitzen heute im tiefsten Elend. Wir haben nicht einmal ein Paar ganze Schuhe und Strümpfe schon gar nicht. Schlachten können nur die, die voll abgeliefert haben, wir essen nach wie vor trockenes Brot und trockene Kartoffeln und sollen dieselbe Arbeit leisten, eben noch mehr. Wir wollen gerne die Siedlung abgeben, aber es nimmt sie keiner [...]. Ganze Gruppen von Siedlern haben nachts die Siedlungen verlassen und sind nach dem Westen geflüchtet, sie haben alles im Stich gelassen, und es wird nichts unternommen, um Abhilfe zu schaffen.

Erster Text: Matthias Judt (Hrsg.), DDR-Geschichte in Dokumenten. Beschlüsse, Berichte, interne Materialien und Alltagszeugnisse, Berlin 1998, S. 105; zweiter Text: Norman M. Naimark, Die Russen in Deutschland. Die sowjetische Besatzungszone 1945 bis 1949, Berlin 1997, S. 203

1. *Analysieren Sie die Ziele der Bodenreform.*
2. *Erläutern Sie die Folgen der Enteignungspolitik für die Versorgungslage in der SBZ.*

◀ **Wer ist Hennecke-Aktivist?**
Zeitgenössisches Foto.
Nach dem Vorbild des Bergarbeiters Adolf Hennecke (1905–1975) sollte durch verstärkte Anstrengungen der Werktätigen bei der Planerfüllung der wirtschaftliche Aufschwung in der SBZ / DDR erreicht werden.

M3

Zwangswirtschaft in der Sowjetischen Besatzungszone

Der Wirtschaftshistoriker und Journalist Wolfgang Zank beschreibt die Kennzeichen der Wirtschaftsordnung in der Sowjetischen Besatzungszone:

Eine der fundamentalen Schwächen der neuen Wirtschaftsordnung bestand in der niedrigen Arbeitsmoral, denn für den Einzelnen bestand nur ein geringer Zusammenhang zwischen eigener Leistung und Lebenslage. Durch die Ausbreitung der Leistungslöhne konnte der Einzelne zwar sein Geldeinkommen erhöhen, dieses hatte aber angesichts der Warenknappheit nur eine vergleichsweise geringe Bedeutung. Außerdem war das klassische kapitalistische Druckmittel der Arbeitslosigkeit entfallen. Die Betriebe hatten wegen der strikten Menschenplanung ein Interesse, so viel Personen wie möglich einzustellen. Höhere Lohnkosten stellten kein Hindernis dar, Geld hatte auch für Betriebe nur eine untergeordnete Funktion. Ein VEB[1] konnte nicht pleitegehen. Hier, und nicht etwa in geglückter Planung, ist die Hauptursache für einen der größten Erfolge der neuen Ordnung zu sehen: der raschen Überwindung der offenen Arbeitslosigkeit. Es ist bezeichnend, dass die SED auf das strukturelle Problem der niedrigen Arbeitsanreize, sieht man von den wenig wirksamen Leistungslöhnen ab, nur mit Appellen, Wettbewerben u.ä. zu antworten wusste, für die der Hauer Adolf Hennecke, der am 13. Oktober 1948 seine Norm nach gezielter Vorbereitung mit 387 Prozent erfüllt hatte, das bekannteste Beispiel ist. […]
Die SED-Führung betrachtete die augenfälligen Schwächen der SBZ-Realität nicht als Folge eigener Fehler, sondern vornehmlich als „Erblast" der neuen Ordnung. Außerdem wurden die auftretenden Schwierigkeiten als das Ergebnis bewusster Sabotage durch feindliche Elemente erklärt. Zentralisierung, Kontrolle und Repression waren die entsprechenden Antworten. Dass gerade die neue Ordnung massive Probleme selbst erzeugt hatte, wurde von der SED-Führung verdrängt. Längst hatte sie auch die im Juni 1945 formulierte Einsicht preisgegeben, dass es falsch wäre, Deutschland das Sowjetsystem aufzuzwingen.

Wolfgang Zank, Die Gesellschaftspolitik der KPD/SED 1945–1949, in: Aus Politik und Zeitgeschichte, B 11/1990, S. 61 f.

1. *Erläutern Sie die wichtigsten Merkmale der Wirtschaftsordnung der SBZ und bewerten Sie diese.*
2. *Erklären Sie, aus welchen Gründen die SED Wettbewerbe in den Betrieben organisierte.*

1) *Volkseigener Betrieb*

Die Sowjetische Militärverwaltung

Die Moskauer Regierung setzte in ihrer Besatzungszone die *Sowjetische Militäradministration* (*SMAD*) ein, die am 9. Juni 1945 ihre Tätigkeit aufnahm. Ihr Verwaltungsapparat reichte von der Zentrale in Berlin-Karlshorst über die Kommandanturen in den ostdeutschen Ländern und Provinzen bis in die Städte. Unter „Verwaltung" verstanden die Sowjets auch alle politischen Hoheitsrechte. Die deutschen Instanzen in Verwaltung, Wirtschaft und Politik waren nur Hilfsorgane der Besatzungsmacht. Sie mussten deren Befehle ausführen und unterstanden ihrer Kontrolle.

Anfangs verfügte die SMAD in der Ostzone über rund 50 000 militärische und zivile Mitarbeiter sowie Experten für alle staatlichen und wirtschaftlichen Angelegenheiten (1949 waren es noch etwa 15 000). Hinzu kamen einige tausend Agenten des sowjetischen Geheimdienstes, die unabhängig von der Militärregierung agierten. Bereits damals arbeiteten zusätzlich einige tausend Deutsche als verdeckte Zuträger (Spitzel) für den sowjetischen Geheimdienst.

Atmosphäre der Angst

Die SMAD bestimmte über das Schicksal von über 18 Millionen Menschen im kriegszerstörten Ostdeutschland. Sie kontrollierte das gesamte gesellschaftlich-politische Leben in der SBZ. Das bedeutete aber nicht, dass wieder Ordnung und Rechtssicherheit herrschten. Übergriffe, Plünderungen, Raub und insbesondere Vergewaltigungen von Frauen durch sowjetische Soldaten prägten noch Monate und Jahre nach der Eroberung Berlins durch die Rote Armee das Alltagsleben. Die Situation besserte sich für die deutsche Zivilbevölkerung erst, als die Bewegungsfreiheit der Sowjetsoldaten seit Anfang 1948 auf streng bewachte Standorte beschränkt wurde und ein Jahr später hohe Strafandrohungen erlassen wurden.

Verfolgungen von wirklichen oder vermeintlichen Gegnern der Sowjetmacht und Anklagen vor sowjetischen Militärtribunalen schufen eine Atmosphäre der Angst. Bereits harmlose Vergehen gegen besatzungsrechtliche Bestimmungen, angebliche oder wirkliche Nazi-Vergangenheit, aber auch kritische Worte über die Besatzungsmacht oder bloße Denunziation konnten Jahre der Haft in einem der zehn sogenannten „Speziallager" (Buchenwald, Sachsenhausen, Mühlberg, Bautzen u. a.) oder die Deportation in sibirische Arbeitslager (GULAG) nach sich ziehen. Darunter waren auch tausende Jugendliche im Alter von zwölf bis 18 Jahren (➧ M1). Nach neuesten Schätzungen betrug die Zahl der deutschen Häftlinge rund 154 000, jeder Dritte starb im Lager. 1950 wurden die „Speziallager" aufgelöst, nachdem über 10 000 Häftlinge in den DDR-Strafvollzug überführt wurden. Erst 1956 kamen die letzten Insassen auf freien Fuß.

Demontagen und Reparationen

Die Demontagen von über einem Drittel der 1945 in Ostdeutschland vorhandenen industriellen Kapazitäten durch die Besatzungsmacht waren in ihrer Wirkung verheerender als die unmittelbaren Kriegszerstörungen. Die wirtschaftliche Ausbeutung durch die Demontage von Maschinen, ganzen Fabriken und sogar Eisenbahngleisen behinderten den Wiederaufbau und die Versorgung der Bevölkerung erheblich. Bis Ende 1945 waren bereits rund 4 300 Betriebe des Maschinenbaus, der chemischen und optischen Industrie in die Sowjetunion verfrachtet worden. Eine drastische Deindustrialisierung Ostdeutschlands war die Folge, die jene in den Westzonen um das Neunfache übertraf.

◀ **Abtransport von Maschinen aus einem Flugzeugmotorenwerk in die UdSSR.**
Foto, um 1946.
Häufig wurden deutsche Arbeitskräfte gezwungen, ihre eigenen Betriebe zu demontieren. Fälle sind belegt, bei denen russische Offiziere ein Fußballstadion umstellen und das gerade laufende Spiel unterbrechen ließen, um Arbeiter zu requirieren. Ähnliches geschah auf Tanzveranstaltungen und in Gaststätten.

Zur Befriedigung der sowjetischen Forderungen nach Gütern aus der laufenden Produktion gingen auch ganze Industriezweige in das Eigentum der Siegermacht über („*Sowjetische Aktiengesellschaften*", *SAG*). Nach heutigen Erkenntnissen entzog die sowjetische Besatzungsmacht ihrer Zone von 1945 bis 1953 Güter im Wert von damals etwa 14 Milliarden Dollar für Reparationen und Besatzungskosten. Das entsprach schätzungsweise 30 bis 50 Prozent des Bruttosozialproduktes der SBZ (in den Westzonen waren es nur zwischen 9 und 15 Prozent).

Entnazifizierung

Die *Entnazifizierung* in der Sowjetischen Besatzungszone betraf über eine halbe Million ehemaliger Nationalsozialisten in Verwaltung und Industrie. Fast alle Richter und die Hälfte der Lehrer wurden entlassen. Sowjetische Militärtribunale haben schätzungsweise 45 000 Personen verurteilt und etwa ein Drittel von ihnen in Zwangsarbeitslager deportiert. Dabei wurden nicht nur NS-Täter, sondern generell auch Gegner des Kommunismus verurteilt. Dagegen wurden bereits frühzeitig die ehemaligen kleinen Parteigenossen von einer Bestrafung ausgenommen, um sie möglichst rasch in die neuen Verhältnisse zu integrieren. Neben der personellen Säuberung wurde gleichzeitig eine „strukturelle Entnazifizierung" durchgeführt mit *Bodenreform*, Enteignung und Verstaatlichung der großen Industriebetriebe.

Die Bodenreform

Unter der Parole „*Junkerland in Bauernhand*" enteigneten die Sowjets ab September 1945 entschädigungslos den gesamten privaten Großgrundbesitz über 100 Hektar – mehr als 7 000 Güter – sowie den Grund und Boden unter 100 Hektar von über 4 200 „Naziaktivisten und Kriegsverbrechern" (➧ M2). Diese Maßnahmen trafen viele ehemalige Nationalsozialisten, aber auch NS-Gegner wurden nicht verschont, wenn sie über entsprechenden Grundbesitz verfügten. Die Einstufung als „aktiver Nationalsozialist" unterlag keiner gerichtlichen Kontrolle, vielmehr bestimmte die sowjetische Militärregierung allein darüber, wer als Kapitalist und Junker galt.
Die enteigneten Gutsbesitzer und ihre Familien verloren ihr gesamtes Privatvermögen und mussten nicht selten ihre Höfe binnen weniger Stunden verlassen. Verhaftungen

▶ Demonstrationszug zur Bodenreform.
Foto, September 1945.
Nach der Aufteilung des Besitzes hält die Dorfbevölkerung von Pappritz (bei Dresden) symbolischen Einzug durch das Tor des ehemaligen „Königlichen Rittergutes Helfenberg".

und Internierungen waren an der Tagesordnung. Insgesamt wurden 3,3 Millionen Hektar Ackerland, Wiesen und Wälder enteignet, etwa ein Drittel der Fläche der späteren DDR.

Der größte Teil der landwirtschaftlichen Nutzfläche wurde an 500 000 Landarbeiter, landlose Bauern, Flüchtlinge und Vertriebene verteilt; ein Drittel blieb im öffentlichen Besitz („*Volkseigene Güter*"). Gegen den Widerstand der Parteien CDU und LDPD[1] erhielten die meisten Höfe so wenig Land zugewiesen, dass keine funktionsfähigen Familienbetriebe entstehen konnten. Im Zuge einer mit staatlichem Druck betriebenen Kollektivierung schlossen sich diese Bauern seit 1952 in *Landwirtschaftlichen Produktionsgenossenschaften* (*LPG*) zusammen. Viele von ihnen waren dagegen und ergriffen die Flucht in den Westen.

Enteignung und Verstaatlichung von Firmen und Banken

Von 1945 bis 1948 wurden fast 10 000 Unternehmen einschließlich aller Banken und Versicherungen entschädigungslos enteignet und verstaatlicht („*Volkseigene Betriebe*", *VEB*) (▶ M3). Die ehemaligen Besitzer wurden pauschal als Nazis und Kriegsverbrecher abqualifiziert. In einem Volksentscheid in Sachsen stimmten im Juni 1946 über 77 Prozent der Befragten diesen Maßnahmen zu, denen sich daraufhin auch die übrigen Länder der SBZ anschlossen, allerdings ohne vorherige Volksabstimmungen. Bald waren zwei Drittel der Grundstoffindustrie (Energie, Bergbau, Chemie), des Maschinenbaus, der Elektrotechnik und der Optik in staatlicher Hand.

Die in mehreren Etappen vorangetriebene Verstaatlichung der industriellen Basis in der SBZ erfasste bald auch viele Besitzer kleiner Privatbetriebe. Auch sie wurden unter dem Vorwand einer Strafaktion gegen Naziverbrecher enteignet. Der Boden für die staatliche *Planwirtschaft* in der späteren DDR war damit bereitet, auch durch die 1947 auf Befehl der SMAD gegründete *Deutsche Wirtschaftskommission* (*DWK*), einer regierungsähnlichen Institution mit weitreichenden Vollmachten für alle Verwaltungsbereiche.

---

1) *Zu den politischen Parteien siehe Seite 26.*

1.3 Ausbildung der „Volksdemokratie“ unter der Führung der SED

10. Juni 1945
Die Sowjetische Militäradministration lässt Parteien und Gewerkschaften in der Sowjetischen Besatzungszone zu.

21./22. April 1946
Durch den erzwungenen Zusammenschluss von KPD und SPD wird die SED gegründet.

▲ **„Uns gehört die Zukunft.“**
Plakat (86 x 60 cm) der SED, 1946.
● *Erklären Sie das Symbol der ineinander gelegten Hände. Auf welche Tradition greift es zurück?*

M1

Aufrufe der Ostzonen-Parteien

Die Sowjetische Militärverwaltung lässt in der SBZ im Juni 1945 Parteien zu. Die Kommunistische Partei Deutschlands (KPD), die Sozialdemokratische Partei Deutschlands (SPD), die Christlich-Demokratische Union (CDU) und die Liberal-Demokratische Partei Deutschlands (LDPD) verkünden daraufhin kurz nacheinander ihre Gründungsaufrufe.
Als erste Partei tritt am 11. Juni 1945 die KPD unter der Führung von Wilhelm Pieck[1] mit einem in Moskau ausgearbeiteten Aufruf an die Öffentlichkeit:

Mit der Vernichtung des Hitlerismus gilt es gleichzeitig die Sache der Demokratisierung Deutschlands, die Sache der bürgerlich-demokratischen Umbildung, die 1848 begonnen wurde, zu Ende zu führen, die feudalen Überreste völlig zu beseitigen und den reaktionären altpreußischen Militarismus mit allen seinen ökonomischen und politischen Ablegern zu vernichten. Wir sind der Auffassung, dass der Weg, Deutschland das Sowjetsystem aufzuzwingen, falsch wäre, denn dieser Weg entspricht nicht den gegenwärtigen Entwicklungsbedingungen in Deutschland. Wir sind vielmehr der Auffassung, dass die entscheidenden Interessen des deutschen Volkes in der gegenwärtigen Lage für Deutschland einen anderen Weg vorschreiben, und zwar den Weg der Aufrichtung eines antifaschistischen, demokratischen Regimes, einer parlamentarisch-demokratischen Republik mit allen demokratischen Rechten und Freiheiten für das Volk. An der gegenwärtigen historischen Wende rufen wir Kommunisten alle Werktätigen, alle demokratischen und fortschrittlichen Kräfte des Volkes zu diesem Kampf für die demokratische Erneuerung Deutschlands, für die Wiedergeburt unseres Landes auf!

In Punkt 2 des KPD-Programms wird u.a. als wichtigste Aufgabe genannt:

Völlig ungehinderte Entfaltung des freien Handels und der privaten Unternehmerinitiative auf der Grundlage des Privateigentums. [...]

Diese Aufgaben können nur durch die feste Einheit aller antifaschistischen, demokratischen und fortschrittlichen Volkskräfte verwirklicht werden. [...] Ihr Aktionsprogramm versteht die KPD als Grundlage zur Schaffung eines Blocks der antifaschistischen demokratischen Parteien (der Kommunistischen Partei, der Sozialdemokratischen Partei, der Zentrumspartei und anderer). [...]

Am 15. Juni 1945 meldet sich die von Otto Grotewohl geführte SPD zu Wort:

Niemals und von niemandem soll das deutsche Volk je wieder als vertrauensseliges Opfer gewissenloser politischer Abenteurer missbraucht werden. Der politische Weg des deutschen Volkes in eine bessere Zukunft ist damit klar vorgezeichnet: Demokratie in Staat und Gemeinde, Sozialismus in Wirtschaft und Gesellschaft! [...] Wir begrüßen daher auf das wärmste den Aufruf des Zentralkomitees der Kommunistischen Partei Deutschlands. [...]

In Punkt 8 ihres Parteiprogramms fordert die SPD:

Verstaatlichung der Banken, Versicherungsunternehmen und der Bodenschätze. Verstaatlichung der Bergwerke und der Energiewirtschaft. Erfassung des Großgrundbesitzes und der lebensfähigen Großindustrie und aller Kriegsgewinne für die Zwecke des Wiederaufbaus. Beseitigung des arbeitslosen Einkommens aus Grund und Boden und Mietshäusern. Scharfe Begrenzung der Verzinsung aus mobilem Kapital. Verpflichtung der Unternehmer zur treuhänderischen Leitung der ihnen von der deutschen Volkswirtschaft anvertrauten Betriebe. Beschränkung des Erbrechts auf die unmittelbaren Verwandten.

Am 26. Juni erklärt die CDU:

Das Recht muss wieder die Grundlage des ganzen öffentlichen Lebens werden. [...] Jede Willkür ist auszuschließen. Eine Gestapo mit ihrem Terror darf es nicht wieder geben. [...] Wir fordern [...] eine Presse mit dem Willen zur Wahrheit als oberstes Gesetz. Wir verlangen geistige und religiöse Gewissensfreiheit. [...] Das Recht der Eltern auf die Erzie-

---

[1] Wilhelm Pieck (1876–1960): Mitbegründer der KPD (1919) und ihr amtierender Parteichef in der sowjetischen Emigration

hung der Kinder muss gewahrt werden, die Jugend in Ehrfurcht vor Gott, vor Alter und Erfahrung erzogen werden. [...] Das Notprogramm für Brot, Obdach und Arbeit geht allem voran. Dabei ist es unerlässlich, schon um für alle Zeiten die Staatsgewalt vor illegitimen Einflüssen wirtschaftlicher Machtzusammenballungen zu sichern, dass die Bodenschätze in Staatsbesitz übergehen. Der Bergbau und andere monopolartige Schlüsselunternehmungen unseres Wirtschaftslebens müssen klar der Staatsgewalt unterworfen werden. Wir bejahen das Privateigentum, das die Entfaltung der Persönlichkeit sichert, aber an die Verantwortung für die Allgemeinheit gebunden bleibt.

Am 5. Juli 1945 fordert die LDPD:

Schutz und Förderung jeder schaffenden Arbeit in Handwerk und Kunst, in Handel, Industrie und Landwirtschaft, in Büro und Werkstatt. Ungehinderter Zusammenschluss zu berufsständischer und gewerkschaftlicher Vertretung. Die Erhaltung einer einheitlichen deutschen Volkswirtschaft, des Privateigentums und der freien Wirtschaft ist die Voraussetzung für die Initiative und erfolgreiche wirtschaftliche Betätigung. [...] Eine Ordnung des Gemeinschaftslebens ist ohne Rechtsordnung nicht denkbar. Daher Schaffung eines Rechtsstaates, in dem jeder gegen Gewalt und Unrecht geschützt ist.

Jürgen Weber (Hrsg.), Geschichte der Bundesrepublik Deutschland, Bd. 1: Auf dem Wege zur Republik 1945–1947, München ^{4}1994, S. 174–182

1. *Erläutern Sie, worin sich die wirtschaftspolitischen Ziele der Parteien unterscheiden.*
2. *Vergleichen Sie die Aussagen der KPD mit denen der SPD.*

M2

Mit Zwang zur SED

Am 21./22. April 1946 schließen sich KPD und SPD auf einem „Vereinigungsparteitag" zur Sozialistischen Einheitspartei Deutschlands (SED) zusammen. Das britische Außenministerium analysiert die politische Situation in der SBZ unmittelbar zuvor:

Die SPD-Zeitungen wurden rigoroser Zensur unterworfen, SPD-Organisationen in den Provinzen nur noch dann Zusammenkünfte gestattet, wenn diese gemeinsam mit der KPD abgehalten wurden. Betriebsgruppen wurden vorgeladen, um Resolutionen zu einer sofortigen Vereinigung zu verabschieden. Die russischen Militärkommandeure begannen darauf zu bestehen, nur noch solche SPD-Mitglieder für führende Parteiposten auf Orts-, Bezirks- und Landesebene zu nominieren, die für die Vereinigung waren [...]. [Der SPD-Vorstand informierte am 15. Januar alle Landes- und Berzirksvorstände,] dass gemäß den gemeinsamen Beschlüssen von KPD und SPD vom 20. und 21. Dezember eine Vereinigung auf lokaler Ebene nicht erlaubt sei und die Parteien-Vereinigung lediglich von einer Parteiversammlung auf Reichsebene beschlossen werden könne. Die russische Militärbehörde verbot die Veröffentlichung dieser Instruktion. Verstöße gegen das Verbot resultierten in Redeverboten für Sprecher auf Versammlungen und in Festnahmen. Partei-Sekretäre, die der Vereinigung widerstrebend gegenüberstanden, [...] wurden entfernt, andere mit Arrest bedroht oder verhaftet und nach Oranienburg und Sachsenhausen verbracht [...].

Reiner Pommerin, Die Zwangsvereinigung von KPD und SPD zur SED. Eine britische Analyse vom April 1946, in: Vierteljahrshefte für Zeitgeschichte, 36. Jg. 1988, Heft 2, S. 328f.

1. *Erläutern Sie die Ziele, die die sowjetischen Besatzungsbehörden verfolgten.*
2. *Im April 2001 entschuldigte sich die Führung der PDS (Partei des Demokratischen Sozialismus, Rechtsnachfolgerin der SED; nach dem Zusammenschluss mit der WASG seit 2007 „Die Linke") für die Form, in der 1946 die Vereinigung von KPD und SPD vollzogen wurde. Diskutieren Sie die politische Bedeutung einer solchen Erklärung.*

▲ **Einstimmigkeit.**
Foto von der 2. Parteikonferenz der SED, Juli 1952.
Einstimmigkeit war bei allen Beschlussvorlagen der Parteiführung gesichert.

M3
„Vorhut der Arbeiterklasse"

Im Januar 1949 beschließt die 1. Parteikonferenz, die SED zu einer „Partei neuen Typus" zu entwickeln:

Die Kennzeichen einer Partei neuen Typus sind:
Die marxistisch-leninistische Partei ist die bewusste Vorhut der Arbeiterklasse. Das heißt, sie muss eine Arbeiterpartei sein, die in erster Linie die besten Elemente der Arbeiterklasse in ihren Reihen zählt, die ständig ihr Klassenbewusstsein erhöhen. Die Partei kann ihre führende Rolle als Vorhut des Proletariats nur erfüllen, wenn sie die marxistisch-leninistische Theorie beherrscht, die ihr die Einsicht in die gesellschaftlichen Entwicklungsgesetze vermittelt. Daher ist die erste Aufgabe zur Entwicklung der SED zu einer Partei neuen Typus die ideologisch-politische Erziehung der Parteimitglieder und besonders der Funktionäre im Geiste des Marxismus-Leninismus.
Die Rolle der Partei als Vorhut der Arbeiterklasse wird in der täglichen operativen Leitung der Parteiarbeit verwirklicht. Sie ermöglicht es, die gesamte Parteiarbeit auf den Gebieten des Staates, der Wirtschaft und des Kulturlebens allseitig zu leiten. Um dies zu erreichen, ist die Schaffung einer kollektiven operativen Führung der Partei durch die Wahl eines Politischen Büros (Politbüro) notwendig.
Die marxistisch-leninistische Partei ist die organisierte Vorhut der Arbeiterklasse. Alle Mitglieder müssen unbedingt Mitglied einer der Grundeinheiten der Partei sein. Die Partei stellt ein Organisationssystem dar, in dem sich alle Mitglieder den Beschlüssen unterordnen. Nur so kann die Partei die Einheit des Willens und die Einheit der Aktion der Arbeiterklasse sichern. […]
Die marxistisch-leninistische Partei beruht auf dem Grundsatz des demokratischen Zentralismus. Dies bedeutet die strengste Einhaltung des Prinzips der Wählbarkeit der Leitungen und Funktionäre und der Rechnungslegung der Gewählten vor den Mitgliedern. Auf dieser innerparteilichen Demokratie beruht die straffe Parteidisziplin, die dem sozialistischen Bewusstsein der Mitglieder entspringt. Die Parteibeschlüsse haben ausnahmslos für alle Parteimitglieder Gültigkeit, insbesondere auch für die in Parlamenten, Regierungen, Verwaltungsorganen und in den Leitungen der Massenorganisationen tätigen Parteimitglieder.
Demokratischer Zentralismus bedeutet die Entfaltung der Kritik und Selbstkritik in der Partei, die Kontrolle der konsequenten Durchführung der Beschlüsse durch die Leitungen und die Mitglieder. Die Duldung von Fraktionen und Gruppierungen innerhalb der Partei ist unvereinbar mit ihrem marxistisch-leninistischen Charakter. […]

Matthias Judt (Hrsg.), DDR-Geschichte in Dokumenten. Beschlüsse, Berichte, interne Materialien und Alltagszeugnisse, Berlin 1998, S. 46f.

1. *Geben Sie in eigenen Worten wieder, was die SED unter „demokratischem Zentralismus" verstand.*
2. *Vergleichen Sie diesen Parteiaufbau mit der Organisation von Parteien in demokratisch-pluralistischen Gesellschaften.*

Sowjets greifen durch sie ziehe Walter Ulbricht zur Hilfe, welcher vor hat den Kommunismus demokratisch aussehen zu lasse (wegen Potsdamer Konferenz)

„Es muss demokratisch aussehen“

Während die westlichen Besatzungstruppen zunächst viel improvisierten, um das Leben in halbwegs geordnete Bahnen zu lenken, ging die sowjetische Besatzungsmacht gezielter ans Werk. Schon Anfang Mai 1945 war eine Gruppe deutscher Exilkommunisten in die Sowjetische Besatzungszone eingeflogen worden. An ihrer Spitze stand in Berlin der frühere kommunistische Reichstagsabgeordnete *Walter Ulbricht*[1], der seit 1938 in Moskau lebte. Ulbricht, *Wilhelm Pieck* und weitere Spitzenfunktionäre der KPD hatten seit Langem präzise Pläne für eine wirtschaftlich-soziale Umwälzung und die Beseitigung des politischen Einflusses von Sozialdemokratie und sogenannten bürgerlichen Kräften in der Gesellschaft entworfen. Dabei lautete die Anweisung Ulbrichts im Mai 1945: „Es muss demokratisch aussehen, aber wir müssen alles in der Hand haben.“[2]

In den im Juli 1945 errichteten (1952 wieder aufgelösten) Landesverwaltungen in Brandenburg, Mecklenburg-Vorpommern, Sachsen, Sachsen-Anhalt und Thüringen wurden auch Sozialdemokraten, Zentrumsmitglieder sowie Liberale und Parteilose eingesetzt. Die Schlüsselpositionen besetzten jedoch KPD-Funktionäre. Dies galt erst recht für die ebenfalls im Juli 1945 geschaffenen und wesentlich wichtigeren elf *Zentralverwaltungen* (für Verkehr, Inneres, Finanzen, Justiz etc.). Die Zentralverwaltungen unterstanden der SMAD und hatten deren Befehle zu vollziehen. Aus ihnen ging dann der spätere Regierungsapparat der DDR hervor.

Sowjets führen (noch vor Potsdamer Konferenz) Parteien ein, welche jedoch den Instruktionen der Besatzungsmacht zu folgen haben

Politische Parteien

Die Sowjets gestatteten noch vor Beginn der Potsdamer Konferenz als Erste in ihrem Machtbereich die Gründung politischer Parteien (10. Juni 1945). KPD, SPD, CDU und LDPD veröffentlichten kurz nacheinander ihre Gründungsaufrufe (➧ M1). Die Parteien unterstanden allerdings der Kontrolle der Besatzungsmacht und mussten ihren Instruktionen folgen. Auf Verlangen der SMAD schlossen sich diese bereits einen Monat später zur *Einheitsfront der antifaschistisch-demokratischen Parteien* (*Antifa-Block*) zusammen, um gemeinsam gegen die Überreste des NS-Regimes vorzugehen und den wirtschaftlichen Wiederaufbau Deutschlands voranzutreiben. Die im Gründungsdokument garantierte „Selbstständigkeit“ der drei nichtkommunistischen Parteien stand jedoch nur auf dem Papier. In Wirklichkeit handelte es sich um eine Zwangskoalition, die nur einstimmige Beschlüsse fassen durfte und in der bald die Kommunisten dominierten.

L> soll auch nur demokratisch wirken

---

[1] *Walter Ulbricht (1893–1973): 1919 Beitritt zur KPD, organisierte 1945 die Neugründung der KPD und 1946 deren Vereinigung mit der SPD zur SED; übernahm 1950 als Generalsekretär bzw. ab 1953 als Erster Sekretär des ZK der SED die eigentliche Führung in der DDR, obwohl er nie Regierungschef war. 1971 wurde er zum Rücktritt gezwungen.*

[2] *Dieses Zitat überliefert Wolfgang Leonhard in seiner 1955 erschienenen Autobiografie „Die Revolution entlässt ihre Kinder“. Leonhard war Mitglied der „Gruppe Ulbricht“, wandte sich jedoch 1949 vom Kommunismus ab und kam Ende der 1950er-Jahre in die Bundesrepublik.*

▲ **Fotomontage zum Vereinigungsparteitag von KPD und SPD am 21./22. April 1946.**
Abgebildet sind Wilhelm Pieck (KPD, links) und Otto Grotewohl (SPD, rechts).
• *Beschreiben Sie die verschiedenen Bildelemente und ihre jeweilige Funktion.*

Zwangsvereinigung von KPD und SPD zur SED

Die SMAD revidierte bald ihr Entgegenkommen gegenüber allen Parteigruppierungen und förderte einseitig die Kommunistische Partei. Die wegen ihrer offensichtlichen Unterstützung der Besatzungsmacht in der Bevölkerung unbeliebte KPD betrieb erst nach katastrophalen Wahlergebnissen der Kommunisten in Österreich und Ungarn den Zusammenschluss mit der SPD, um damit ihren vermeintlich schärfsten Konkurrenten auszuschalten.

Kurt Schumacher, der von Hannover aus agierende SPD-Politiker in den Westzonen, warnte vor der Fusion, und auch die SPD in der sowjetischen Zone wollte anfangs über eine Verschmelzung nur auf einem gesamtdeutschen Parteitag entscheiden. Infolge von Drohungen, Redeverboten und Verhaftungen durch die Besatzungsmacht, aber auch durch Überredung der führenden Sozialdemokraten der sowjetischen Zone stimmten *Otto Grotewohl*[1] und die Spitze der Ost-SPD schließlich auf dem „Vereinigungsparteitag" in Berlin am 21./22. April 1946 geschlossen für die Vereinigung der beiden Arbeiterparteien zur *Sozialistischen Einheitspartei Deutschlands* (SED) (➧ M2).

➧ ***Geschichte In Clips:*** *Zur Gründung der SED siehe Clip-Code 4697-01*

↳ SMAD sorgt dafür das KPD (Katastrofale Wahlergebnisse) sich mit SPD (Gute Wahlergebnisse) zusammenschließ –> SED entsteht

[1] *Otto Grotewohl (1894–1964): Buchdrucker, SPD-Politiker, Minister für Volksbildung (1921) und später für Inneres und Justiz (1923) des Freistaates Braunschweig, Reichstagsabgeordneter in der Weimarer Republik (ab 1925), von den Nationalsozialisten verfolgt, lebte in Berlin als Lebensmittelhändler. 1945 Vorsitzender der SPD in der SBZ, ab 1946 zusammen mit Wilhelm Pieck an der Spitze der SED, von 1949 bis 1964 Regierungschef der DDR.*

Obwohl die sowjetische Militärregierung CDU und LDPD in der Folgezeit massiv benachteiligte, erhielten die bürgerlichen Parteien bei den Kreis- und Landtagswahlen vom 20. Oktober 1946 mehr als die Hälfte der Stimmen. In Berlin, wo die SPD noch kandidieren durfte, wurde die SED mit 19,8 Prozent der Stimmen nur drittstärkste Partei. Die Sowjets verstärkten daraufhin ihren Druck auf alle zugelassenen Parteien.

Die SED: eine diktatorische Partei

Mit der Gründung der SED hatten die Kommunisten eine entscheidende Hürde auf dem Weg zur Alleinherrschaft in der Sowjetzone genommen. Sie stellten jetzt vier der fünf Ministerpräsidenten. SED-Funktionäre standen an der Spitze der wichtigsten Ministerien in den Ländern (Inneres, Wirtschaft, Volksbildung) und kontrollierten die meisten der für die gesamte Zone zuständigen Zentralverwaltungen. Besonders wichtig für den kommunistischen Machtapparat war die Polizei. Die auf Geheimbefehl der SMAD Ende Juli 1946 eingerichtete *Deutsche Verwaltung des Innern* (*DVdI*) zentralisierte und befehligte in enger Zusammenarbeit mit der Besatzungsmacht alle polizeilichen Aktivitäten in der SBZ. Aus Teilen dieser Behörde entwickelte sich das spätere *Ministerium für Staatssicherheit* (*MfS*)[1].
Vor dem Hintergrund des sich zuspitzenden *Ost-West-Konflikts* (*Kalter Krieg*)[2] verwarf die *Kommunistische Partei der Sowjetunion* (*KPdSU*) alle nationalen Sonderwege in ihrem Herrschaftsbereich. Die SED wurde zu einer „Partei neuen Typs" nach leninistischem Modell umgebildet und von oppositionellen Kräften „gesäubert". Etwa 6 000 Sozialdemokraten wurden von sowjetischen Militärgerichten als „Agenten" verurteilt und in Arbeitslager gebracht. Rund 100 000 Sozialdemokraten flohen in den Westen. Mit der I. Parteikonferenz im Januar 1949 übernahm die SED die stalinistischen Machtstrukturen der KPdSU. Dazu zählte insbesondere der „demokratische Zentralismus", also die Unterwerfung aller Parteiinstitutionen unter die Parteiführung (➧ M3). Die SED wurde zu einer diktatorischen Partei umgestaltet, die Staat und Gesellschaft beherrschen sollte.
Den SED-Führern ging es ausnahmslos darum, die eigene Besatzungszone rasch und dauerhaft in das Lager der „Volksdemokratien"[3] unter der führenden Rolle Moskaus zu integrieren. Ende 1948 erhielten sie die grundsätzliche Zustimmung Stalins für die Staatsgründung in der SBZ.

↳ SED wird die neue (diktatorische) Staatspartei -> nach leninistischem Modell

1) *Nähere Informationen hierzu auf Seite 42 f.*
2) *Siehe auch Seite 33.*
3) *Der Begriff „Volksdemokratie" bezeichnet kommunistische Staaten, die nach dem Zweiten Weltkrieg unter sowjetischem Einfluss entstanden. Im Gegensatz zur UdSSR gab es in diesen Staaten zwar mehrere Parteien (z. B. die „Blockparteien" in der DDR), die sich aber bei Wahlen nur auf einer Einheitsliste unter der Führung der jeweiligen Kommunistischen Partei bewerben konnten. Siehe hierzu Seite 34 und 40.*

1.4 Die Gründung der DDR

Juni 1948
In den drei Westzonen und der SBZ finden Währungsreformen statt. Die Sowjetunion blockiert daraufhin den freien Zugang nach West-Berlin bis zum 12. Mai 1949.

Oktober 1948
Der Deutsche Volksrat legt einen Verfassungsentwurf für eine „Deutsche Demokratische Republik" vor.

7. Oktober 1949
Nach vorheriger Zustimmung Stalins wird die DDR durch die Bildung der Provisorischen Volkskammer gegründet.

▲ **„Haus der Einheit" in Ost-Berlin.**
Foto, Oktober 1949.
1946 wurde das ehemalige Kaufhaus Jonas in der Torstraße zum ersten Sitz der SED-Parteiführung und damit zum Machtzentrum der DDR. Am Gebäude sind die Konterfeis von Wilhelm Pieck (links), dem ersten Präsidenten der DDR, und Otto Grotewohl (rechts), dem Regierungschef der Republik, zu erkennen.

▲ **Reichs- und Rentenmarkscheine mit aufgeklebten Spezialkupons von 1948.**
Die markierten Geldscheine wurden im Volksmund „Klebemark" oder „Tapetenmark" genannt.

M1

Währungsreform in der SBZ

Der Oberste Chef der Sowjetischen Militärverwaltung erlässt am 23. Juni 1948 den Befehl Nr. 111. Damit wurde auf die drei Tage zuvor in den Westzonen eingeführte Währungsreform reagiert.

Die separate Währungsreform in den westlichen Besatzungszonen beschließt die Spaltung Deutschlands. Die amerikanischen, britischen und französischen Besatzungsbehörden haben die separate Währungsreform gegen die Interessen des deutschen Volkes durchgeführt, um den Wünschen der amerikanischen, britischen und französischen Monopole zu entsprechen, die bestrebt sind, Deutschland zu schwächen und zu zergliedern, es wirtschaftlich zu knechten. Die separate Währungsreform in Westdeutschland hat gleichfalls die Stärkung der Stellung der Vertreter des deutschen Großkapitals und der Junker zum Ziel, die die Machtergreifung des Faschismus sicherten, den Zweiten Weltkrieg vorbereiteten und entfesselten und jetzt der Verknechtung Westdeutschlands durch die ausländischen Imperialisten Vorschub leisten.

Die Sowjetische Militärverwaltung in Deutschland, entsprechend den Anweisungen der Sowjetregierung, trat einer separaten Währungsreform in den einzelnen Besatzungszonen Deutschlands entgegen, bestand auf der Verwirklichung einer gesamtdeutschen Währungsreform. […]

Unter diesen Verhältnissen und den Forderungen der deutschen demokratischen Öffentlichkeit entgegenkommend, sieht sich die Sowjetische Militärverwaltung gezwungen, unaufschiebbare Maßnahmen zu treffen, um die Interessen der deutschen Bevölkerung und der Wirtschaft der sowjetischen Besatzungszone und Groß-Berlin zu wahren. Deswegen billigt die Sowjetische Militärverwaltung den Vorschlag der Deutschen Wirtschaftskommission über die Durchführung der Währungsreform in der Sowjetischen Besatzungszone Deutschlands. […]

Unter Berücksichtigung der Vorschläge der Deutschen Wirtschaftskommission und der Wünsche der deutschen demokratischen Öffentlichkeit befehle ich:

1. Ab 24. Juni 1948 auf dem gesamten Territorium der Sowjetischen Besatzungszone Deutschlands und auf dem Gebiet Groß-Berlins neue Geldscheine einzuführen: Reichsmark und Rentenmark alten Musters mit aufgeklebten Spezialkupons. Scheidemünzen bleiben ihrem Nominalwert nach im Umlauf.
2. Als einziges gesetzlich zugelassenes Zahlungsmittel in der Sowjetischen Besatzungszone und im Gebiet von Groß-Berlin gelten Reichsmark und Rentenmark mit aufgeklebten Spezialkupons sowie im Umlauf befindliche Scheidemünzen.
3. Um einer Desorganisation des Geldumlaufs vorzubeugen und die wirtschaftlichen Schwierigkeiten zu beseitigen, sind im Gebiet von Groß-Berlin, das sich in der Sowjetischen Besatzungszone befindet und wirtschaftlich einen Teil der Sowjetzone bildet, nur neue Geldscheine der Sowjetischen Besatzungszone im Verkehr zuzulassen.

Tägliche Rundschau, Berliner Ausgabe, 23. Juni 1948

1. *Recherchieren Sie, wie es zur Währungsreform in den Westzonen kam. Skizzieren Sie die Interessenlage der Besatzungsmächte und der Deutschen.*
2. *Erklären Sie, wodurch die SMAD die Einheit Deutschlands gefährdet sah.*
3. *Arbeiten Sie heraus, welche Aussagen in den Punkten 1 bis 3 Zündstoff für neue Streitigkeiten der Siegermächte boten.*
4. *Beurteilen Sie, welches Ziel die SMAD mit dem Befehl verfolgte.*

M2

Wahlen zum 3. Deutschen Volkskongress

Am 15. und 16. Mai 1949 finden in der SBZ Wahlen zum 3. Deutschen Volkskongress statt. Als abzusehen ist, dass die Ergebnisse nicht den Erwartungen der SED entsprechen werden, greifen in der Nacht die Innenminister der Länder der SBZ ein.

Der Innenminister des Landes Mecklenburg gab wegen „bestehender Unklarheiten" am 16. Mai den Kreisräten und Stadtverwaltungen zur Weitergabe an die Gemeinden und Wahlbezirke die folgende Anweisung:

„Blitzfernschreiben – sofort auf den Tisch!

1. Aus den Stimmzetteln muss der Wille des Wählers erkenntlich sein.

2. Alle weiß abgegebenen Stimmzettel sind gültig und als Ja-Stimmen zu zählen.

3. Stimmzettel, auf denen Kandidaten angestrichen oder Wahlzettel durchgestrichen sind, gelten als Ja-Stimmen, wenn sie im Ja-Feld angekreuzt sind.

4. Stimmzettel, die nicht durchkreuzt sind, sondern lediglich beschrieben sind, gelten nur dann als ungültig, wenn sie eine demokratisch-feindliche Gesinnung erkennen lassen.

5. Alle ungültigen Stimmzettel von gestern und die der heutigen Abgabe sind nach obigen Richtlinien durch die Wahlkommission nochmals zu überprüfen."

Gesamtdeutsches Institut Bonn (Hrsg.), SBZ 1945–1949. Politik und Alltag in der Sowjetischen Besatzungszone, Bonn 1987, S. 100f.

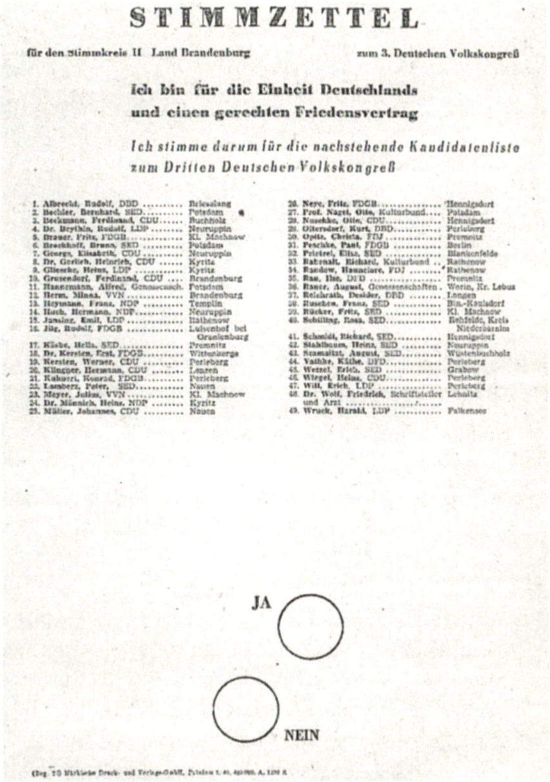

STIMMZETTEL

für den Stimmkreis II Land Brandenburg — zum 3. Deutschen Volkskongreß

Ich bin für die Einheit Deutschlands und einen gerechten Friedensvertrag

Ich stimme darum für die nachstehende Kandidatenliste zum Dritten Deutschen Volkskongreß

1. Albrecht, Rudolf, DBD .... Briesalang
2. Bechler, Bernhard, SED .... Potsdam
3. Beckmann, Ferdinand, CDU ...... Buchholz
4. Dr. Beythin, Rudolf, LDP .... Neuruppin
5. Brauer, Fritz, FDGB .... Kl. Machnow
6. Brockhoff, Bruno, SED .... Potsdam
7. Georgs, Elisabeth, CDU .... Neuruppin
8. Dr. Gerlich, Heinrich, CDU ...... Kyritz
9. Gliesche, Heinz, LDP .... Kyritz
10. Grunendorf, Ferdinand, CDU .... Brandenburg
11. Hannemann, Alfred, Genossensch. Potsdam
12. Herm, Minna, VVN .... Brandenburg
13. Heymann, Franz, NDP .... Templin
14. Hoch, Hermann, NDP .... Neuruppin
15. Jansing, Emil, LDP .... Rathenow
16. Jäg, Rudolf, FDGB .... Lubenhof bei Oranienburg
17. Klabe, Hella, SED .... Premnitz
18. Dr. Kersten, Ernst, FDGB .... Wittenberge
19. Kersten, Werner, CDU .... Perleberg
20. Klingner, Hermann, CDU .... Lenzen
21. Kabuert, Konrad, FDGB .... Perleberg
22. Lamberz, Peter, SED .... Nauen
23. Meyer, Julius, VVN .... Kl. Machnow
24. Dr. Münnich, Heinz, NDP .... Kyritz
25. Müller, Johannes, CDU .... Nauen
26. Nere, Fritz, FDGB .... Hennigsdorf
27. Prof. Nagel, Otto, Kulturbund .... Potsdam
28. Nuschke, Otto, CDU .... Hennigsdorf
29. Oltersdorf, Kurt, DBD .... Perleberg
30. Opitz, Christa, FDJ .... Premnitz
31. Peschke, Paul, FDGB .... Berlin
32. Prietzel, Elsa, SED .... Blankenfelde
33. Ratenalt, Richard, Kulturbund .. Rathenow
34. Randow, Hannelore, FDJ .... Rathenow
35. Rau, Ilse, DFD .... Premnitz
36. Rauer, August, Genossenschaften . Worin, Kr. Lebus
37. Reichrath, Desider, DBD .... Lenzen
38. Ruschen, Franz, SED .... Bln.-Kaulsdorf
39. Rücker, Fritz, SED .... Kl. Machnow
40. Schilling, Rosa, SED .... Rehfelde, Kreis Niederbarnim
41. Schmidt, Richard, SED .... Hennigsdorf
42. Stahlbaum, Heinz, SED .... Neuruppin
43. Szamaitat, August, SED .... Wüstenbuchholz
44. Vathke, Käthe, DFD .... Perleberg
45. Wetzel, Erich, SED .... Grabow
46. Wiegel, Heinz, CDU .... Perleberg
47. Will, Erich, LDP .... Perleberg
48. Dr. Wolf, Friedrich, Schriftsteller und Arzt .... Lehnitz
49. Wruck, Harald, LDP .... Falkensee

JA

NEIN

▲ **Stimmzettel für die Wahl zum 3. Volkskongress.**
Stimmzettel der Delegierten aus dem Stimmkreis II des Landes Brandenburg, Mai 1949.
Zwischen den verschiedenen Parteien und deren Kandidaten konnten die Wähler nicht mehr auswählen, aber sie hatten noch die Möglichkeit, mit „Ja" oder „Nein" für die gesamte Liste zu stimmen. Die Verteilung der Mandate erfolgte dabei nach einem zuvor festgelegten Schlüssel.

1. *Erklären Sie, welche Tatsache die Formulierung „bestehende Unklarheiten" (Zeile 2) umschreibt.*
2. *Überprüfen Sie, gegen welche Wahlrechtsgrundsätze die oben aufgeführten Anweisungen (vgl. dazu Artikel 38 des Grundgesetzes) verstoßen.*

M3
Im Schlepptau der Siegermächte

Zur Gründung der DDR hält Ministerpräsident Otto Grotewohl am 12. Oktober 1949 eine Rede:

Der westdeutsche Sonderstaat ist nicht in Bonn, sondern in London entstanden. Bonn hat nur die Londoner Empfehlungen, die in Wahrheit Befehle der westlichen Alliierten waren, ausgeführt. […]
Statt der im Potsdamer Abkommen vorgesehenen Demokratisierung, Entmilitarisierung und Entnazifizierung Deutschlands sind sie [die Westmächte] bestrebt, die von ihnen besetzten Teile Deutschlands in eine Kolonie zu verwandeln, die mit den traditionellen Methoden imperialistischer Kolonialherrschaft regiert und ausgebeutet wird. Von Demokratisierung, Entmilitarisierung und Entnazifizierung ist keine Rede. Die von Anfang an sorgfältig konservierten Kräfte der deutschen Reaktion […] haben mit aktiver Unterstützung der Besatzungsmächte die alten Machtpositionen wieder eingenommen. […]
Wir wissen, dass wir in unserem Kampf um die Einheit Deutschlands, der ein Bestandteil des Kampfes um den Frieden ist, nicht allein stehen. Wir haben das Glück, uns in diesem Kampf auf das große Lager des Friedens in der Welt stützen zu können, dessen ständig zunehmende Stärke die imperialistischen Kriegsinteressen Schritt um Schritt zurückdrängt. Diese Kräfte des Friedens in der ganzen Welt werden geführt von der Sowjetunion, die eine andere Politik als die Politik des Friedens weder kennt noch kennen kann.

Am 15. Oktober 1949 antwortet Kurt Schumacher im Deutschen Bundestag auf die Rede Grotewohls:

Man kann erfolgreich bestreiten, dass der neue Oststaat überhaupt ein Staat ist. Dazu fehlt ihm auch der Ansatz zur Bildung einer eigenen Souveränität, er ist eine Äußerungsform der russischen Außenpolitik. […]
Jetzt ist der Oststaat ein Versuch, die magnetischen Kräfte des Westens mithilfe staatlicher Machtmittel und eines scheinbaren Willens der deutschen Bevölkerung dieser Zone abzuwehren. Er bedeutet die Anerkennung der Tatsache, dass bis auf Weiteres das große russische Unternehmen, ganz Deutschland in die politischen, gesellschaftlichen, wirtschaftlichen und kulturellen Formen der Sowjets hineinzuzwingen, gescheitert ist. Die Loslösung der Ostzone durch die Russen, wie sie 1945 radikal und erfolgreich eingeleitet wurde, bedeutet das Hinausdrängen der westalliierten Einflüsse und der internationalen Kritik. Es war aber zur gleichen Zeit das Ende jeder demokratischen Freiheit der Deutschen in dieser Zone. Die westlichen Alliierten tragen an dieser Entwicklung viel Schuld. […]
Das darf nicht darüber hinwegtäuschen, dass die Etablierung dieses sogenannten Oststaates eine Erschwerung der deutschen Einheit ist. Die Verhinderung dieser Einheit aber kann dieses Provisorium im Osten nicht bedeuten, weil das deutsche Volk und besonders die Bevölkerung der Ostzone Gebilde russischer Machtpolitik auf deutschem Boden ablehnt.

Erster Text: Otto Grotewohl, Im Kampf um die einige Deutsche Demokratische Republik. Reden und Aufsätze, Bd. 1, Berlin 1959, S. 489ff.; zweiter Text: Wolfgang Benz, Die Gründung der Bundesrepublik. Von der Bizone bis zum souveränen Staat, München 1984, S. 160f.

1. *Weisen Sie nach, wie bestimmte Begriffe unterschiedliche inhaltliche Bedeutung gewinnen, je nachdem, ob sie im Osten oder im Westen verwendet werden.*
2. *Erklären Sie, was Schumacher unter den „magnetischen Kräften" des Westens versteht.*
3. *Diskutieren Sie Schumachers Aussage über die „Schuld der Westmächte".*

Erste Folgen des Kalten Krieges

Wenige Jahre nach Beendigung des Zweiten Weltkrieges mündeten die ideologischen und politischen Spannungen zwischen der Sowjetunion und den USA sowie ihren jeweiligen Verbündeten in einen „Kalten Krieg“. Seinen ersten Höhepunkt erreichte er mit der *Blockade West-Berlins*. Das war Stalins Antwort auf die von den USA in die Wege geleitete Währungsreform in den Westzonen am 20. Juni 1948. Drei Tage nach der Einführung der D-Mark wurde auch für die Sowjetische Besatzungszone eine eigene Währungsreform unter ausdrücklicher Einbeziehung ganz Berlins angeordnet (➧ M1).

Die Blockade der Land- und Wasserverbindung zwischen Berlin und den Westzonen war Stalins Versuch, die in der amerikanischen Eindämmungspolitik angelegte Schaffung eines antikommunistischen westdeutschen Staates in letzter Minute zu verhindern. Als sich zeigte, dass Amerikaner und Briten die Versorgung der über zwei Millionen West-Berliner durch eine Luftbrücke sichern konnten, musste Stalin einsehen, dass seine Aktion gescheitert war, und hob die Blockade am 12. Mai 1949 auf.

Für die Sowjetunion erwies sich die Blockade West-Berlins als schwerer Fehler: Stalin hatte keines seiner Ziele erreicht, stattdessen im In- und Ausland viel Ansehen verloren. Zusätzlich verstanden Deutsche und Westalliierte sich zum ersten Mal nach dem Krieg als Verbündete. Während der Blockade war Berlin zu einer gespaltenen Stadt geworden, der Ost- und der Westteil hatten eigene Oberbürgermeister und getrennte Verwaltungen eingesetzt. Erst 1990 wurde dieser Zustand der Teilung aufgehoben.

Die Bundesrepublik Deutschland entsteht

Seit Ende 1947 waren Amerikaner und Briten entschlossen, ihre Besatzungszonen in einen westdeutschen Teilstaat umzuwandeln. Die Franzosen zögerten in dieser Frage zunächst. Doch am 1. Juli 1948 beauftragten die drei westlichen Militärgouverneure die Ministerpräsidenten der elf westdeutschen Länder, Verfassungsberatungen zur Gründung eines westdeutschen Staates aufzunehmen. Die Einzelheiten waren in den sogenannten *Frankfurter Dokumenten* festgelegt: Eine einberufene *Verfassunggebende Versammlung* sollte eine demokratische Verfassung für einen föderalistischen Staat erarbeiten. In einer Volksabstimmung sollte dann die Verfassung in Kraft gesetzt werden. Die Ministerpräsidenten stimmten diesem Angebot einer beschränkten Selbstverwaltung zu, nachdem sie durch einige Korrekturen den *provisorischen Charakter* des geplanten politischen Gebildes verstärken konnten: Um die Möglichkeit eines vereinigten deutschen Staates offenzuhalten, sollte nicht von einer Verfassunggebenden Versammlung, sondern von einem *Parlamentarischen Rat*, nicht von einer Verfassung, sondern von einem *Grundgesetz* die Rede sein.

Am 8. Mai 1949 wurde das Grundgesetz vom Parlamentarischen Rat mehrheitlich angenommen und drei Tage später von den Militärgouverneuren genehmigt. Am 23. Mai 1949 unterzeichneten die Ministerpräsidenten der Länder und die Landtagspräsidenten in Bonn feierlich das Grundgesetz – dies war die Geburtsstunde der *Bundesrepublik Deutschland*.

Die Volkskongressbewegung

Die Antwort der Sowjetunion auf die Gründung der Bundesrepublik war von langer Hand vorbereitet worden. Mit der Rückendeckung Stalins setzte sich die SED Ende 1947 an die Spitze einer *Volkskongressbewegung*, die zwar formal die Einheit Deutschlands propagierte, aber in Wirklichkeit die Weichen für die Schaffung eines kommunistischen Teilstaates stellen sollte.

Der erste „Deutsche Volkskongress für Einheit und gerechten Frieden" trat am 6./7. Dezember 1947 zusammen. Drei Viertel der über 7 000 Delegierten waren von den „Blockparteien" oder anderen Massenorganisationen der SBZ entsandt, eine wirkliche gesamtdeutsche Repräsentanz besaß der Volkskongress nicht. Aufgabe der Delegierten war es, die sowjetische Deutschlandpolitik zu unterstützen.

Anlässlich des 2. Volkskongresses (17./18. März 1948) wählten die Mitglieder als ständiges Organ den von der SED gelenkten ersten *Deutschen Volksrat*, ein 400-köpfiges Gremium (darunter 100 Westdeutsche). Der sich als „Repräsentation für ganz Deutschland" bezeichnende Volksrat legte im Oktober 1948 einen unter dem Vorsitz von Otto Grotewohl erarbeiteten Verfassungsentwurf für eine „Deutsche Demokratische Republik" vor, der auf SED-Vorstellungen aus dem Jahr 1946 basierte. Darin fanden sich bereits Bestimmungen, mit denen die SED unbequeme Kritiker mundtot machen konnte.[1)] Im Oktober 1949 entstand daraus die erste Verfassung der DDR.

Im Mai 1949 wurde in der SBZ der 3. Volkskongress gewählt. Eingedenk des schlechten Ergebnisses bei den Landtagswahlen 1946 wollte die SED keinerlei Risiko eingehen: Gewählt wurde nach einer *Einheitsliste* (▶ M2). Trotz Manipulation und Wahlfälschung stimmten nur rund 66 Prozent der Wähler für die Liste.

Die DDR wird gegründet

Die sowjetische Regierung wartete mit der bis in alle Einzelheiten vorbereiteten Staatsgründung in der eigenen Besatzungszone noch die ersten Wahlen und die Regierungsbildung in der Bundesrepublik ab, um dem Westen die „Schuld" an der Teilung Deutschlands geben zu können. Nach einer erneuten Besprechung führender SED-Funktionäre mit Stalin Ende September 1949 erklärte die sowjetische Regierung Anfang Oktober in einer Note an die drei Westmächte, dass mit der „Bildung der volksfeindlichen Separatregierung in Bonn [...] in Deutschland eine neue Lage entstanden" sei, die zum Handeln zwinge. Am 7. Oktober 1949 nahm der nach den Wahlergebnissen im Mai zusammengesetzte Deutsche Volksrat den Verfassungsentwurf von 1948 praktisch unverändert an und erklärte sich selbst zur *Provisorischen Volkskammer*. Damit war die *Deutsche Demokratische Republik* gegründet, die unter sowjetischer Vormundschaft blieb. Wenige Tage später wurde Otto Grotewohl (SED) zum Regierungschef, Wilhelm Pieck (SED) zum Präsidenten der DDR gewählt (▶ M3). Obwohl in der neuen Regierung alle Parteien vertreten waren, besetzte die SED die wichtigsten Ministerien und war entschlossen, die Macht nicht mehr aus der Hand zu geben.

DDR

---

1) So die Strafandrohung wegen „Boykotthetze gegen demokratische Einrichtungen und Organisationen". Siehe Artikel 6 Absatz 2 der Verfassung von 1949 unter www.verfassungen.de/de/ddr/ddr49-i.htm

1.5 Aufbau der sozialistischen DDR

▲ **Parade anlässlich der 2. Parteikonferenz der SED.**
Foto, 11. Juli 1952, Berlin.
Aufmarsch von Mitgliedern der FDJ (= Freie Deutsche Jugend), Volkspolizei und SED vor dem Berliner Dom. Im Vordergrund sind die Porträts von Lenin und Stalin zu erkennen.

1950
Die SED richtet zur Überwachung der Bevölkerung das Ministerium für Staatssicherheit (MfS) ein.
Auf der Basis einer Einheitsliste finden die ersten Volkskammerwahlen statt (15. Oktober).

1952
Walter Ulbricht verkündet den „planmäßigen Aufbau des Sozialismus".

M1

„Partei, Du bist Friede auf Erden!"

Johannes Robert Becher (1891–1958), Schriftsteller, Abgeordneter der Volkskammer und von 1954 bis 1958 Minister für Kultur, trägt den Delegierten des III. Parteitages der SED 1950 folgende „Kantate" vor:

Du großes Wir, du unser aller Willen:
Dir, dir verdanken wir, was wir geworden sind!
Den Traum des Friedens kannst nur du erfüllen.
Dein Fahnenrot steigt im Jahrhundertwind.

[…]

Es wird dich rühmend einst ganz Deutschland
nennen,
Denn nur durch dich wird Deutschland eins und
frei!
Lass dich voll Stolz, voll Stolz lass dich bekennen:
Dir alle Macht, der Sieg ist dein, Partei!

Zitiert nach: Joachim-Rüdiger Groth (Hrsg.), Literatur im Widerspruch. Gedichte und Prosa aus 40 Jahren DDR, Köln 1993, S. 48

1. *Analysieren Sie, wie die Partei charakterisiert wird.*
2. *Erörtern Sie, welchen Zweck Becher mit dieser Hymne auf die Partei verfolgte.*

M2

Demokratieverständnis der kommunistischen Partei- und Staatsführung der DDR

Ein Lexikonartikel gibt die für Wissenschaft, Bildung und Presse verbindliche Definition der „sozialistischen Demokratie" [s. D.] wieder:

Sozialistische Demokratie: politische Machtausübung der von der Arbeiterklasse und ihrer marxistisch-leninistischen Partei geführten werktätigen Massen des Volkes, die mit der Errichtung der ➧ *Diktatur des Proletariats* die formale ➧ *bürgerliche Demokratie* überwindet und ablöst. Sie setzt voraus, dass die Arbeiterklasse ihre führende Rolle in der Gesellschaft verwirklicht und dass die wichtigsten Produktionsmittel gesellschaftliches Eigentum sind. Die Diktatur des Proletariats ist das politische Fundament der s. D., das sozialistische ➧ *gesellschaftliche Eigentum* an den Hauptproduktionsmitteln ihr ökonomisches. Die immer weitere Entfaltung und Vervollkommnung der s. D. ist die Hauptrichtung, in der sich die sozialistische Staatsmacht entwickelt. Die vielfältigen Formen der Mitwirkung der Bürger an der Leitung des Staates und der Wirtschaft werden zum bestimmenden Merkmal des Lebens im Sozialismus.

Der hochrangige SED-Funktionär Egon Krenz[1] erläutert die sozialistische Demokratie in der von der SED herausgegebenen Zeitschrift „Einheit":

Was in diesem Staat in den zurückliegenden Jahrzehnten geschaffen wurde, ist ein Epochewerk. Der Sozialismus ist bei uns als Befreiung von Ausbeutung, Unterdrückung und Erniedrigung des Volkes, von Arbeitslosigkeit, sozialer und geistiger Verelendung zu erleben. Unantastbar sind die Würde und die Freiheit der Persönlichkeit. […]
Als Kommunisten sind wir konsequente Demokraten. „Demokratie und Kommunismus, soweit es sich um die Arbeiterklasse handelt, (sind) völlig identisch", schrieb Friedrich Engels 1845. In der DDR haben wir Sozialismus und Demokratie stets als Einheit verwirklicht. Niemals haben wir dabei außer Acht gelassen, dass es den objektiven Gesetzen des Klassenkampfes entspricht, scharf zwischen bürgerlicher und sozialistischer Demokratie zu unterscheiden. Unsere Demokratie des Mitarbeitens, Mitplanens und Mitregierens beweist ihre Überlegenheit.

↳ Staatsausführung der DDR

Erster Text: Kleines Politisches Wörterbuch, Berlin (Ost) ³1978, S. 809 f.; zweiter Text: Egon Krenz, Vom Sinn unseres Kampfes, in: Einheit, Heft 9/10, Berlin (Ost) 1989, S. 831-838

---

1) *Egon Krenz (*1937): 1981–1984 Mitglied des Staatsrats, 1983–1989 Mitglied des Politbüros des Zentralkomitees der SED; nach dem von ihm betriebenen Sturz seines politischen Ziehvaters Erich Honecker ab Oktober 1989 für wenige Wochen dessen Nachfolger als Generalsekretär des ZK der SED und Staatsratsvorsitzender, Rücktritt mit dem gesamten Politbüro am 3. Dezember 1989; 1990 Ausschluss aus der SED-PDS*

1. *Klären Sie den Begriff „sozialistische Demokratie". Welches Verständnis von Demokratie wird deutlich?*
2. *Erläutern Sie das Zitat Friedrich Engels' und die sich aus diesem ergebende Konsequenz.*

M3
Der Fall der Werdauer Oberschüler

Am 4. Oktober 1951 verurteilt das Landgericht Zwickau eine Gruppe von 19 Oberschülern aus Werdau, die antikommunistische Flugblätter verteilt haben, zu hohen Zuchthausstrafen. Achim Beyer, einer jener ehemaligen Schüler, berichtet 1993 vor der Enquête-Kommission des Deutschen Bundestags zur „Aufarbeitung von Geschichte und Folgen der SED-Diktatur in Deutschland". Wegen seiner Teilnahme an der Flugblattaktion hat er fünfeinhalb Jahre im Gefängnis gesessen.
1996 wird in Dresden gegen zwei der ehemaligen Richter Anklage wegen Rechtsbeugung erhoben. Aus Krankheitsgründen kann nur gegen eine damalige Richterin das Verfahren eröffnet werden; nach Zahlung eines Bußgeldes wird es jedoch eingestellt.

Der Vorwurf in der Anklageschrift lautete, „Boykotthetze gegen demokratische Einrichtungen und Organisationen" betrieben zu haben, „im bewussten und gewollten Zusammenwirken Anfang Oktober 1950 eine Widerstandsgruppe in Werdau gegen die Deutsche Demokratische Republik gegründet, die Verbindung mit der Kampfgruppe gegen Unmenschlichkeit in West-Berlin aufgenommen und auf Weisung dieser die Herstellung und Verbreitung von Hetzzetteln vorgenommen" zu haben. In der Anklageschrift hieß es dann weiter, wir hätten klar zu erkennen gegeben, dass wir Feinde des Friedenslagers der 800 Millionen friedliebenden Menschen sind. „Sie haben sich selbst durch ihre verbrecherischen Handlungen aus der Gemeinschaft der friedliebenden Menschheit ausgeschlossen. Wir werden es nicht zulassen, dass die Erfolge im Kampf um die Einheit Deutschlands und die Erhaltung des Friedens sowie des friedlichen Aufbaus durch solche Elemente zunichte gemacht werden." [...]
Wir haben Flugblätter verteilt und geklebt, insbesondere gegen die Volkskammerwahl 1950, haben zum Widerstand gegen das SED-Regime aufgerufen, haben gegen das Todesurteil gegen Hermann Josef Flade[1)] protestiert. [...]
In der Nacht vom 18. zum 19. Mai 1951 wurden während einer Flugblattaktion zwei unserer Freunde verhaftet. Am darauffolgenden Morgen gab es Absprachen und Diskussionen über Fluchtwege und -zeiten. Aber nur wenige Schüler konnten fliehen. Meist waren dies Sympathisanten und/oder Mitwisser. Die Aktivisten wurden sämtlich verhaftet. [...]
Wir wurden vom Staatssicherheitsdienst verhört, ich selbst in Sonneberg, Zwickau und Dresden, meist mit nicht sehr feinen Methoden: total abgedunkelter Raum, festgeschraubter Sessel, Scheinwerfer, Kreuzverhör. In Sonneberg brachte man es fertig, mir für einige Stunden einen Schäferhund in die Zelle zu setzen. In Dresden gab es psychischen Druck. Als Beispiel: Auf einem großen Tisch wurden gezielt verschiedene Peitschen unterschiedlicher Größe demonstriert, die man, wie es hieß, ja auch anwenden könne. Es ging so weit, dass man uns zum Selbstmord provozieren wollte. Die Wände im Umkleideraum zum Duschen und Rasieren in Dresden bei der Stasi waren voller roter Flecke, ob Blut oder Farbe, sei dahingestellt. Der Aufseher meinte, es hätten hier schon viele ihrem Leben ein Ende gemacht. [...]
Die Verhandlung selbst begann am 3. Oktober 1951, vormittags, 10.00 Uhr, im Landgericht Zwickau. Sie wurde nur kurz durch wenige Pausen unterbrochen. Die Urteile wurden am 4. Oktober 1951, gegen 0.30 Uhr, verkündet. Es war mein 19. Geburtstag. Die Strafen lagen zwischen zwei und 15 Jahren Zuchthaus. Unter den Verurteilten befanden sich sechs Jugendliche unter 18 Jahren.
Die Verhandlung selbst bestand vor allem in einer Abarbeitung der in der Anklageschrift und damit den SED-Untersuchungsakten niedergelegten Vorwürfe und Vorhaltungen und deren Bestätigung während der Verhandlung. Ein Leugnen schien uns zwecklos. Einer unserer Freunde verweigerte die

1) *Am 10. Januar 1951 hatte die Große Strafkammer des Landgerichts Dresden gegen den 18-jährigen Oberschüler Flade ein Todesurteil verkündet, weil dieser antikommunistische Flugblätter verbreitet und sich bei seiner Festnahme mit einem Messer zur Wehr gesetzt hatte.*

▲ **Flugblatt der Werdauer Oberschüler.**

Aussage, was zwar für erhebliche Aufregungen sorgte und ihm die Aberkennung der Untersuchungshaftzeit einbrachte, aber ansonsten ohne Erfolg blieb.

[…] Fünf Minuten vor der Verhandlung stellten sich uns einige Herren als unsere Verteidiger vor: für jeweils drei bis vier Angeklagte ein Pflichtverteidiger. Doch was konnten und wollten sie in diesem Fall ausrichten? Ein Rechtsanwalt beantragte Einsichtnahme in die Beweisstücke. Daraufhin sprang der SED-Kreissekretär Kurt Benda auf und schrie ihn an: „Sie haben wohl die Absicht, heute Nacht diese Flugblätter zu kleben, was?!" Während der Verhandlung durfte niemand mitschreiben, auch nicht die Presse, und dennoch wurde bekannt, was man uns vorwarf, wie sich jeder von uns den Anschuldigungen des Staatsanwalts Piel gegenüber verhielt.

In der Mittagspause geschah etwas, was keiner von uns je vergessen wird. In einem Vorraum wurden wir streng getrennt voneinander aufgestellt, als plötzlich hinter uns hinter einer mit Ölfarbe verschmierten Glaswand unsere Eltern, die wir monatelang nicht sehen durften, unsere Namen riefen, wie sie mit den Fingernägeln die Farbe abkratzten, nur um uns wieder einmal sehen zu können. Ich werde auch nicht vergessen, wie ein Polizeikommando mit Gummiknüppeln unsere Eltern aus dem Gerichtsgebäude trieb. Wir hörten sie laut dagegen protestieren und weinend unsere Namen rufen.

[…] Die Haftbedingungen zu Beginn der Fünfzigerjahre waren überaus hart, brutal und unmenschlich: ständig Hunger, keine medizinische Versorgung, in Waldheim z.B. acht Wochen lang kein Wäschewechsel, einheitlich totale Glatze, keine Literatur, Kälte, kaum Hofgang und anderes mehr. […] Eine allgemeine größere Entlassungsaktion seit Februar 1956 […] wurde begleitet von dem Hinweis, dass jeder ehemalige Häftling, gleich, aus welchen Gründen verurteilt, angeblich als gleichwertiger Bürger angesehen werde. Wir hingegen mussten auf die Entlassung nicht nur bis Mitte Oktober 1956 warten; uns wurde zudem der Besuch einer weiterführenden Schule untersagt. […] Die Entlassung erfolgte nach § 346 Strafgesetzbuch, bedingte Strafaussetzung mit Bewährungsfrist, bei mir drei Jahre. […] Meine Freunde hatten aufgrund der vermuteten Gruppenhaftung nicht nur auf mich als den zuletzt Entlassenen gewartet, wir verabredeten auch, die Flucht am gleichen Tag zu unternehmen, wenngleich mit individueller Planung. Als die Ereignisse in Ungarn vom Oktober 1956 eskalierten, war dieser Tag gekommen. Am 06.11.1956, vormittags, besorgte meine Mutter innerhalb weniger Stunden für mich einen Interzonenpass. Ein solches Dokument ermöglichte damals für sechs Wochen einen Aufenthalt in der BRD. Ich erhielt diesen Interzonenpass, weil meine Mutter schon längere Zeit eine Angestellte in der Kreisverwaltung bestochen hatte, aber auch weil selbst in solchen Ämtern uns Sympathie entgegengebracht wurde. […] Ich benachrichtigte nach Erhalt des Passes meine Freunde. Wir alle, die wir weg wollten, überschritten noch in dieser Nacht die Grenze.

Deutscher Bundestag, 12. Wahlperiode, Enquête-Kommission „Aufarbeitung von Geschichte und Folgen der SED-Diktatur in Deutschland", Bd. IV, Frankfurt/Main 1995, S. 244–251

Erläutern Sie das Zusammenwirken von Staatssicherheit und Justiz.

Eroberung der Macht nach sowjetischem Vorbild

Seit der Gründung der DDR am 7. Oktober 1949 übernahm die SED das sowjetische Modell in allen Bereichen von Politik, Gesellschaft, Wirtschaft und Kultur. Es entstand eine Diktatur, deren Machthaber sich zu keinem Zeitpunkt auf die mehrheitliche Zustimmung der Bevölkerung berufen konnten. Die kommunistische Führungsgruppe der Partei beschritt bei der Durchsetzung ihres Machtmonopols mehrere Wege:

1. die innere Umgestaltung der SED zu einer „Partei neuen Typus",
2. die Umformung des gesamten Parteiensystems zu einem Instrument der SED,
3. die Durchsetzung des absoluten Wahrheitsanspruchs der SED,
4. die Lenkung der Strafjustiz zur Absicherung der Diktatur und
5. der Einsatz der Geheimpolizei (Ministerium für Staatssicherheit, MfS) zur Überwachung der Bevölkerung und zur Unterdrückung der Opposition.

Monolithischer Herrschaftsapparat der SED

Schon vor der Staatsgründung der DDR war die SED als „Partei neuen Typus" dem Beispiel der KPdSU gefolgt. Danach stand sie nicht in Konkurrenz zu anderen Gruppen im Staat, sondern sie übte – gemäß der marxistisch-leninistischen Lehre – an der Spitze der Arbeiterbewegung ein Machtmonopol aus.
Das Bekenntnis zu Stalin und zur „führenden Rolle" der Sowjetunion sowie den Kampf gegen „Spione und Agenten" und den „Sozialdemokratismus" erklärte der III. Parteitag der SED im Juli 1950 zur Pflicht für alle SED-Mitglieder (▸ M1). Mit Unterstützung der sowjetischen Geheimpolizei setzte Walter Ulbricht Parteisäuberungen durch – allein 1950/51 wurden 150 000 Mitglieder und Funktionäre, darunter vor allem ehemalige Sozialdemokraten, aber auch viele Kommunisten, aus der SED ausgeschlossen. Sogar Mitglieder der Führungsgruppe wurden ihrer Funktionen enthoben oder gar verhaftet, wenn Ulbricht sie als seine Gegner einschätzte. In einer Atmosphäre der Angst entwickelte sich die SED zu einem monolithischen Machtapparat, der von einer kleinen Gruppe von Spitzenfunktionären diktatorisch gelenkt wurde. Nach heutigen Erkenntnissen zählten gegen Ende der DDR dazu etwa 520 Personen. Die kommunistische Funktionärsschicht, auf die es bei der Machtsicherung der SED in Politik, Wirtschaft und Sicherheitsfragen wirklich ankam, umfasste 1951 etwa 20 000 Personen, im Jahre 1989 waren es über 300 000 sogenannte „Nomenklaturkader". Das waren etwa 13 Prozent aller SED-Mitglieder und nur drei Prozent der erwachsenen Bürger der DDR.

Umformung des Parteiensystems

Neben den seit 1945 in der SBZ zugelassenen Parteien CDU und LDPD waren von der SED und der SMAD 1948 zwei weitere Parteien ins Leben gerufen worden: die *Demokratische Bauernpartei Deutschlands* (*DBD*) und die *National-Demokratische Partei Deutschlands* (*NDPD*). Diese beiden „bürgerlichen" Parteien hatten die Aufgabe, im Auftrag der SED Zugang zu bäuerlichen und national-konservativen Kreisen zu gewinnen sowie die tatsächlichen Machtverhältnisse zu verschleiern.
Eine ähnliche Rolle wie den Parteien teilte die SED-Spitze den großen Massenorganisationen zu wie beispielsweise dem *Freien Deutschen Gewerkschaftsbund* (*FDGB*) oder der *Freien Deutschen Jugend* (*FDJ*). Sie sollten als „Transmissionsriemen" (Lenin) zur Durchsetzung des Willens der kommunistischen Parteispitze wirken.

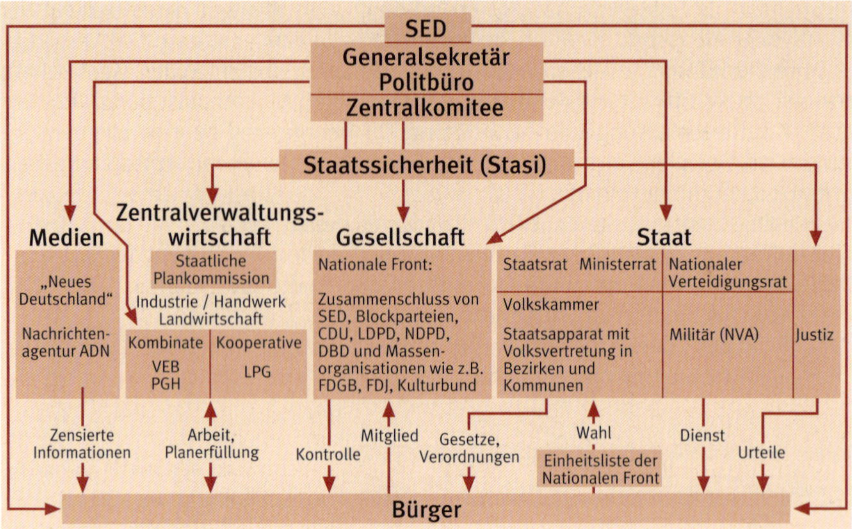

▲ **Die Verfassungswirklichkeit in der DDR.**
Grafik nach Eberhard Wilms.

Parteien und Massenorganisationen wurden seit der Staatsgründung in der *Nationalen Front des demokratischen Deutschland* (seit 1973 *Nationale Front der DDR*) zusammengeschlossen. Da die maßgeblichen Stellen der Nationalen Front von SED-Funktionären eingenommen wurden, konnte die SED auf diesem Weg alle Parteien und Massenorganisationen steuern. Als „Bündnis aller Kräfte des Volkes" nutzte sie die Nationale Front, um die Massen zu mobilisieren, die Wahlen pseudodemokratisch zu verbrämen und die Legitimität ihrer Herrschaft vorzutäuschen.
Die Wahlen zur ersten Volkskammer fanden am 15. Oktober 1950 auf der Basis einer Einheitsliste statt und ermöglichten keine Auswahl, sondern nur eine Akklamation. Diese Vorgehensweise blieb bis zum März 1990 bestehen. Für das bereits zuvor festgelegte Ergebnis (98 Prozent Wahlbeteiligung, 99,7 Prozent Zustimmung) mussten die SED und ihre Geheimpolizei allerdings Druck und Gewalt gegenüber der Bevölkerung anwenden und die Wahlergebnisse fälschen. Nur 34000 von 12,3 Millionen Wahlberechtigten hatten ihre Stimmscheine so gekennzeichnet, dass sie als Nein-Stimmen gewertet werden mussten. Damit hatte sich der SED-Staat definitiv als eine Parteidiktatur etabliert, die sich „Volksdemokratie" nannte.
Seit Anfang der Fünfzigerjahre wurde die Gleichschaltung der bürgerlichen Parteien forciert. Widerstandsbereite Persönlichkeiten wurden ihrer Ämter enthoben, verhaftet und zu Zuchthaus oder Zwangsarbeit in sowjetischen Straflagern verurteilt. Seit 1952/53 erkannten CDU und LDPD in ihren Satzungen „die führende Rolle der SED als der Partei der Arbeiterklasse" vorbehaltlos an.

„Sozialistische Demokratie"

Unter Rückgriff auf die Lehrsätze des Marxismus-Leninismus von der Diktatur des Proletariats erklärte die SED den sozialistischen Staat zu einem „weltgeschichtlich höheren Typus der Demokratie" (➧ M2). Er sei demokratischer als die westlichen, sogenannten

„bürgerlichen“ Verfassungsstaaten. Er garantiere die Bedingungen realer Freiheit, weil „die politische Herrschaft fest in den Händen der Arbeiterklasse und ihrer Verbündeten“ liege. Diese immer gleichen, formelhaften Wendungen dienten den Machthabern der Partei als Rechtfertigung (Legitimation) für ihre Herrschaftsausübung. Trotz der überall plakatierten Losung an die Adresse der DDR-Bürger „Arbeite mit, plane mit, regiere mit“, dachten jene nicht daran, diese außerhalb der Vorgaben der Partei handeln zu lassen oder sich selbst in freien Wahlen dem Votum der Bürger zu stellen. Der sozialistischen Demokratie fehlten alle freiheitlichen Elemente. An die Stelle der Volkssouveränität trat die führende Rolle der Partei. Wahlen dienten der Bestätigung der Politik der SED. Der aktive Untertan war gewünscht, nicht der freie Staatsbürger.

Justiz im Parteiauftrag

Die Säuberung des Justizapparates von ehemaligen Nationalsozialisten nutzte die Führung der SED, um an ihre Stelle zuverlässige Kommunisten zu platzieren. Im Gegensatz zum Wortlaut der Verfassung waren die Richter nicht unabhängig, sondern politische Funktionäre, angeleitet und gelenkt vom Obersten Gericht und den Parteiinstanzen.
Das Strafrecht wurde ein Instrument der Diktatur zur Bekämpfung ihrer Gegner; wesentliche Verfahrensrechte, wie das Prinzip der Öffentlichkeit im Gerichtsprozess oder das Recht des Angeklagten auf Verteidigung, verkamen zu einer Farce, die Haftbedingungen in den Gefängnissen waren unmenschlich. Als Straftatbestand diente häufig die Generalklausel des Artikels 6 der Verfassung von 1949 („Boykotthetze gegen demokratische Einrichtungen“). Bereits kritische Meinungsäußerungen über das Regime wurden mit hohen Freiheitsstrafen geahndet (➧ M3).
Eines der schwersten Justizverbrechen in der Frühzeit der DDR waren die sogenannten „Waldheimer Prozesse“. Unter dem Vorwand, Nazi- und Kriegsverbrechen zu ahnden, wurden innerhalb von nur zweieinhalb Monaten im Jahre 1950 in Waldheim (Sachsen) 3324 Insassen ehemaliger sowjetischer Speziallager in der DDR gleichsam am Fließband zu Regelstrafen von 15 Jahren Zuchthaus und mehr, 33 zum Tode verurteilt.
Schauprozesse zur Bekämpfung des sozialdemokratischen und bürgerlichen Widerstandes, aber auch der innerparteilichen Gegner Ulbrichts wurden vom Justizapparat der SED regelrecht inszeniert und von den Gerichten ausgeführt. Das Politbüro betätigte sich in der Ära Ulbricht nicht selten als Ankläger, Richter und Gnadeninstanz. Zwischen 1950 und 1962 hat die Justiz in der DDR kein Todesurteil verhängt, über das nicht vom Politbüro entschieden worden war. Heute wird die Zahl der politisch Verfolgten in 40 Jahren DDR auf bis zu 200 000 geschätzt. Nicht weniger als 33 755 „politische Häftlinge“ kaufte die Bundesregierung zwischen 1963 und 1989 für insgesamt 1,74 Milliarden Euro frei. Seit dem Untergang des SED-Regimes können die Opfer des Justizterrors ihre gerichtliche Rehabilitierung beantragen. Etwa 160 000 solcher Anträge sind bis 2001, der gesetzlichen Frist, gestellt worden; die meisten davon wurden mit positivem Ergebnis abgeschlossen.
Auch das Zivil-, Familien- und Arbeitsrecht missbrauchte der SED-Staat, um Andersdenkende, Kritiker oder Systemgegner einzuschüchtern. So wurden Schulabschlüsse, die Berufsausbildung, der berufliche Aufstieg von Menschen, die unliebsam aufgefallen waren, verhindert, die Wohnungszuteilung oder die Reiseerlaubnis versagt, der Personalausweis entzogen, der Arbeitsplatz gekündigt etc. Wegen der herrschenden Rechtsunsicherheit blieb für die Bürger das staatliche Handeln stets unberechenbar.

Die Allgegenwart des Geheimdienstes

Neben der Roten Armee gewährleistete insbesondere der *Staatssicherheitsdienst* (kurz *Stasi*) den Machterhalt der SED. Er war eine Kopie des sowjetischen Geheimdienstes und mit diesem lange Zeit aufs Engste verflochten. Im Februar 1950 wurde das Ministerium für Staatssicherheit (MfS) gegründet, um „Saboteure, Agenten und Diversanten[1]" zu bekämpfen. Vom ersten Tag seiner Existenz an arbeitete der Staatssicherheitsdienst unter strengster Geheimhaltung als „Schild und Schwert der Partei" (*Erich Mielke*[2]). Kein Gesetz oder Parlament schränkten seine Ziele und Methoden ein. In einem als „Geheime Kommandosache" deklarierten Statut wurden die Aufgaben des MfS 1969 erstmals ausführlicher dargelegt.

Im Laufe der Zeit entwickelte sich die Geheimpolizei der SED zu einem gigantischen Überwachungsapparat mit der Zentrale in Ost-Berlin und nachgeordneten Behörden auf Bezirks- und Kreisebene. Anfangs zählte das MfS 1000 hauptamtliche Mitarbeiter, Mitte der Fünfzigerjahre bereits 13000. Die personelle Expansion verdeutlicht, dass die SED-Führung ihren Parolen von der Einheit von Volk und Partei selbst nicht traute. 1989 waren es schließlich rund 91000 hauptamtliche Mitarbeiter. Laut Erich Mielke sollten sie „am Feind arbeiten und ihn aufdecken" – gemeint waren damit diejenigen DDR-Bürger, die sich der Diktatur nicht unterwerfen wollten. Vermutetes oder wirkliches widerständiges Verhalten einzelner Menschen oder größerer Gruppen bereits im Keim zu ersticken, war die wichtigste Aufgabe des MfS. Im Verhältnis zur Bevölkerungszahl war die Überwachungsdichte in der DDR (ein Geheimdienstagent für 180 DDR-Bürger) höher als in allen übrigen kommunistischen Ländern des Ostblocks, einschließlich der Sowjetunion (einer für 595 Sowjetbürger).

Um die vermuteten „feindlich-negativen" Personen, Handlungen und Meinungen flächendeckend aufzuspüren, bediente sich der Apparat eines zusätzlichen Netzes von Spitzeln, die ihre Führungsoffiziere über „staatsfeindliche" Gespräche oder Absichten im eigenen Freundeskreis, am Arbeitsplatz, in der Familie, in staatlichen und gesellschaftlichen Organisationen informierten. Die allgegenwärtige Spitzelei und Denunziation durch sogenannte *Inoffizielle Mitarbeiter* (*IM*) wurde bereits in den Fünfzigerjahren systematisch organisiert. Am Ende der SED-Diktatur (1989) verfügte das MfS über rund 189000 Zuträger. Im statistischen Mittel kontrollierte in der Endphase der DDR ein Inoffizieller Mitarbeiter 89 Einwohner. Etwa zehn Prozent der IM gehörten zur Altersgruppe der bis 25-Jährigen; die meisten von ihnen waren während des Militärdienstes oder als Studenten angeworben worden, schätzungsweise ein Prozent waren noch Schüler und Lehrlinge. Obwohl die Staatssicherheit der DDR ein dichtes Beobachtungs- und Kontrollnetz über die ostdeutsche Gesellschaft gespannt hatte, sollte nicht übersehen werden, dass nur ein bis zwei Prozent der DDR-Bürger daran aktiv mitwirkten.

Neuere Forschungen haben gezeigt, dass Ende der Achtzigerjahre auch 1550 Bundesbürger als aktive Inoffizielle Mitarbeiter beim DDR-Auslandsgeheimdienst des MfS registriert waren und weitere 1500 Bundesbürger für andere Abteilungen des MfS spionierten. Diese Agenten waren über die gesamte Bundesrepublik verteilt. Der Schwerpunkt ihrer nachrichtendienstlichen Tätigkeit lag auf der Wissenschafts- und Technikspionage in Unternehmen und Forschungseinrichtungen. Die politische Spionage in Ministerien, Bundeskanzleramt, Verwaltungsbehörden, im Bundestag und in

---

1) *im kommunistischen Sprachgebrauch: Saboteur*
2) *Erich Mielke (1907–2000): von 1957 bis 1989 Minister für Staatssicherheit*

▶ **„Von den Sowjetmenschen lernen heißt siegen lernen."**
Plakat (84 x 59 cm), 1950er-Jahre, herausgegeben vom „Amt für Information der DDR" nach sowjetischen Vorlagen.
Das Plakat zeigt links oben das Emblem der „Gesellschaft für Deutsch-Sowjetische Freundschaft" (DSF). Sie war eine der größten Massenorganisationen der DDR und versuchte den DDR-Bürgern durch politische und kulturelle Veranstaltungen (Vorträge, Konzerte, Literaturabende, Ausstellungen, Filmvorführungen etc.) Kenntnisse über die Kultur und Gesellschaft der Sowjetunion zu vermitteln.
Das Stalin-Zitat unterhalb des Bildes lautet: „... der arbeitende Mensch fühlt sich bei uns als freier Bürger seines Landes, gewissermaßen als Mann der Öffentlichkeit. Und wenn er gut arbeitet und der Gesellschaft gibt, was er geben kann, dann ist er ein Held der Arbeit, dann ist er ruhmgekrönt."
- *Analysieren Sie anhand des Plakats die Vorbildrolle der Sowjetunion für die DDR.*

Parteien stand an zweiter Stelle. Insgesamt arbeiteten während des 40-jährigen Bestehens der DDR rund 12 000 Westdeutsche für die Stasi.
Von Anfang an nutzte das MfS alle zur Verfügung stehenden Mittel, um Opponenten zu kriminalisieren, sie beruflich oder privat zu ruinieren: Öffnung von Briefen, heimliche Wohnungsdurchsuchungen, Einbau von Wanzen, Durchsicht von Bankunterlagen und Krankheitsberichten sowie permanente Beschattung verdächtiger Personen und ihre psychologische Verunsicherung („Zersetzung"). Mit seinem riesigen Apparat an Mitarbeitern wollte das MfS das DDR-Regime stabilisieren, dessen Gegner ausschalten und die Machthaber im Politbüro in die Lage versetzen, mögliche Gefährdungen frühzeitig zu erkennen und zu bekämpfen. Staat im Staate aber war die Stasi nicht. Sie war ein wichtiges Herrschaftsinstrument der SED, sie ordnete sich dem Willen der Parteiführung bedingungslos unter, verfügte aber ungeachtet dessen über ein beträchtliches Eigengewicht im Entscheidungsprozess innerhalb des Politbüros.

„Planmäßiger Aufbau des Sozialismus"

Im Juli 1952 verordnete Walter Ulbricht mit Erlaubnis Stalins den „planmäßigen Aufbau des Sozialismus". Das hieß im Wesentlichen:
- weitere Zentralisierung der Staatsmacht (Auflösung der Länder), Ausbau von Partei und Sicherheitsorganen, verstärkte Indoktrination durch Ideologie und Medien;
- Kampf gegen die evangelische Kirche, insbesondere gegen junge Christen, die sich der staatlichen Ideologie zu entziehen versuchten und deshalb zu Tausenden aus

◀ **Erfolge des ersten Fünfjahresplans.**
Plakat (84 x 59 cm), 1956.
Mit dem ersten Fünfjahresplan von 1951 bis 1955 sollten die Industrieproduktion verdoppelt und die Folgen von Kriegszerstörung, Demontage und Reparationen beseitigt werden. Die Planziele wurden – anders als bei späteren Plänen – im Wesentlichen erreicht und zur Propaganda genutzt.
Das Plakat stammt aus einer Serie über die „Bauten des Fünfjahresplanes", die vom ZK der SED herausgegeben wurde. Der Text unter dem Bild lautet: „Ein Titan unserer Schwerindustrie ist die 6 000-Tonnen-Schmiedepresse im Stahlwerk Gröditz, die in vorbildlicher kollektiver Arbeit der Werktätigen des VEB Schwermaschinenbau „Heinrich Rau", Wildau, und des VEB Stahl- und Walzwerk, Gröditz, konstruiert und gebaut wurde. Jeder ihrer Hammerschläge dient unserem sozialistischem Aufbau und dem Frieden!"
● *Interpretieren Sie Bild und Text.*

den Oberschulen und Universitäten verwiesen, öffentlich verleumdet und verfolgt wurden; viele flohen in den Westen, andere beugten sich und sagten sich von der Kirche los;

- Ausbau der Volkseigenen Betriebe, die bereits rund 80 Prozent zur industriellen Produktion beisteuerten; damit einher ging die Enteignung und politische Verfolgung der bürgerlichen Mittelschichten, die als private Unternehmer, kleine Handels- und Gewerbetreibende eine wichtige Stütze für die ostdeutsche Wirtschaft bildeten; durch eine extrem hohe Besteuerung und bürokratische Gängeleien wurde ihre berufliche Existenz vielfach vernichtet;
- einseitige Förderung der Schwerindustrie und des militärischen Komplexes ohne Rücksicht auf die wachsenden Versorgungsengpässe für die Bevölkerung, verbunden mit einer Erhöhung der geforderten Arbeitsleistung;
- forcierte Kollektivierung der Landwirtschaft; durch extrem hohe Ablieferungsverpflichtungen wurden selbstständige Bauern in landwirtschaftliche Produktionsgenossenschaften (LPGs) gepresst;
- verdeckter Aufbau von „nationalen Streitkräften" (Kasernierte Volkspolizei, ab 1956 „*Nationale Volksarmee*" (*NVA*) genannt), finanziert durch Steuererhöhungen und Einsparungen im sozialen Bereich.

Grundbegriff: Stalinismus ···› Im weiteren Sinne ist der Stalinismus als Herrschaft der hierarchisch organisierten Bürokratie zu bezeichnen. Nachdem die Kommunistische Partei 1917 in Russland die Macht erobert hatte (Oktoberrevolution), setzte sie umstürzende Veränderungen durch: Produktionsmittel wurden in Staatseigentum verwandelt, eine Planwirtschaft und ein Rätesystem eingeführt. Danach herrschten Führung und Apparat (d.h. die hauptamtlichen Angestellten in Partei, Verwaltung, Wirtschaft, Massenorganisationen und Medien, das Offizierskorps der Armee und die Geheimpolizei) als politisch und materiell privilegierte, unkontrollierte Oberschicht über Arbeiter, Bauern und Intelligenz.
Der Kern des gesellschaftlichen Systems des Stalinismus ist die kommunistische Einparteienherrschaft; bei völliger Ausschaltung der innerparteilichen Demokratie liegt die gesellschaftliche und politische Entscheidungsgewalt allein in den Händen der hierarchisch strukturierten Parteispitze.
Der Stalinismus, wie er in der Sowjetunion in den 1920er-Jahren entstand, bedeutet daher historisch die Diktatur der *Kommunistischen Partei der Sowjetunion* (*KPdSU*) unter *Josef W. Stalin*: Die Volksvertretungen (Sowjets) wurden nicht von der Bevölkerung gewählt, sondern von der Partei eingesetzt. Die Partei beherrschte die Staatsverwaltung, die Justiz und die zentralistisch organisierten Massenorganisationen. Zudem besaß die Parteiführung das Monopol der Meinungsbildung. Die Folgen waren das Fehlen jeder politischen Freiheit und Diskussion in Gesellschaft, Staat und Partei, Militarisierung und Reglementierung aller Lebensbereiche sowie die Ausschaltung der Grundrechte des Bürgers.
Insbesondere seit den Säuberungen in den 1930er-Jahren haben sich dann die beiden Merkmale des Stalinismus im engeren Sinne herausgebildet: erstens die Willkürherrschaft, gekennzeichnet durch völlige Rechtsunsicherheit und gestützt durch Geheimpolizei und blutige „Säuberungen"; zweitens ein nicht zu überbietender Kult um Stalins Person, der seine Machtfülle widerspiegelte.
Der Stalinismus wurde nach 1945 auf die osteuropäischen Länder und somit auch auf die SBZ bzw. DDR übertragen. Erst nach Stalins Tod (1953) und insbesondere seit dem XX. Parteitag der KPdSU 1956 versuchten die kommunistischen Parteien schrittweise sowohl den Personenkult als auch die Willkürherrschaft zu überwinden („Entstalinisierung").
Der verfassungsrechtlich festgeschriebene Führungsanspruch der kommunistischen Parteien in den osteuropäischen Ländern endete erst beim Zusammenbruch des kommunistischen Herrschaftssystems 1989/90.

1.6 Krisen und Abschottung

▲ **Mauerbau.**
Foto, August 1961.
„Niemand hat die Absicht, eine Mauer zu errichten", sagte Walter Ulbricht am 15. Juni 1961 auf einer internationalen Pressekonferenz in Ost-Berlin. Am 13. August riegelten Bautruppen der Nationalen Volksarmee mit Mauer, Stacheldraht und Panzersperren die Grenze nach West-Berlin hermetisch ab.

17. Juni 1953
Der Aufstand gegen das SED-Regime wird mit sowjetischer Hilfe niedergeschlagen.

1958–1961
Die zweite Berlin-Krise führt zur faktischen Anerkennung des sowjetischen Machtbereiches in Deutschland.

13. August 1961
Zur Sicherung ihrer Herrschaft lässt die SED in Berlin eine Mauer errichten.

M1

Der „Neue Kurs“

Bei geheimen Beratungen in Moskau am 2. und 3. Juni 1953 erhalten die SED-Spitzenfunktionäre Ulbricht, Oelßner und Grotewohl Verhaltensmaßregeln von der neuen sowjetischen Führung. Der Beschluss des sowjetischen Politbüros „Über die Maßnahmen zur Gesundung der politischen Lage in der Deutschen Demokratischen Republik“ wird 1990 veröffentlicht.

Infolge der Durchführung einer fehlerhaften politischen Linie ist in der Deutschen Demokratischen Republik eine äußerst unbefriedigende politische und wirtschaftliche Lage entstanden.

Unter den breiten Massen der Bevölkerung, darunter auch unter den Arbeitern, Bauern und der Intelligenz, ist eine ernste Unzufriedenheit zu verzeichnen [...].

Als Hauptursache der entstandenen Lage ist anzuerkennen, dass gemäß den Beschlüssen der Zweiten Parteikonferenz der SED, gebilligt vom Politbüro des ZK der KPdSU, fälschlicherweise der Kurs auf einen beschleunigten Aufbau des Sozialismus in Ostdeutschland genommen worden war ohne Vorhandensein der dafür notwendigen realen sowohl innen- als auch außenpolitischen Voraussetzungen. [...]

1. Unter den heutigen Bedingungen (ist) der Kurs auf eine Forcierung des Aufbaus des Sozialismus in der DDR [...] für nicht richtig zu halten.

Zur Gesundung der politischen Lage in der DDR [...] ist der Führung der SED und der Regierung der DDR die Durchführung folgender Maßnahmen zu empfehlen.

a) Ein künstliches Aufbringen der landwirtschaftlichen Produktionsgenossenschaften, die sich in der Praxis nicht bewährt haben und die eine Unzufriedenheit unter den Bauern hervorrufen, ist einzustellen. Alle bestehenden landwirtschaftlichen Produktionsgenossenschaften sind sorgfältig zu überprüfen, und dieselben, die auf einer unfreiwilligen Basis geschaffen sind oder die sich als lebensunfähig gezeigt haben, sind aufzulösen. [...]

c) Die Politik der Einschränkung und der Ausdrängung des mittleren und kleinen Privatkapitals ist als eine vorzeitige Maßnahme zu verwerfen. Zur Belebung des wirtschaftlichen Lebens der Republik ist es notwendig, eine breite Heranziehung des Privatkapitals in verschiedenen Zweigen der kleinen und Gewerbeindustrie, in der Landwirtschaft sowie auch auf dem Gebiet des Handels für zweckmäßig zu halten, ohne dabei seine Konzentrierung in großem Ausmaß zuzulassen. [...] Das existierende System der Besteuerung der Privatunternehmer, das praktisch den Drang zur Beteiligung an dem Wirtschaftsleben tötet, ist in der Richtung einer Linderung der Steuerpresse zu revidieren. Die Kartenversorgung mit Lebensmitteln für die Privatunternehmer sowie auch für die Freischaffenden ist wiederherzustellen.

d) Der Fünfjahrplan der Entwicklung der Volkswirtschaft der DDR ist zu revidieren in der Richtung einer Lockerung des überspannten Tempos der Entwicklung der Schwerindustrie und einer schroffen Vergrößerung der Produktion der Massenbedarfswaren und der vollen Sicherung der Versorgung der Bevölkerung mit Lebensmitteln [...].

f) Maßnahmen zur Stärkung der Gesetzlichkeit und Gewährung der Bürgerrechte (sind) zu treffen, von harten Strafmaßnahmen, die durch Notwendigkeit nicht hervorgerufen werden, (ist) abzusehen. Die Gerichtsunterlagen der bestraften Bürger (sind) zu prüfen zwecks Befreiung der ohne genügende Gründe zur Verantwortung gezogenen Personen. [...]

h) [...] Es ist im Auge zu halten, dass Repressalien gegenüber der Kirche und den Geistlichen nur dazu beitragen können, den religiösen Fanatismus der rückständigen Schichten der Bevölkerung zu stärken und ihre Unzufriedenheit zu vergrößern. Darum muss (das) Hauptkampfmittel gegen den reaktionären Einfluss der Kirche und der Geistlichen eine tüchtig durchdachte Aufklärungs- und Kulturarbeit sein.

Ilse Spittmann/Gisela Helwig (Hrsg.), DDR-Lesebuch. Stalinisierung 1949–1955, Köln 1991, S. 200ff.

1. *Fassen Sie die Hauptkritikpunkte des Papiers zusammen. Was können Sie daraus über den Informationsstand der sowjetischen Politiker ableiten?*
2. *Beurteilen Sie die vorgeschlagenen „Therapiemaßnahmen“ der sowjetischen Seite – sehen Sie darin einen grundsätzlichen oder einen nur temporären Kurswechsel? Welches Ziel verfolgte die Sowjetunion in erster Linie?*

Extrablatt Kostenlos Extrablatt

Telegraf

UNABHÄNGIGE ZEITUNG FÜR DAS FREIE BERLIN

Berlin, Mittwoch, 17. Juni 1953

Kriegsrecht über Ostberlin

Sowjets schießen auf Arbeiter

Generalstreik gegen den Terror

Die sowjetischen Okkupationstruppen haben zu den Waffen gegriffen, um die freiheitliche Bewegung der gesamten Ostberliner Bevölkerung niederzuschlagen. Der sowjetische Stadtkommandant hat heute mittag den Ausnahmezustand verhängt. Er befahl: 1. Ab 13 Uhr wird im sowjetischen Sektor von Ostberlin der Ausnahmezustand verhängt. 2. Alle Demonstrationen und Versammlungen, Kundgebungen und sonstigen Menschenansammlungen über drei Personen sind auf Straßen und Plätzen wie auch in öffentlichen Gebäuden verboten. 3. Jeglicher Verkehr von Fußgängern und der Verkehr von Kraftfahrzeugen wird von 21 Uhr abends bis fünf Uhr morgens verboten. 4. Diejenigen, die gegen dieses Verbot verstoßen, werden nach dem Kriegsrecht bestraft.

Im Ostsektor ist heute vormittag der offene Aufruhr gegen das kommunistische System ausgebrochen. Alle Arbeiter in den Ostberliner Betrieben legten die Arbeit nieder und demonstrierten für Freiheit, gesamtdeutsche Wahlen und den Rücktritt der SED-Clique.

Standrecht ist keine Lösung

Panzer und Geschütze

▲ **Aufstand am 17. Juni.**

Extrablatt der Tageszeitung „Telegraf" (unabhängige Zeitung für das freie Berlin), 17. Juni 1953.

Die sowjetische Besatzungsmacht kam der SED zu Hilfe und setzte mit Panzern dem Aufstand ein Ende. Die Verunsicherung der SED-Führung nach den Ereignissen des 17. Juni saß tief. Ende November 1953 beschloss das Sekretariat des Zentralkomitees daher die Bewaffnung von SED-Funktionären mit Pistolen.

M2

Bitterfeld in Aufruhr

Der Volksaufstand vom 17. Juni 1953 breitet sich von Ost-Berlin flächendeckend in der ganzen DDR aus. Auch die Städte Bitterfeld und Wolfen werden von der Streikwelle erfasst:

In mehreren Betrieben Wolfens brachen am Montag Streiks aus, wurden Streikleitungen gewählt, teilweise Werkleitungen abgesetzt, Betriebsfunkanlagen besetzt und Forderungskataloge formuliert. In Wolfen und Bitterfeld beteiligten sich schließlich sämtliche Großbetriebe und fast alle mittleren und kleinen Betriebe an der Streikbewegung. Die SED-Funktionäre flogen meistens aus den Betrieben und gingen zum Teil in die Illegalität. Etwa 12000 Arbeiter der Agfa-Filmfabrik Wolfen, der Farbenfabrik Wolfen und anderer Betriebe begannen vormittags einen Marsch nach Bitterfeld. Immer mehr Menschen strömten hinzu. Aus der gesamten Umgebung Bitterfelds machten sich Belegschaften auf den Weg.

Den Zug der Streikenden des Elektrochemischen Kombinats Bitterfeld ins Zentrum der Stadt führte Paul Othma[1] an. Um 11.00 Uhr standen auf dem „Platz der Jugend" und in den angrenzenden Straßen etwa 50000 Menschen; im Vergleich dazu lebten in Bitterfeld etwa 32000. Mehrere Redner sprachen über eine Lautsprecheranlage zu der Menge. Für den Kreis Bitterfeld konstituierte sich ein Streikkomitee, das sich aus 25 Vertretern einzelner Betriebsstreikleitungen zusammensetzte. Paul Othma formulierte die politischen Forderungen der Menschen und mahnte zur Besonnenheit.

Der Lehrer Wilhelm Fiebelkorn, ebenfalls Mitglied der Kreisstreikleitung, verlas ein Telegramm an die „Regierung der Deutschen Demokratischen Republik":

„Die Werktätigen des Kreises Bitterfeld fordern:
1. sofortigen Rücktritt der Regierung, die durch Wahlmanöver an die Macht gekommen ist;
2. Einsetzung einer provisorischen Deutschen Demokratischen Regierung;
3. freie, demokratische, geheime und direkte Wahlen in vier Monaten;
4. Zurückziehung der deutschen Polizei von den Zonengrenzen und sofortiger Durchgang für alle Deutschen;
5. sofortige Freilassung der politischen Häftlinge (Kirche, weltliche Anschauung, sogenannte Wirtschaftsverbrecher) und Rückkehr aller Gefangenen aus aller Welt;
6. sofortige Normalisierung des Lebensstandards ohne Lohnsenkung;
7. Zulassung aller großen deutschen demokratischen Parteien Westdeutschlands in unserer Zone;
8. keine Repressalien gegen die Streikenden;
9. sofortige Abschaffung der sogenannten Volksarmee;

---

[1] *Der Elektromonteur Paul Othma (1905–1969) war am 17. Juni in Bitterfeld per Zufall in die Rolle des Streikführers geraten. Nach dem Aufstand wurde er verhaftet und zu zwölf Jahren Zuchthaus verurteilt, 1964 krankheitsbedingt entlassen. Fünf Jahre später starb er an den Folgen seiner Haft. Im Jahre 2003 wurde ihm zu Ehren eine Gedenktafel „Gegen das Vergessen" am Bitterfelder Rathaus enthüllt.*

10. Zulassung der Delegation aus der Ostzone, die eine der westdeutschen Parteien gründen wollen. Das Streikkomitee des Kreises Bitterfeld"

Anschließend gab Fiebelkorn noch das Telegramm an den höchsten sowjetischen Repräsentanten in der DDR bekannt. Darin forderte das Komitee, den Ausnahmezustand aufzuheben.
Immer wieder sangen die Massen die dritte Strophe des „Deutschlandsliedes". Nach der Kundgebung stürmten die Demonstranten alle wichtigen Gebäude Bitterfelds, darunter das Rathaus, das Landratsamt, die SED-Kreisleitung, die MfS-Kreisdienststelle und das Gefängnis. Zwar versuchte eine Kommission der Aufständischen, die Haftgründe anhand der Gerichts- und Haftakten zu überprüfen, aber die meisten Kriminellen entwichen dennoch. Etwa fünfzig politische Häftlinge erhielten „ordentliche" Entlassungspapiere. Es kam zu mehreren tätlichen Auseinandersetzungen in der Stadt. So warfen Aufständische zwei LKW der Polizei um und verprügelten die Polizisten. Die Demonstranten sperrten mehrere Polizisten, Gefängniswärter und MfS-Mitarbeiter in die Zellen, in denen noch kurz zuvor politische Häftlinge einsaßen.
Als sich Bitterfeld schließlich restlos in der Hand der Aufständischen befand, begannen die meisten Arbeiter, sich in ihre Betriebe zurückzuziehen. Die waren zumeist bereits von Militäreinheiten besetzt worden. Auch in die Stadt Bitterfeld rückte immer mehr Militär ein. Überall bot sich das gleiche Bild: Sobald die Aufständischen die Oberhand hatten, erlahmte die Bewegung, und die Staatsmacht, gestützt auf die Panzer der Sowjetunion, gingen zum Gegenschlag über. Obwohl sich die Streiks auch in Bitterfeld und Wolfen bis zum 20. Juni hinzogen, erlahmte die Streikbewegung schon am 18. Juni. Dazu trugen auch die Verhaftungen bei. Einige Streikführer flüchteten in den Westen, darunter Wilhelm Fiebelkorn, andere nahm das MfS fest.

Ilko-Sascha Kowalczuk, 17.6.1953: Volksaufstand in der DDR. Ursachen – Abläufe – Folgen, Bremen 2003, S. 203ff.

1. *Interpretieren Sie die Forderungen der Streikenden vor dem Hintergrund der SED-Politik in den Anfangsjahren der DDR.*
2. *Erklären Sie die Gründe, die die sowjetische Führung zur gewaltsamen Niederschlagung des Aufstands veranlassten.*
3. *Arbeiteraufstand oder Volksaufstand? Nehmen Sie zu dieser Streitfrage Stellung.*

M3
Schlüsselereignis der Nachkriegsgeschichte

Über die Bedeutung und Nachwirkung des Aufstands am 17. Juni 1953 schreibt der Innsbrucker Historiker Rolf Steininger anlässlich des 50. Jahrestages:

Der Aufstand vom 17. Juni 1953 war eine unvollendete Revolution mit Langzeitwirkung. Seit jenem Tag saß der SED-Führung die Angst vor der eigenen Bevölkerung im Nacken und bestimmte weitgehend ihre Politik, die letztlich in den Untergang führte. Der 17. Juni war immer präsent – und dies bis 1989. Die SED-Oberen fürchteten den Unmut der Bürger über nicht gewährte Verbesserungen mehr als die finanziellen und wirtschaftlichen Folgen einer ökonomisch nicht fundierten Anhebung oder Aufrechterhaltung des Lebensstandards, der im Vergleich zur BRD ohnehin eher bescheiden war. […]
Der 17. Juni ist ein Schlüsselereignis in der deutschen und europäischen Nachkriegsgeschichte: Er war der erste Aufstand im Ostblock, „das Wetterleuchten einer neuen Zeit, das Menetekel[1] eines Emanzipationsprozesses, der Ost- und Südeuropa erfassen sollte, zuletzt die Sowjetunion selbst" (Karl Wilhelm Fricke). Dieser frühe Aufstand gegen die zweite deutsche Diktatur war der erste innerhalb des sowjetischen Imperiums.
Der moralische Gewinn, der sich – vor allem für Bürger der ehemaligen DDR – noch nach 50 Jahren aus diesem Ereignis ziehen lässt, ist enorm. Der 17. Juni 1953 ist ein Datum, an das sich voller Stolz erinnern lässt. Es kann als absolut sicher gelten, dass politisch freie DDR-Bürger umgehend auch die Lösung der offenen Deutschen Frage herbeigeführt hätten. Der SED-Staat wäre vom Erdboden verschwunden, die deutsche Teilung in kürzester

1) *geheimnisvolles Warnzeichen*

Zeit aufgehoben worden. Das gelang nicht. Sowjetische Panzer retteten 1953 das Regime.

Jahrzehntelang lautete die Sprachregelung in der DDR, der 17. Juni sei ein von außen gesteuerter faschistischer Putsch gewesen, der lange vorausgeplante „Tag X". Wissenschaftlich durfte dieser Aufstand allerdings nicht erforscht werden; Veröffentlichungen dazu gab es nicht. Das Ereignis wurde zu einem „Un-Datum". Die Machthaber fürchteten bis zuletzt eine Neuauflage des Aufstandes.

Rolf Steininger, Schlüsselereignisse der Nachkriegsgeschichte: 17. Juni 1953 – der Anfang vom langen Ende der DDR, in: Das Parlament, Nr. 23 vom 02.06.2003, S. 1

1. *Geben Sie wieder, worin der Autor die Ursache für das Scheitern des Aufstands sieht.*
2. *Der 20. Juli 1944 und der 17. Juni 1953 sind gescheiterte Versuche der Deutschen, ihre Diktaturen abzuschütteln. Arbeiten Sie Gemeinsamkeiten, Unterschiede und Folgen heraus.*

M4

Übersiedler und Flüchtlinge zwischen der DDR und der Bundesrepublik

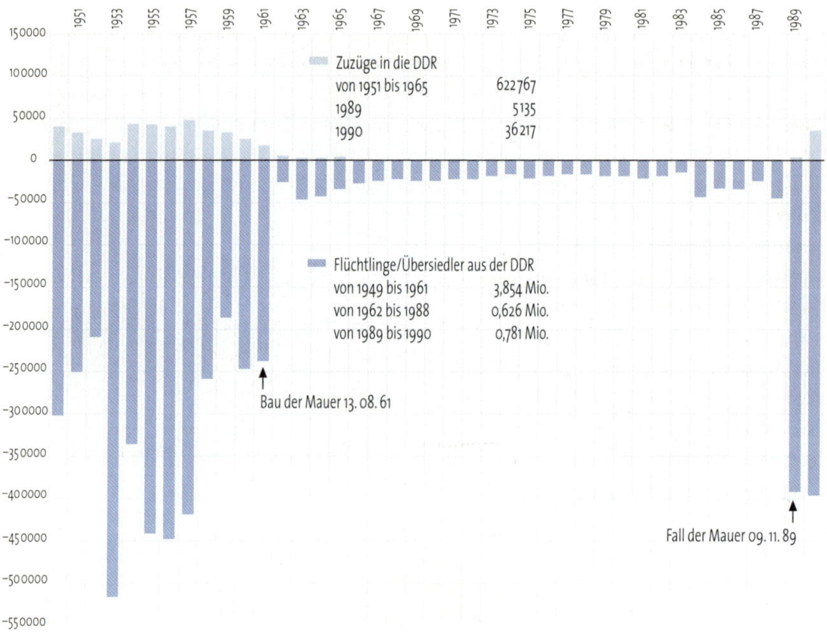

Angaben nach: Hartmut Wendt, Wanderungen in Deutschland zwischen Ost und West […], in: Paul Ganz und Franz-Josef Kemper (Hrsg.), Mobilität und Migration in Deutschland, Erfurt 1995, S. 6–8, und Matthias Judt (Hrsg.), DDR-Geschichte in Dokumenten. Beschlüsse, Berichte, interne Materialien und Alltagszeugnisse, Berlin 1997, S. 545f.

1. *Überlegen Sie, welche Gruppen vor allem die DDR verlassen haben.*
2. *Erläutern Sie die Folgen der Fluchtbewegung für Staat, Gesellschaft und Wirtschaft der DDR.*
3. *Nehmen Sie Stellung zu der Entwicklung der Zuzüge in die DDR. Nennen Sie mögliche Motive.*

M5
Vor dem Mauerbau 1961 – ein Flüchtling berichtet

In Notaufnahmelagern in West-Berlin geben Flüchtlinge aus der DDR die Gründe für ihre Flucht zu Protokoll. Am 10. April 1961 berichtet ein 36-jähriger Automateneinrichter, der in seiner Firma Vorsitzender der Betriebsgewerkschaftsleitung (BGL) gewesen ist:

Ich fuhr am 6. Mai 1960 zum Todestag meiner Schwiegermutter nach Berlin-Schöneberg. Als ich zurückkam, bekam ich ein Parteiverfahren.

Das Parteiverfahren wurde mündlich durchgeführt. Ich erhielt eine Rüge und eine Bewährungsfrist von einem Jahr. Ich musste nun laufend fast jeden Sonnabend und Sonntag hinaus aufs Land und Landarbeit zur Bewährung verrichten.

In einer Belegschaftsversammlung, am 26.10.1960, musste ich vor allen Kollegen des Betriebes Stellung nehmen zu meinem Verhalten (Fahrt nach West-Berlin zum Todestag meiner Schwiegermutter).

Jeder Betriebsangehörige wurde aufgefordert, an mich Fragen zu stellen. Viele Fragen wurden gestellt und ich musste sie alle beantworten. Diese Tortur dauerte zweieinhalb Stunden. […]

Da meine Frau und die Kinder katholisch sind, trat die Betriebsparteileitung im November 1960 an mich heran mit der Aufforderung, meine Frau und die Kinder zu veranlassen, aus der katholischen Kirche auszutreten. Ich teilte der SED mit, dass meine Frau ein Austreten aus der Kirche ablehnt. Daraufhin wurde mir gesagt, dass ich mich von meiner Frau scheiden lassen solle.

Im Februar 1961 wurde ich erneut aufgefordert, mich von meiner Familie zu trennen oder meinen Arbeitsplatz (BGL-Vorsitzender) zu verlassen.

Seit Oktober 1960 wurde nicht nur ich laufend von der Betriebsparteileitung schikaniert, sondern auch mein Sohn. Er wurde laufend in der Schule von anderen Kindern beschimpft, weil er ständig zum katholischen Unterricht ging. Das ging soweit, dass man meinem Sohn immer nachrief: „Sehet her, da geht der junge Pfaffe." Mein Junge wurde auch durch den Klassenlehrer schikaniert. Wenn er einmal frei haben wollte, wurde von dem Klassenlehrer gesagt: „Wie oft feiert ihr Katholiken denn noch? Du bekommst nicht frei."

▲ **Tödliche Schüsse.**
Zeitgenössisches Foto.
Nachdem Grenzsoldaten am 17. August 1962 den 18-jährigen Peter Fechter an der Berliner Sektorengrenze niedergeschossen hatten, half ihm niemand. Das schwer verletzte Opfer verblutete. Grenzpolizisten der DDR bargen Fechter erst nach einer Dreiviertelstunde. Sein Begleiter konnte nach West-Berlin entkommen.

Nachdem ich diesen Terror der SED monatelang über mich habe ergehen lassen müssen und meine Frau vor einem Nervenzusammenbruch stand, haben wir uns schweren Herzens entschlossen, am 24. März 1961 die Ostzone zu verlassen und nach West-Berlin zu flüchten. Ich bin froh, dass ich mit meiner Frau und meinen beiden Kindern West-Berlin erreicht habe.

Bundesministerium für Gesamtdeutsche Fragen (Hrsg.), Der Bau der Mauer durch Berlin. Die Flucht aus der Sowjetzone und die Sperrmaßnahmen des kommunistischen Regimes vom 13. August 1961, Bonn 1986, S. 63ff.

1. *Arbeiten Sie die verschiedenen Formen der Schikanen heraus, denen viele DDR-Bürger ausgesetzt waren.*
2. *Machen Sie sich anhand des Protokolls des Gewerkschaftlers den Einfluss der Politik auf das Leben jedes Einzelnen klar. Stellen Sie auch Gründe fest, warum Millionen sich für einen Verbleib in der DDR entschieden haben.*

M6

Das Politbüro-Urteil von 1997/1999

Der Journalist Roman Grafe fasst Verlauf und Ergebnisse des Prozesses gegen führende DDR-Funktionäre zusammen. Die Angeklagten sind wegen „Totschlags in mittelbarer Täterschaft", d.h. aufgrund ihrer Verantwortung für politische Entscheidungen, verurteilt worden.

Am 25. August 1997 erging im Berliner Landgericht das Urteil in der Strafsache gegen Schabowski und andere [...]: Wegen Totschlags an DDR-Flüchtlingen erhielt Egon Krenz[1] sechseinhalb Jahre Freiheitsentzug. Günter Schabowski und Günther Kleiber[2] wurden zu jeweils drei Jahren Haft verurteilt.

In seiner mündlichen Urteilsbegründung sagte der Vorsitzende Richter Josef Hoch, die Kammer bestreite nicht, dass die DDR in ihren Entscheidungen nicht souverän gewesen sei. Jedoch habe das strenge Grenzregime stets im Interesse der DDR-Führung gelegen. Bis zuletzt, so Hoch, seien Flüchtlinge erschossen worden, weil die SED-Führung am Grenzregime festgehalten habe. Das Politbüro sei faktisch die Organisationsspitze des Staates gewesen und habe somit auch die Verantwortung für das Grenzregime gehabt. Sämtliche Staatsorgane hätten sich dem Willen der SED-Führung beugen müssen.

Der Klassenauftrag der Parteiführung an die Grenztruppen – die Unverletzlichkeit der DDR-Grenze zu gewährleisten – sei tatsächlich ein ideologischer Schießbefehl gewesen. Die Beschlüsse des Politbüros zur Grenzsicherung hätten sich in den für die Tötungen an der Grenze maßgeblichen Befehlen wiedergefunden; teilweise waren die Beschlüsse in diesen Befehlen ausdrücklich erwähnt worden.

Wer die Herrschaft über Tötungen habe, sei als Täter dafür verantwortlich. Wenn die Tötungen an der Grenze auch nicht das Ziel der Angeklagten gewesen seien, so hätten sie die Todesfälle jedoch billigend in Kauf genommen, weil es ihnen darauf angekommen sei, die Grenze undurchlässig zu machen. Richter Hoch: „Sie wollten die Grenzsicherung, auch um den Preis von Toten. Ohne die Politbüro-Beschlüsse hätte es diese Toten nicht gegeben." [...]

Am 8. November 1999 bestätigte der BGH[3] das Urteil des Berliner Landgerichts im Politbüro-Prozess. [...]

Anfang Januar [2000] lehnte eine Kammer des Bundesverfassungsgerichts die Annahme der Verfassungsbeschwerde von Krenz ab. Die drei Verurteilten haben ihre Haftstrafen angetreten.

Roman Grafe, „Die Politbüro-Beschlüsse waren Bedingungen der tödlichen Schüsse". Der Prozess gegen sechs Mitglieder des SED-Politbüros (1996–1999), in: Deutschland-Archiv, 33. Jg. 2000, Heft 1, S. 23ff.

Günter Schabowski und Günther Kleiber werden im Herbst 2000 begnadigt und aus der Haft entlassen. Im März 2001 verwirft der Europäische Gerichtshof für Menschenrechte in letzter Instanz die Beschwerden von Egon Krenz gegen seine Verurteilung. Im Dezember 2003 wird Krenz vorzeitig aus der Haft entlassen.

1. *Erläutern Sie Für und Wider der Gerichtsentscheidung und nehmen Sie dazu Stellung.*
2. *Diskutieren Sie, ob und inwieweit Strafgerichte für das Handeln von Politikern zuständig sein können*

---

[1] Siehe Seite 36.

[2] Günter Schabowski (* 1929): 1984–1989 Mitglied des Politbüros; Günther Kleiber (* 1931): 1984–1989 Mitglied des Politbüros

[3] Bundesgerichtshof

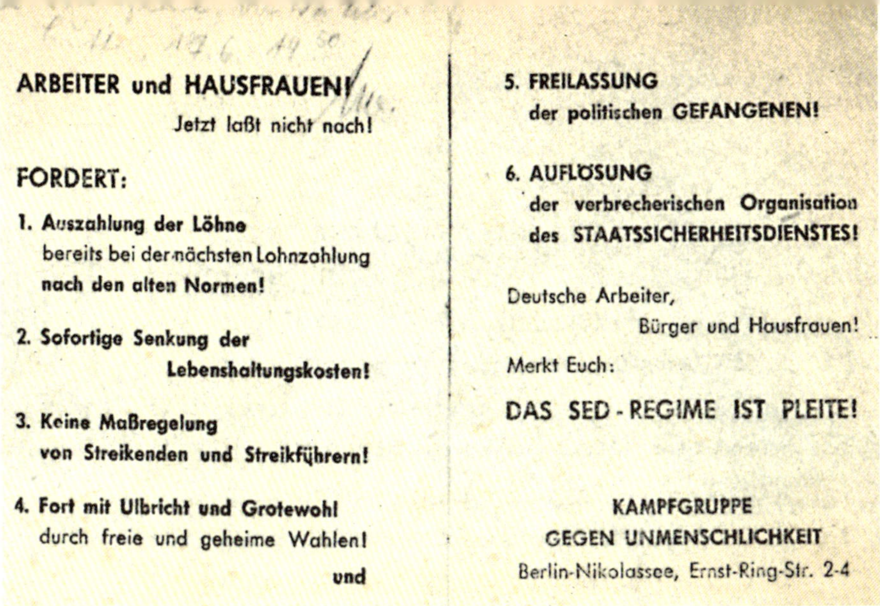
ARBEITER und HAUSFRAUEN!

Jetzt laßt nicht nach!

FORDERT:

1. Auszahlung der Löhne
bereits bei der nächsten Lohnzahlung
nach den alten Normen!

2. Sofortige Senkung der
Lebenshaltungskosten!

3. Keine Maßregelung
von Streikenden und Streikführern!

4. Fort mit Ulbricht und Grotewohl
durch freie und geheime Wahlen!
und

5. FREILASSUNG
der politischen GEFANGENEN!

6. AUFLÖSUNG
der verbrecherischen Organisation
des STAATSSICHERHEITSDIENSTES!

Deutsche Arbeiter,
Bürger und Hausfrauen!

Merkt Euch:

DAS SED-REGIME IST PLEITE!

KAMPFGRUPPE
GEGEN UNMENSCHLICHKEIT
Berlin-Nikolassee, Ernst-Ring-Str. 2-4

▲ **„Arbeiter und Hausfrauen! Jetzt laßt nicht nach!".**
Flugblatt aus West-Berlin, 1953.
• *Analysieren Sie das Flugblatt. Überlegen Sie, welche Wirkung damit erzielt werden sollte.*

Die Krise von 1953

Besonders die von Moskau angeordnete und von der SED-Spitze zielstrebig durchgesetzte Militarisierung des Landes belastete die Wirtschaft enorm. Obwohl es in einigen wichtigen Industriezweigen gelang, die Produktion der Vorkriegszeit wieder zu übertreffen, geriet die DDR doch wegen der einseitigen Konzentration auf den militärischen Komplex und die alte Schwerindustrie sowie der starren Strukturen in den Betrieben in immer größeren Rückstand zur Entwicklung im Westen Deutschlands. Das *Gesetz zum Schutz des Volkseigentums* vom Oktober 1952 diente der Legalisierung des Justizterrors gegen angebliche „Wirtschaftsverbrecher", die als Sündenböcke für die von der SED verursachte Krise herhalten mussten. Tausende wurden aus nichtigen Anlässen zu Zuchthausstrafen verurteilt – etwa wegen des Diebstahls von zwei Kilogramm Zement im Wert von 0,25 Pfennigen.

Selbstständige und Privateigentümer, circa zwei Millionen Menschen, bekamen keine Lebensmittelkarten mehr; sie sollten in den staatlichen Läden zu höheren Preisen kaufen, doch noch nicht einmal dort gab es Butter, Öl, Margarine, Fleisch. Während die gelenkte Presse von ständig neuen Produktionserfolgen berichtete, blieben die Lebensmittel weiterhin rationiert, fehlte es an Kohle, an frischem Gemüse, Obst, sogar die Versorgung mit Kartoffeln und Brot bereitete Schwierigkeiten. Immer mehr Menschen – Bauern, Kaufleute, Unternehmer, Ärzte, Lehrer und Wissenschaftler – flüchteten nach West-Berlin und in die Bundesrepublik, im ersten Halbjahr 1953 226 000 Personen.

Die SED-Führung antwortete mit verschärften Repressionsmaßnahmen und einer großen Propagandakampagne zur freiwilligen Erhöhung der Arbeitsleistung bei unveränderten Löhnen. In einigen Betrieben kam es daraufhin zu Protesten, nur wenige ließen sich zu den gewünschten Selbstverpflichtungen drängen. Obgleich dem Politbüro Berichte über die Stimmung in der Bevölkerung vorlagen, verschärfte Ulbricht den eingeschlagenen Kurs noch zusätzlich. Per Dekret wurden Mitte Mai 1953 die Arbeitsnormen um mindestens zehn Prozent erhöht. In mehreren Städten brachen erste Warnstreiks aus.

Zeitliche Einordnung:
Arbeiteraufstand -> Bitterfeld in Aufruhe
↳ Niederstreckung des Aufstands

Der „Neue Kurs“ – von Moskau verordnet

Beunruhigt über die katastrophale ökonomische Situation und Stimmungslage in der DDR, versuchten die Nachfolger Stalins – dieser war am 5. März 1953 gestorben –, die Lage zu entschärfen. Anfang Juni 1953 befahl die sowjetische Parteiführung einen sofortigen Kurswechsel: Die privaten Produzenten sollten gefördert, geflüchtete Bauern und Selbstständige zurückgerufen, die „Wirtschaftsverbrecher“ aus den Gefängnissen entlassen, das Gespräch mit den Kirchenleitungen gesucht werden (➧ M1).
Diesen „Neuen Kurs“ verkündete das Regime am 11. Juni 1953, und offiziell wurden sogar schwerwiegende Fehler zugegeben. Doch ausgerechnet die Erhöhung der Arbeitsnormen wurde nicht zurückgenommen. Die Empörung in der Arbeiterschaft und weiten Kreisen der Bevölkerung nahm eher noch zu. Das plötzliche Umschwenken galt als Bankrotterklärung der SED; Gerüchte über eine Auflösung der Partei machten die Runde; Meldungen der Staatssicherheit berichteten von Freudenfesten auf dem Land, wo bereits die Befreiung von der SED-Herrschaft gefeiert wurde; und viele glaubten sogar an eine kurz bevorstehende Wiedervereinigung, nachdem die SED alle Losungen mit dem Wort „Sozialismus“ kurzfristig entfernen ließ. Auf Großbaustellen häuften sich spontane Streiks, Bauern traten wieder aus den LPGs aus, vielerorts wurde vor Gefängnissen demonstriert.

Vom Arbeiterprotest zum Volksaufstand

Am 16. Juni formierten sich die Bauarbeiter in der Ost-Berliner Stalinallee zu einem Protestmarsch gegen die Beibehaltung der Normenerhöhung. Fast alle Betriebe in Berlin schlossen sich an. Die Demonstranten verlangten freie Wahlen, den Sturz der Regierung und kündigten einen Generalstreik an. Jetzt erst entschied sich das Politbüro für die Zurücknahme der Normenerhöhung. Doch die Arbeiter ließen sich nicht mehr beschwichtigen. Innerhalb weniger Stunden weitete sich am 17. Juni die Streikwelle zu einem landesweiten Aufstand der Bevölkerung gegen die SED aus. Bis zum 21. Juni beteiligten sich nach neueren Forschungen in über 700 Städten und Gemeinden rund eine Million Menschen an Demonstrationen, besetzten öffentliche Gebäude, Parteibüros und Dienststellen der Staatssicherheit, auch Gefängnisse wurden gestürmt und über 1300 Häftlinge befreit (➧ M2). Zu Streiks kam es in über 1 000 Betrieben und Genossenschaften. Ulbricht und andere SED-Führer brachten sich bei den Sowjets in Karlshorst in Sicherheit.

➧ *Geschichte In Clips: Zum Aufstand am 17. Juni 1953 siehe Clip-Code 4697-02*

Doch jetzt nahmen die Sowjets der SED-Führung das Heft aus der Hand. Im Laufe des 17. Juni verhängte die Besatzungsmacht den Ausnahmezustand über Ost-Berlin und weite Teile der DDR: Es galt das Kriegsrecht. Allein in Ost-Berlin walzten 600 Panzer den Aufstand nieder. Etwa 100 Tote waren zu beklagen. Sowjetische Militärtribunale verhängten 18 Todesurteile gegen Aufständische, darunter mehrere Jugendliche. Hunderte wurden nach Sibirien in Zwangsarbeitslager gebracht. Da dem Aufstand jede überregionale Koordination fehlte, hatten die russischen Panzer keine Schwierigkeiten, das Freiheitsbegehren der Menschen zu ersticken. Dennoch flackerten bis in den Juli 1953 hinein immer wieder Streiks auf, und auf dem Land wollten viele Bauern nicht aufgeben. Etwa 1 300 Mitglieder der SED traten aus Protest gegen die Führung aus der Partei aus.
In den Wochen und Monaten nach dem 17. Juni wurden rund 13 000 Menschen verhaftet, etwa 1 800 von ihnen angeklagt, die meisten zu teilweise hohen Zuchthausstrafen,

in zwei Fällen zum Tod, verurteilt. Mehr als die Hälfte der höheren Parteifunktionäre verlor im Zuge von Säuberungsaktionen ihre Ämter. Dazu zählten auch die Gegner Ulbrichts im Politbüro, die auf einen langsameren Kurs beim Aufbau des Sozialismus gesetzt hatten.
Obwohl die SED ihre Macht retten und weiter festigen konnte, blieb der angeblich vom Westen gesteuerte „faschistische Putsch" von nun an das Trauma der Parteiführung (▸ M3). Auf der anderen Seite hatte die Bevölkerung die bittere Erfahrung machen müssen, dass Widerstand gegen das eigene Regime aussichtslos war, solange die Sowjetunion dessen Existenz garantierte. Die SED perfektionierte den geheimdienstlichen Sicherheitsapparat und traf Vorkehrungen, um innere Unruhen zukünftig zu verhindern – beispielsweise durch den weiteren Aufbau von Betriebskampfgruppen („Kampfgruppen der Arbeiterklasse").
Daran änderte sich auch nichts, als Mitte der Fünfzigerjahre der sowjetische Parteichef *Nikita Chruschtschow*[1] eine Politik der „Entstalinisierung" betrieb. Die Hoffnungen von Schriftstellern und anderen Intellektuellen (*Ernst Bloch, Robert Havemann*) auf einen demokratischen, „menschlichen Sozialismus", der die theoretischen Ideale des Marxismus in die Praxis umsetzen wollte, scheiterten am nach wie vor stalinistischen Führungssystem der SED. Nach dem von sowjetischen Panzern blutig niedergeschlagenen ungarischen Volksaufstand vom Oktober 1956 nutzte Ulbricht in der DDR die Gunst der Stunde, um seine Kritiker im Politbüro zu entmachten, das innerparteiliche Kontrollsystem zu perfektionieren und das politische Strafrecht gegen Andersdenkende zu verschärfen.

Sozialismus um jeden Preis

Seit 1954 verbesserten sich die Lebensverhältnisse schrittweise. Die Sowjetunion verzichtete auf Reparationen, die industrielle Produktion nahm zu, die Versorgung der Bevölkerung mit Konsumgütern machte erkennbare Fortschritte, Lohnerhöhungen wurden gewährt, die Lebensmittelkarten 1958 abgeschafft. Mit einer konsumfreundlicheren Wirtschaftspolitik gelang Ulbricht eine Konsolidierung des Regimes. Dies ließ sich auch an den leicht zurückgehenden Zahlen der in die Bundesrepublik Flüchtenden ablesen, die freilich immer noch eine eindeutige „Abstimmung mit den Füßen" gegen die SED zum Ausdruck brachten.
Die verbesserte Wirtschaftslage schien Ulbricht günstig, den „Aufbau des Sozialismus" erneut zu beschleunigen. Die Bundesrepublik bis 1961 „zu überholen ohne einzuholen" war jetzt die Devise[2] – ein völlig irreales Ziel, das schon allein wegen der Abhängigkeit der DDR-Wirtschaft von den sowjetischen Planvorgaben scheitern musste. Neben den unrealistischen, vom Politbüro vorgegebenen Wirtschaftsplänen führte die mit vehementem staatlichen Druck vorangetriebene Kollektivierung von Landwirtschaft und Handwerk bald wieder zu Versorgungsproblemen, wachsender Unzufriedenheit in der Bevölkerung und ab 1960 zu sprunghaft ansteigenden Flüchtlingszahlen (▸ M4). Ein zusätzlicher Grund für die Massenflucht war die seit 1958 schwelende Berlin-Krise.

[1] *Nikita Sergejewitsch Chruschtschow (1894–1971): seit 1939 Mitglied des Politbüros der KPdSU, setzte sich nach Stalins Tod in der sowjetischen Führung durch; 1964 setze ihn das Politbüro ab*
[2] *Diesen – auch für die eigene Bevölkerung – verwirrenden Spruch hatte Ulbricht geprägt. Gemeint war, einen grundsätzlich anderen Weg zu beschreiten, um den Lebensstandard der Bundesrepublik zu übertreffen.*

Die zweite Berlin-Krise 1958–1961

Ende November 1958 hatte Chruschtschow die drei Westmächte aufgefordert, West-Berlin in eine entmilitarisierte „selbstständige politische Einheit" („Freie Stadt") umzugestalten (*Chruschtschow-Ultimatum*). Das widersprach den interalliierten Vereinbarungen aus der Kriegszeit, denen zufolge die vier Siegermächte für Berlin als Ganzes zuständig waren – trotz der Aufteilung Berlins in vier Sektoren. Auch die Gründung der beiden deutschen Staaten 1949 änderte nichts daran. Staatsrechtlich gehörte West-Berlin nicht zur Bundesrepublik und Ost-Berlin nicht zur DDR. Dieser besondere Status Berlins brachte es mit sich, dass die DDR auf sowjetische Anweisung hin 1952 die Demarkationslinie zur Bundesrepublik befestigte,[1)] aber die Sektorengrenze in Berlin offen ließ.

Chruschtschow hielt jetzt den Zeitpunkt für günstig, die kommunistische Herrschaft in der DDR durch eine Bereinigung des Berlinproblems zu stabilisieren und damit die Anerkennung des SED-Regimes durch die Westmächte zu erzwingen. West-Berlin war einerseits das „Schaufenster" und Symbol des freien Westens, anderseits ein wichtiger Fluchtweg für viele Ostdeutsche. Zwischen Ost- und West-Berlin konnte sich jedermann frei bewegen; wer aus der DDR flüchten wollte, musste nur in den Ostsektor Berlins fahren, um mit der S-Bahn, der U-Bahn oder zu Fuß in die Westsektoren zu gelangen. Viele unzufriedene, zumeist jüngere und gut qualifizierte DDR-Bürger befürchteten, dass dieser Fluchtweg bald verschlossen werden könnte. Seit Anfang Juni 1961 brachten sich täglich etwa 1000 DDR-Bürger nach West-Berlin in Sicherheit, zuletzt fast 4000 an einem einzigen Wochenende (➧ M5).

Ein Staat wird eingemauert

Ulbricht zeigte sich entschlossen, die Massenflucht zu stoppen. Der drohende wirtschaftliche Kollaps des für die Ostblockstaaten wichtigen Wirtschaftspartners und die nicht auszuschließende Gefahr eines erneuten Volksaufstandes veranlassten Chruschtschow schließlich, die Schließung der innerdeutschen Grenzen zu akzeptieren. Die vorhersehbare Reaktion der internationalen Staatenwelt wurde in Kauf genommen, nachdem klar war, dass US-Präsident *John F. Kennedy* ausschließlich die Freiheit West-Berlins militärisch garantiert hatte.

➧ Geschichte In Clips: Zum Mauerbau siehe Clip-Code 4697-03

In der Nacht vom 12. zum 13. August 1961 begannen Volkspolizei, Nationale Volksarmee und Betriebskampfgruppen damit, die Grenze nach West-Berlin mit Mauern, Stacheldraht und Panzersperren abzuriegeln. In der Folgezeit wurden die Sperranlagen an der innerdeutschen Grenze (1400 km) und um West-Berlin herum (166 km) durch Beton, Stacheldraht, Minen und Selbstschussanlagen zu einem immer perfekteren und todbringenden Sicherungssystem ausgebaut.

[1)] Im Mai 1952 hatte der Ministerrat der DDR eine „Verordnung über Maßnahmen an der Demarkationslinie zwischen der Deutschen Demokratischen Republik und den westlichen Besatzungszonen" erlassen. Die für die Grenzkontrollen verantwortliche „Deutsche Grenzpolizei" wurde 1952 dem MfS unterstellt, um ein „weiteres Eindringen" von „Spionen, Terroristen und Schädlingen" in der DDR zu verhindern. Eine fünf Kilometer breite Sperrzone wurde entlang der ganzen Zonengrenze angelegt, die man nur mit einer Sondergenehmigung betreten durfte.

Die Vorbereitung und Durchführung des *Mauerbaus* lagen in den Händen *Erich Honeckers*[1)], der im September 1961 den Schusswaffengebrauch „gegen Verräter und Grenzverletzer“ anordnete. Bereits in den ersten Monaten nach dem Mauerbau kamen 32 Menschen ums Leben – sie wurden bei Fluchtversuchen erschossen, ertranken oder stürzten beim Sprung aus grenznahen Häusern zu Tode. Bis 1989 verloren schätzungsweise 1200 Menschen bei der Flucht über die innerdeutsche Grenze ihr Leben, davon allein 136 an der Berliner Mauer, Tausende wurden schwer verletzt (▸ M6). Überdies wurden im Herbst 1961 zur Sicherung der Grenzen und zur Einschüchterung der Bevölkerung über 3000 Menschen aus ihren grenznahen Heimatorten zwangsausgesiedelt („Aktion Festigung“). In den ersten Wochen nach dem Mauerbau kam es immer wieder zu einzelnen Protestaktionen von Studenten und anderen Jugendlichen in Berlin, Rostock, Leipzig, Halle und Magdeburg, die von der Staatssicherheit als „staatsfeindliche Gruppen“ qualifiziert und inhaftiert wurden. Vier Wochen nach dem Mauerbau wurde die Wehrpflicht eingeführt. Schüler oder Studenten, die es wagten, dagegen zu protestieren, wurden aus Schule beziehungsweise Universität entfernt. Bis Ende 1961 fielen monatlich mindestens 1500 Personen einer Verhaftungswelle wegen „versuchter Republikflucht“ zum Opfer. Mit Befriedigung konnte die Parteiführung danach eine Stabilisierung der Lage feststellen.

Mittwoch, 16. August 1961 • 10 Pf

Bild ZEITUNG

Der Osten handelt – was tut der Westen?

...denn Zigarren raucht der Mann!

Der Westen tut NICHTS!

Präsident Kennedy schweigt...

Macmillan geht auf die Jagd...

... und Adenauer schimpft auf Willy Brandt

Enttäuscht

Der Osten hat gehandelt. Der Osten handelt noch. Die Stacheldrahtverhaue in Berlin werden dichter. Die Kontrollen werden schärfer. Immer mehr Panzer kommen in die Stadt.

Was tut der Westen?

Der Westen tut nichts.

In den westlichen Hauptstädten wird beraten. Nachgedacht. Spekuliert. Fühlung genommen. Man bereitet „Schritte“ vor. Man versucht, sich zu einigen. Und inzwischen rennen sich unsere Landsleute am Stacheldraht der Kommunisten die Köpfe blutig.

Was tun eigentlich die westlichen Staatsmänner?

Kennedy, der junge Präsident, schweigt.

Macmillan, der erfahrene Premier, schießt Schnepfen.

Adenauer, der greise Kanzler, spielt Wahlkampf. In einer der schwersten Situationen deutscher Geschichte bringt es der Kanzler fertig, seinen politischen Gegner Brandt persönlich zu beleidigen.

Das ist nicht nur unfair. Das ist — man muß es leider sagen — das Eingeständnis, daß er im Augenblick nicht über den Schatten der engstirnigen Parteipolitik springen kann. Der Kanzler konnte es früher. Jetzt nicht.

Wir brauchen jetzt keinen innenpolitischen Zingkampf. Wir brauchen keine Beispiele nationaler Unwürde. Wir brauchen das klare Bekenntnis der Demokraten aller Lager zur deutschen Nation.

Nicht der Wahlsieg einer Partei steht im Augenblick auf dem Spiel. Im Augenblick steht die deutsche Sache auf dem Spiel. Es scheint, als hätten das sowohl die Bundesregierung als unsere westlichen Freunde noch nicht klar erkannt.

Am 13. August hat Ulbricht die Fluchtwege abgeriegelt und den Sowjetsektor in ein Militärlager verwandelt.

Erst drei Tage später hat sich die Bundesregierung zu einer Sondersitzung aufgerafft. Wie kläglich.

Und westliche Diplomaten sind sogar der Meinung, alliierte Rechte in Berlin seien nicht unmittelbar betroffen. Alliierte Rechte sind natürlich eindeutig verletzt worden. Gerade deshalb ist das lange Schweigen, das hilflose Abwarten, das bedächtige Zögern unserer westlichen Partner für uns alle niederschmetternd.

Wir sind enttäuscht.

Wir sind in das westliche Bündnis gegangen, weil wir geglaubt haben, dies sei für Deutschland wie für den Westen die beste Lösung.

Die Mehrheit der Deutschen, die überwältigende Mehrheit sogar ist auch heute noch davon überzeugt.

Nur wird diese Überzeugung nicht gerade gestärkt, wenn einige unserer Partner in dem Augenblick, in dem die deutsche Sache in größter Gefahr ist, kühl erklären: „Alliierte Rechte sind nicht betroffen.“

Die deutsche Sache ist in größter Gefahr.

Berlin ist plötzlich kein Tor zur Freiheit mehr. Das Tor ist nämlich zu.

Es ist seit drei Tagen zu. Und bisher ist nichts geschehen — außer einem Papierprotest der alliierten Kommandanten.

Wir sind enttäuscht.

rb. Berlin, 16. August

Die Berlinkrise hat sich zugespitzt. Pankow hat Maßnahmen zur völligen Sperrung der Sektorengrenze eingeleitet. Sowjetische Truppen haben einen Ring um Berlin gezogen.

Die alliierten Stadtkommandanten haben gestern scharf gegen die Abschnürung des Sowjetsektors protestiert. Die Maßnahmen Pankows werden als ein schwerer Bruch der Vier-Mächte-Vereinbarungen über Berlin gebrandmarkt.

Die Unruhe in Ost-Berlin wächst. Immer wieder kommt es zu Zwischenfällen mit den überall patrouillierenden „Volksarmisten“ und „Vopos“.

Die Drahtverhaue, die an einigen Stellen durch Mauer-Absperrungen ergänzt wurden, können trotzdem nicht jede Fluchtmöglichkeit beseitigen. Die „Volkspolizei“ hat Befehl erhalten, auf jeden, der flieht, zu schießen.

Unter der Berliner Bevölkerung wächst die Enttäuschung darüber, daß noch immer keine wirksamen Gegenmaßnahmen getroffen worden sind. Empörung hat ein scharfer Angriff des Bundeskanzlers auf den Regierenden Bürgermeister Brandt hervorgerufen.

Mehr über das Thema Berlin auf der letzten Seite

für moderne menschen

temagin

ein modernes schmerzmittel

Blaue Gillette EXTRA

ein völlig neues Rasiergefühl

10 Klingen DM 2.–

▶ **„Der Westen tut nichts!“**
Titelblatt der Bildzeitung, 16. August 1961.
- *Interpretieren Sie, wie die Zeitung die Situation darstellt. Was erwartet sie?*

---

1) Erich Honecker (1912–2004): 1930 Beitritt zur KPD, ab 1946 rascher Aufstieg in der SED; zum Zeitpunkt des Mauerbaus als Sekretär des ZK für Sicherheitsfragen zuständig, löste 1971 in Absprache mit der Sowjetunion Walter Ulbricht ab und wurde Generalsekretär des ZK der SED, ab 1976 auch Staatsratsvorsitzender. Er verlor sein Amt kurz vor dem Fall der Mauer.

M1

Arbeiter demonstrieren.

Foto, 17. Juni 1953, unbekannter Fotograf.
Demonstranten ziehen mit schwenkenden Fahnen durch das Brandenburger Tor in Richtung Westteil der Stadt Berlin.

M2

„Das Volk steht auf."

Titelblatt der Hamburger Wochenillustrierten „Der Stern", Heft 26 vom 28. Juni 1953.
Die Bildunterschrift am unteren Rand der Titelseite lautet: „Für einen Tag fühlte sich das Volk von Ost-Berlin frei wie die Brüder jenseits des Tores."

Der 17. Juni 1953
Was als spontaner Streik gegen höhere Arbeitsnormen in Ost-Berlin begann, wurde am 17. Juni 1953 zu einem DDR-weiten Protest gegen die SED-Diktatur, für freie Wahlen und die Wiedervereinigung. Doch nur die Bilder aus Berlin gingen um die Welt (➧ M1 und M2).

Objektive Wirklichkeit?
Fotos prägen unser Bild von der jüngeren Geschichte. Seit den 1950er-Jahren wurde Fotografieren für alle erschwinglich. Daher wuchs die Zahl der oft spontan gemachten Bilder aus dem Alltag. Gleichzeitig veröffentlichten immer mehr Zeitschriften in wachsendem Maße professionelle Fotos politischer, gesellschaftlicher und kultureller Ereignisse.
Um Fotos als historische Quelle nutzen zu können, müssen sie in den zeitlichen und örtlichen Kontext ihrer Entstehung eingeordnet und methodisch nach Inhalt und Form interpretiert werden. Fotos geben vermeintlich die Welt so wieder, „wie sie ist“; tatsächlich jedoch bieten sie kein „objektives“ Abbild der Wirklichkeit. Fotos sind lediglich *Momentaufnahmen*. Sie zeigen einen kurzzeitigen, ausgewählten Teil der Realität. Durch die Wahl des Zeitpunkts, des Motivs, des Ausschnitts und der Perspektive zeichnet der Fotograf ein subjektives Bild. Retuschen, Montagen und andere Veränderungen wie das Beschneiden oder Vergrößern von Bildteilen machen die Fotografie zu einer schwierigen Quelle. Durch digitale Bearbeitungsverfahren ist das Problem noch gewachsen.

Leitfragen für die Analyse
- ✔ In welchen historischen Kontext gehört das Foto?
- ✔ Wann, wo und aus welchem Anlass ist es von wem gemacht, in Auftrag gegeben und veröffentlicht worden?
- ✔ Wer oder was ist abgebildet (Personen, Objekte, Umgebung)? Was wird thematisiert?
- ✔ Welche Darstellungsmittel werden verwendet (Schwarz-Weiß- oder Farbbild, Kameraperspektive, Aufbau, Schnappschuss oder gestellte Szene, Profi- oder Amateuraufnahme)?
- ✔ Sind Hinweise auf Bildbearbeitung oder nachträgliche Veränderungen erkennbar (Retusche, Montage, Beschnitte bzw. Ausschnittvergrößerungen)?
- ✔ In welcher Absicht wurde das Foto veröffentlicht?
- ✔ Welche Wirkung soll es erzielen?
- ✔ Wie ist der Quellenwert des Fotos zu beurteilen?
- ✔ Bereichert es unsere Kenntnis der Vergangenheit?

1. *Prüfen Sie den Standort des Fotografen bei der Aufnahme der beiden Fotos (M1 und M2).*
2. *Erläutern Sie die von der „Stern“-Redaktion angestrebte Intention des Titelblattes (M2). Berücksichtigen Sie dabei auch die Schlagzeile und die Bildunterschrift. Beschreiben Sie die Wirkung, die das Titelbild bei Ihnen erzielt. Ziehen Sie stets vergleichend M1 und die Leitfragen in diesem Methoden-Baustein heran.*

1.7 Die letzten Jahre der Ära Ulbricht

Intentionen:
- Propaganda
- Zufriedenheit der Bevölkerung
- Schutz/Bruderschaft zur Sowjetunion
- Sicherung des Nachwuchs
- Anspruch auf Gesamtdeutschland
- Fortschritt/Hoffnung
- Opposition nicht vorhanden/ Volk hinter d. Regierung

1971
Erich Honecker löst Walter Ulbricht an der Spitze der SED ab.

▲ **20. Jahrestag der DDR.**
Briefmarkenblock 29 (11,0 x 15,4 cm, 8,6 x 7,65 cm), herausgeben am 6. Oktober 1969 von der Deutschen Post der DDR.
• Beschreiben Sie die Wirkung des Bildes auf den Betrachter. Berücksichtigen Sie dabei auch Mimik und Gestik der dargestellten Personen.

M1

Hauptsache taktvoll!

Im Jugendkommuniqué der SED von 1963 heißt es:

In der letzten Zeit gab es viele Diskussionen über bestimmte Tanzformen, hervorgerufen einerseits durch Einflüsse westlicher Unkultur und andererseits durch engstirnige Praktiken gegenüber Jugendlichen. Die Haltung der Partei zu diesen Fragen ist nach wie vor klar und deutlich: Wir betrachten den Tanz als einen legitimen Ausdruck von Lebensfreude und Lebenslust. Manchen Menschen fällt es schwer, den Unterschied zwischen einer Tanzveranstaltung und einer politischen Versammlung zu begreifen. Auf einer politischen Versammlung werden politische Fragen mit Verstand und Leidenschaft erörtert. Dort tritt vor allem der Kopf in Aktion. Auf einer Tanzveranstaltung ist das ein klein wenig anders. Dort bringt man zwar auch den Kopf mit, aber dort äußert man seine Gefühle und Stimmungen nicht in erster Linie durch Reden, sondern durch Bewegung.

Niemandem fällt ein, der Jugend vorzuschreiben, sie solle ihre Gefühle und Stimmungen beim Tanz nur im Walzer- oder Tangorhythmus ausdrücken. Welchen Takt die Jugend wählt, ist ihr überlassen: Hauptsache sie bleibt taktvoll.

Die Volkstänze aller Länder und Zeiten, die dem gesunden Lebensgefühl der arbeitenden Menschen entsprangen, kennen verschiedene Rhythmen und verschiedene Bewegungsformen. Wir sind für zündende Rhythmen, aber wir wenden uns scharf dagegen, dass mit ihnen Schlagertexte und andere Mittel ideologischer Diversion der imperialistischen Propaganda bei uns eingeführt werden. Wir bitten im Namen der Jugend alle Komponisten und Schlagerdichter, mehr fantasievollere Melodien und Texte zu produzieren, die unsere Jugend begeistern. In Zukunft wird man dann weniger in der DDR Westschlager singen als vielmehr in beiden deutschen Staaten zündende Schlager aus der DDR mit Texten, die unserem neuen Lebensgefühl entsprechen.

Neues Deutschland vom 21. September 1963

Zitiert nach: Stefan Wolle, Aufbruch in die Stagnation. Die DDR in den Sechzigerjahren, Bonn 2005, S. 84

1. *Erläutern Sie die Ziele, die die Parteiführung der SED mit ihrer Verlautbarung verfolgt und beurteilen Sie deren Erfolgsaussichten.*
2. *Diskutieren Sie anhand der Quelle die Auswirkungen der SED-Diktatur auf den Alltag der Menschen.*

M2

„Na, wie gefällt es Ihnen bei uns?"

Im Bericht eines westdeutschen Journalisten aus dem Jahr 1968 ist über den Lebensstandard in der DDR zu lesen:

Die häufig gestellte Frage: „Na, wie geht es Ihnen bei uns?" wird in Gesprächen mit Besuchern aus dem Westen zu einem Politikum besonderer Art. Es ist nämlich noch gar nicht lange her, da wurde vom Besuch aus dem Westen geradezu erwartet, dass er ein vernichtendes Urteil über den Kommunismus, über die SED, über die Verhältnisse in der DDR und vor allem über den Lebensstandard fälle. [...] Jetzt dagegen liegt schon in der Frage: „Na, wie gefällt es Ihnen bei uns?" die Hoffnung auf eine wenigstens teilweise positive Antwort. [...]

Pünktlich ist unser neuer Bekannter zur Stelle. Ein korrekt gekleideter junger Mann mit einer Frisur wie auf einem Reklamefoto in der Bundesrepublik. Mitgebracht hat er seinen „Finanzminister", eine adrette freundliche Blondine, der die doppelte Belastung von Büroarbeit und kleinem Haushalt nicht anzusehen ist. Beide arbeiten auf der volkseigenen Warnow-Werft, er als Schweißer, sie im Lohnbüro. Bereitwillig sprechen sie über ihren gemeinsamen Verdienst, über ihre Lebenshaltungskosten. Er verdient zwischen 700 und 750 MDN[1)] brutto im Monat. Abgezogen werden davon an Steuern 13,70 MDN und an Versicherungsbeiträgen 60 MDN. [...] Die Ehefrau erhält für ihre Bürotätigkeit 430 MDN im Monat und zahlt 6 MDN Steuern und 43 MDN Versicherungsbeiträge. Außerdem erhält sie für zwei Kinder 40 MDN Kindergeld und eine beim Wegfall der Lebensmittelkarten eingeführte Zulage von 25 MDN. [...]

1) *MDN: Mark der Deutschen Notenbank, DDR-Mark*

▲ **PKW „Trabant P 60".**
Modell von 1962.
Der Trabant – im Volksmund „Trabi" genannt – war ein Zweitakter mit einer Karosserie aus „Plaste". Der erste Trabant rollte 1957 in Zwickau vom Band, 1991 wurde die Produktion eingestellt. Auf das Auto mussten die DDR-Bürger allerdings jahrelang warten. 1987 betrug die Wartezeit bis zu 15 Jahre.

Das Budget dieser recht typischen Arbeiterfamilie in der DDR wird wie folgt aufgeteilt: 30 MDN kostet die zu kleine Altbauwohnung von zwei Zimmern. 360 MDN braucht die Frau für Lebensmittel, wobei zu berücksichtigen ist, dass die Eheleute an Werktagen mittags in der Werkkantine für 0,70 MDN oder 0,85 MDN essen.

Das hat seinen besonderen Grund. Noch in diesem Winterhalbjahr soll nämlich eine neue Wohnung im neu erbauten Vorort „Lütten-Klein" bezogen werden. Dort sollen dann neue Möbel hinein. Jene Wohnung wird voraussichtlich 95 MDN an Miete kosten, und zwar einschließlich der Kosten für die Fernheizung, die in der DDR grundsätzlich pauschalisiert werden und unverhältnismäßig niedrig sind. […]

Verhältnismäßig schlecht bestellt ist es mit Urlaubsplätzen. Es gibt nur beschränkte Möglichkeiten, privat in den Urlaub zu fahren, weil die meisten Quartiere durch den Gewerkschaftsbund belegt sind. Die Ferienplätze der Gewerkschaften wiederum reichen bei Weitem nicht aus, um den großen Bedarf zu befriedigen. So weichen viele Einwohner der DDR auf Campingplätze aus. […] Vorläufig ist es auch noch nicht soweit, sich einen Wagen zu kaufen. Um sich diesen verbreiteten Wunsch zu erfüllen, muss man in der DDR nicht nur viel Geld, sondern vor allem viel Geduld haben. […]

Vielmehr sind fast alle Waren des gehobenen Bedarfs und natürlich erst recht alle Luxusartikel teuer und zum Teil sogar sehr viel teurer als in der Bundesrepublik oder im westlichen Ausland.[2)] […] Waren aus dem westlichen Ausland oder aus der Bundesrepublik gibt es in besonderen Geschäften, die der Normalverbraucher kaum betritt, weil dort horrende Preise gefordert werden, gleichgültig, ob es sich um westliche Zigaretten, um Whisky, um Cognac oder um Damenstrümpfe handelt. Es sind Waren, die für die geschmähte „DM-West" auch in Ulbrichts Machtbereich sehr viel billiger zu haben sind, in Geschäften für Ausländer und für Besucher aus der Bundesrepublik. Diese Ungereimtheiten eines sozialistischen Systems sind indessen nicht so gravierend wie in anderen Ländern des Ostblocks. So gesehen könnte die Frage: „Wir verstehen hier doch auch zu leben, oder etwa nicht?" vom Besucher aus der Bundesrepublik mit „Ja" beantwortet werden. Sie verstehen zu leben, oder besser gesagt, sie verstehen es, das Leben zu meistern und zu nehmen, wie es ist. […] Die SED kann es nicht verhindern, dass sich statt des angestrebten „Klassenbewusstseins" in erster Linie der verständige Wunsch ausbreitet, möglichst gut und möglichst ungestört zu leben in einem Staat, dessen herrschende Schicht vor allem geduldet und nur in wenigen Fällen anerkannt und geachtet wird.

Zitiert nach: Christoph Kleßmann, Zwei Staaten, eine Nation. Deutsche Geschichte 1955–1970, Bonn ^{2}1997, S. 564ff.

1. *Erläutern Sie anhand des Beispiels die Einkommenssituation eines durchschnittlichen Werktätigen in der DDR gegen Ende der 1960er-Jahre.*
2. *Befragen Sie die ältere Generation über die Einkommensverhältnisse in Westdeutschland in den 1960er- und Anfang 1970er-Jahren und vergleichen Sie sie mit der DDR.*

2) *Zum Preisvergleich zwischen Bundesrepublik und DDR siehe Seite 95.*

Stabilisierung

Seit dem Mauerbau war für die Menschen in der DDR die Flucht aus der kommunistischen Diktatur lebensgefährlich geworden. Anfangs gelang es noch einigen Zehntausenden, später waren es viel weniger, nachdem die Grenze immer perfekter gesichert wurde. Bereits Planung oder Vorsatz der „Republikflucht" standen unter Strafe. Bis 1989 wurden über 100 000 Personen wegen des Versuchs, die DDR zu verlassen, verurteilt, davon drei Viertel auch inhaftiert. Der Bevölkerung blieb kaum eine andere Wahl, als sich mit den Verhältnissen zu arrangieren.
Tatsächlich führte der Mauerbau zu einer gewissen Stabilisierung der inneren Verhältnisse, zumal die Partei nach Durchführung der ideologisch bedingten Eingriffe in die Gesellschaft jetzt einen pragmatischeren Kurs steuern konnte. So gestand das Regime auf Drängen der evangelischen Kirche seit 1964 Wehrdienstverweigerern einen waffenlosen Wehrersatzdienst („Bausoldaten") zu. Auf wirtschaftlichem Gebiet förderte die Parteiführung der SED zeitweilig das eigenverantwortliche Handeln in den Betrieben, die leistungsorientierte Entlohnung sowie den Einsatz von Wissenschaft und Forschung zur Steigerung der Arbeitsproduktivität. Zudem wurde das planwirtschaftliche System der strikten Lenkung von oben flexibler gestaltet („Neues ökonomisches System der Planung und Leitung"). Der Bau des Fernsehturms am Alexanderplatz in Ost-Berlin, der Neubau der Karl-Marx-Universität in Leipzig und zahlreiche weitere kommunistische Großbauten und ganze Stadtzentren symbolisierten den Willen zum wirtschaftlichen Erfolg. Arbeitsproduktivität und Lebensstandard verbesserten sich; die DDR entwickelte sich zur zweitstärksten Wirtschaftsmacht im *Rat für gegenseitige Wirtschaftshilfe* (*RGW*)[1)]. Besonderen Stolz weckten darüber hinaus Erfolge im Spitzensport. Athleten des kleinen Landes nahmen zusammen mit Sportlern aus der UdSSR und den USA international die führende Stellung ein.

Jugend- und Kulturpolitik

Auch in der Jugendpolitik gab sich die Partei seit 1963 einen etwas liberaleren Anstrich (➧ M1). Die Beat-Musik zog jetzt in die DDR ein. Die Haare wurden länger und die Röcke kürzer. Für ein großes Deutschlandtreffen der Jugend in der DDR 1964 öffnete die Staatsführung sogar die Schlagbäume für 25 000 Jugendliche aus West-Berlin und der Bundesrepublik. Der staatliche Rundfunk kreierte ein eigenes Jugendprogramm mit flotter Musik und kessen Kommentaren. Die SED-Führung zeigte sich anfangs zufrieden, die DDR-feindliche Stimmung der Jugendlichen schien überwunden zu sein.
Doch zwei Jahre später war es bereits wieder vorbei mit der kleinen Freiheit. Vielen Funktionären waren diese vom Westen – England, USA, Bundesrepublik – inspirierten Moden, musikalischen Ausdrucksformen und insbesondere das damit einhergehende Lebensgefühl höchst suspekt. Von einer gefährlichen „ideologischen Aufweichung des Sozialismus" war bald die Rede, vor allem befördert von der Musik der Beatles. Unangepasste Jugendliche widersetzten sich immer häufiger der Obrigkeit. In Leipzig kam es Ende Oktober 1965 zu Krawallen, als die Polizei gegen Beat-Anhänger mit Knüppeln und Wasserwerfern vorging. Die Parteipresse machte Stimmung gegen „Gammler und Langhaarige" und kritisierte die „Unkultur" jugendlicher Gruppierungen. Im Politbüro konnten sich die Gegner einer liberaleren Jugend- und Kulturpolitik durchsetzen. Die

---

1) Seit Anfang 1950 war die DDR Mitglied des von Stalin 1949 ins Leben gerufenen RGW.

▲ **Glückwünsche zum Geburtstag.**
Foto, 30. Juni 1971.
Nachdem Erich Honecker (erste Reihe, zweiter von rechts) Ulbrichts Sturz im Politbüro durchgesetzt hatte, wurde Ulbricht vor die Wahl gestellt, sich entweder anlässlich seines Geburtstages als Kranker in Bademantel und Hausschuhen zu präsentieren oder aber noch seine letzte Funktion als Staatsratsvorsitzender zu verlieren. Ulbricht ließ sich demütigen und spielte bis zu seinem Tod am 1. August 1973 nur noch eine Nebenrolle.

Beat-Bands wurden verboten. Westliche Kultur, Ideen und Lebensstile galten jetzt als bedrohlich – als „vom Gegner organisierte Feindtätigkeit gegen die Jugend der DDR" (Mielke), um diese gegen die Parteiführung aufzustacheln und von der „sozialistischen Ideologie" abzubringen.

Aufbruch in die Stagnation

Mit seinen ehrgeizigen Plänen, die DDR zum Schaufenster des Sozialismus zu machen und die Bundesrepublik wirtschaftlich zu überholen, scheiterte Ulbricht. Was als wissenschaftlich-technischer Fortschritt propagiert wurde – die Förderung der Mikroelektronik – erwies sich als gigantische Fehllenkung von Investitionsmitteln, die beim Wohnungsbau und in der Konsumgüterindustrie fehlten. Das angekündigte „Weltniveau" erreichte Ulbrichts Planwirtschaft niemals. Im Vergleich mit den Nachbarländern im Ostblock allerdings konnte die DDR sich sehen lassen. Sie erlebte einen bescheidenen Wohlstand – Fernsehapparate, Waschmaschinen, Kühlschränke hielten Einzug in die Haushalte. Den arbeitsfreien Samstag gab es seit 1967. Immer mehr Familien konnten sich einen „Trabant" leisten. Die Bemühungen der Partei, den Lebensstandard der Bürger zu heben, waren deutlich zu erkennen (➧ M2). Allerdings gehörten Versorgungsengpässe bei den Dingen des täglichen Lebens weiterhin zum Alltag in der DDR.

Als Ulbricht auf mehr Eigenständigkeit gegenüber der Sowjetunion pochte, verlor er die Unterstützung von Parteichef *Leonid Breschnew*[1]. Honecker betrieb in Absprache mit Moskau Ulbrichts Sturz und wurde im Mai 1971 als 1. Sekretär der Partei (seit 1976 Generalsekretär) mächtigster Mann im Staat, der bald alle wichtigen Ämter (Vorsitzender des Nationalen Sicherheitsrates, Staatsratsvorsitzender) in seinen Händen vereinte.

Unveränderter Machtanspruch der SED

Seine bis 1989 unumschränkte Machtposition in Partei und Staat sicherte sich Honecker, indem er

- die Führungsrolle der Sowjetunion akzeptierte;
- die staatliche Anerkennung der DDR durch die Bundesrepublik und den Westen erreichte;
- das Politbüro weitgehend entmachtete und im Wesentlichen mithilfe Erich Mielkes (Staatssicherheit) und *Günter Mittags*[2] (Wirtschaft) sowie des bürokratischen Apparats im Zentralkomitee den Kurs der Partei und des Staates bestimmte;
- die Bevölkerung durch Lohn- und Rentenerhöhungen, eine großzügige Sozialpolitik und eine konsumorientierte Wirtschaftspolitik für sich zu gewinnen suchte.

Im kulturellen Bereich zeigte sich die SED-Führung großzügiger und den Wünschen der jungen Generation gegenüber offener als bisher. Westliche Beat-Musik durfte jetzt gespielt werden, die begehrten Blue-Jeans wurden importiert und in volkseigener Produktion angeboten. Ihren Kampf gegen lange Haare und kurze Röcke stellte die SED ein. Sie kümmerte sich weniger um die Privatangelegenheiten der Menschen, auch wenn die meisten von ihnen regelmäßig das verbotene Westfernsehen einschalteten. So sicherte sich die SED-Führung ein gewisses Maß an Zustimmung der Bevölkerung. Doch die bis dahin ungekannte Liberalität war nur die Fassade einer „Fürsorgediktatur".

Seit Mitte der Siebzigerjahre zerschlugen sich auch die Hoffnungen vieler Intellektueller auf neue Freiheitsräume für Fantasie und Individualität. Künstler und Schriftsteller wie *Reiner Kunze* wurden gemaßregelt und verließen die DDR, andere wie *Erich Loest* erhielten Publikationsverbot, mussten jahrelang auf die Genehmigung zur Ausreise in die Bundesrepublik warten oder wurden wie *Wolf Biermann* als Staatsfeinde zwangsausgebürgert (1976). Zahlreiche Schriftsteller, zumeist Mitglieder der SED, protestierten öffentlich dagegen und gerieten selbst als „feindlich-negative Kräfte" ins Visier des MfS. Nicht besser erging es kommunistischen Abweichlern, wie etwa *Rudolf Bahro* und *Robert Havemann*, die von einer marxistischen Position aus die Parteidiktatur der SED kritisierten. Nur die Kirchen konnten ein gewisses Maß an geistiger Unabhängigkeit gegenüber Staat und Partei verteidigen – allerdings um den Preis, dass sich die katholische Kirche völlig aus den öffentlichen Angelegenheiten heraushielt und die evangelische Kirche sich als „Kirche im Sozialismus" (1978) definierte, was die SED als Anerkennung ihrer Herrschaft interpretierte.

---

[1] *Leonid Iljitsch Breschnew (1906–1982): übernahm nach dem Sturz Chruschtschows 1964 das Amt des Ersten Sekretärs der KPdSU, das er bis zu seinem Tod innehatte.*

[2] *Günter Mittag (1926–1994): von 1962 bis 1989 Mitglied des ZK, 1966–1989 des Politbüros der SED; 1962–1973 sowie 1976–1989 als ZK-Sekretär für Wirtschaftsfragen in der DDR zuständig*

1.8 Exkurs: die DDR und der „Prager Frühling“

1968
In der Nacht zum 21. August marschieren Truppen des Warschauer Paktes in die Tschechoslowakei ein. Die NVA der DDR ist jedoch nicht unmittelbar am Einmarsch beteiligt.
Nach der militärischen Invasion registriert und verfolgt die Stasi jede Form des Protests in der DDR, der mit dem „Prager Frühling“ zusammenhängt.

▲ **Sechs, setzen!**
Karikatur (21,7 x 23,5 cm) von Peter Leger, 1968.
„Schüler“ Dubček erhält vom „Lehrer“ Ulbricht für seinen Aufsatz „Der wahre Sozialismus“ eine Sechs.
Alexander Dubček (1921–1992) hatte als Erster Sekretär der Kommunistischen Partei der Tschechoslowakei (KPČ) einen liberalen Reformkurs („Prager Frühling“) eröffnet. Nach dem Einmarsch der Truppen des Warschauer Pakts wurde er entmachtet und aus der Partei ausgeschlossen. 1989 kehrte er in die Politik zurück und wurde zum Vorsitzenden des tschechoslowakischen Parlaments gewählt.
- *Interpretieren Sie die Aussage der Karikatur.*

M1

Sympathien für den „Prager Frühling"[1]

Im März 1968 gibt ein Stasi-Spitzel die Reiseeindrücke eines Kollegen in Prag wieder:

Hiller war im März zwei Wochen in Prag (zu den Festtagen zeitgenössischer Musik). Im Funkhaus in Berlin war er erst am 18. März wieder zu sehen. Am Nachmittag dieses Tages (bis nachts gegen 3 Uhr) hat er etliche Gespräche über seine Reiseeindrücke geführt. Zu seinen Partnern gehörten nachweislich Hermann Börner, Klaus Richter, Dieter Boeck, Klaus Mai, Hans Georg Schmiedecke, Gisela Stahr (alle zeitweilig, keiner war während der gesamten Zeit ständig mit ihm zusammen) und ganz offensichtlich noch andere, die nicht mehr zu ermitteln waren. Aus dem Gespräch ergab sich:

1. Die vielen Gespräche, die Hiller in Prag geführt hat und „durchaus nicht mit unbedeutenden Leuten" unter den Künstlern, hätten ihm deutlich gezeigt, dass die tschechischen Künstler es ehrlich meinen.
2. Sie seien die ersten, die den „etwas festgefahrenen Karren" mutig wieder in Gang setzten, die ersten, die über die weitere Gestaltung des Sozialismus experimentierten und dabei eben auch ehrlich den Sozialismus wollten.
3. Wir in der DDR hätten der ČSSR wirtschaftlich etwas vorgemacht, ideologisch-kulturell würden wir nach dem Gelingen des „tschechischen Experiments" viel von der ČSSR lernen müssen. (Man brauche eben mehr „geistige Freiheit".)
4. Die gewisse Unordnung zurzeit habe bereits zu einigen Versorgungsschwierigkeiten geführt (Schlange vor Zigarettengeschäften, teilweise sogar beim Bäcker), aber das sei kein Problem, das ginge vorüber.
5. Er sei sich im Klaren, dass der Westen in das „gewisse Vakuum", das zurzeit bestehe, fest eindringen möchte. Aber die Tschechen und Slowaken würden die Gefahr kennen und „keinesfalls darauf reinfallen".
6. Als interessant bezeichnete er in diesem Zusammenhang die Tatsache, dass westdeutsche Rundfunkleute unmittelbar nach Premieren ihre Bereitschaft ausgedrückt hätten, die Musikstücke auch in WD[2] aufzuführen (auch bei mittelmäßigen Werken, jedoch nur bei interessanten Komponisten).
7. Zwangsläufig kam man über solche Themen auch ins allgemeine Philosophieren. Dabei erläuterte Hiller seine Meinung, dass der Prozess des Verschwindens der Arbeiterklasse immer rascher vor sich gehe und dass demnächst der wahrhaft Schöpferische, der Intellektuelle, der einzig Ausgebeutete sein wird. [...] Darum sei er auch zur Führung berufen, was dem „tschechischen Experiment" seine Berechtigung gebe.
8. Jede andere Meinung wies er mit dem Bemerken zurück, „wir hätten nicht gesehen, was es dort an ehrlichem Wollen" gäbe, und wer noch in „alten Bahnen" dächte, sei eben Stalinist. Er, Hiller, wolle „ehrlich den Sozialismus".

Zitiert nach: Stefan Wolle, Aufbruch in die Stagnation. Die DDR in den Sechzigerjahren, Bonn 2005, S. 138

1. *Versetzen Sie sich in die Lage des zuständigen Führungsoffiziers des MfS, der den Bericht seines inoffiziellen Mitarbeiters über Hiller auswertet. Analysieren Sie die für ihn wichtigsten Mitteilungen.*

2. *Erläutern Sie anhand des Berichtes die Gefahren, die aus Sicht der SED-Führung mit den politischen Entwicklungen in der ČSSR für die DDR verbunden sein konnten.*

M2

„Dubček ja – Ulbricht nein"

In einem Stasi-Bericht heißt es im September 1968 über die Protestaktionen in der DDR gegen den Einmarsch der Truppen des Warschauer Paktes in die Tschechoslowakei zur Niederschlagung des „Prager Frühlings":

Etwa ein Viertel der in Ermittlungsverfahren des MfS festgestellten Angriffe gegen die Maßnahmen vom 21.8.1968 erfolgte in Form des Anschmierens konterrevolutionärer Losungen. Bei diesen aufge-

[1] *Der Name „Prager Frühling" bezeichnete ursprünglich ein in Prag seit 1946 alljährlich stattfindendes Musikfestival.*

[2] *Westdeutschland*

klärten feindlichen Handlungen handelt es sich überwiegend um Fälle, in denen solche Hetzlosungen mit Öl-, Latexfarbe oder Kreide an verkehrsreichen Stellen in Städten, vor allem an Häuserwänden, Zäunen und auf Straßen, weithin sichtbar angebracht worden waren. Die Täter, die dabei zum großen Teil in Gruppen handelten, sind zu 65 Prozent Jugendliche unter 21 Jahren, der Anteil von Arbeitern und Lehrlingen liegt relativ hoch.

Inhaltlich überwiegen beim Anschmieren konterrevolutionärer Losungen die gezielten Angriffe gegen die Sowjetunion und ihre Streitkräfte, wobei immer wieder solche Forderungen wie „Russen raus aus der ČSSR", „Russen raus", „Nieder mit den Russen" gebraucht werden. Des Weiteren wird durch solche angeschmierten Parolen wie „Freiheit für die ČSSR", „Es lebe Dubček", „Dubček ja – Ulbricht nein" zur Unterstützung der konterrevolutionären Kräfte und Bestrebungen in der ČSSR und zur Übertragung des antisozialistischen Reformkurses auf die Politik in der DDR aufgerufen. Entsprechend ihrer nachweislichen Zielstellung, auch andere Bürger der DDR zu Aktionen gegen die Maßnahmen zur Rettung der sozialistischen Errungenschaften in der ČSSR aufzuwiegeln, haben die Täter in der Regel mehrere, in einigen Fällen sogar über 10 gleichartige Losungen angebracht. [...]

In mehreren Fällen konnten Rädelsführer von Zusammenrottungen und versuchten Protestdemonstrationen Jugendlicher gegen die Maßnahmen der fünf sozialistischen Bruderländer zur Befreiung der Konterrevolution in der ČSSR festgenommen werden. Von diesen Tätern war unter anderem in Lübbenau am 24.8.1968 ein Protestmarsch von zirka 40 Jugendlichen organisiert sowie in Gotha am 25.8.1968 eine Zusammenrottung von 25 Jugendlichen inszeniert und dabei Feindparolen gerufen und Hetzlosungen geschmiert worden. [...]

Weitere erfolglose Aufrufe zu Protestdemonstrationen erfolgten durch Verbreitung von Hetzflugblättern oder Anschmieren gleichartiger Losungen für den 22.8.1968 in der Hauptstadt der DDR, für den 25.8.1968 in Ilmenau und für den 30.8.1968 in Erfurt und Weimar.

Zitiert nach: Stefan Wolle, a. a. O., S. 147

1. *Erläutern Sie den Begriff „konterrevolutionäre Losungen" (Zeile 4).*
2. *Bewerten Sie die Informationen des MfS im Hinblick auf die Wirkung des „Prager Frühlings" auf die DDR-Bevölkerung.*

M3

„Täter, die im Zusammenhang mit den Ereignissen in der ČSSR (1968) straffällig wurden"

Statistik des MfS aus dem Jahre 1968:

Alter der Täter	Anzahl	in Prozent
unter 16	53	4,5
16 bis unter 18	202	17,0
18 bis unter 21	262	22,0
21 bis unter 25	205	17,2
25 bis unter 30	169	14,2
30 bis unter 35	110	9,3
35 bis unter 45	93	7,8
45 und darüber	95	8,0
Insgesamt	1189	100,0

Soziale Stellung	Anzahl	in Prozent
Schüler/-innen/Studierende	85	8,5
Arbeiterinnen u. Arbeiter	844	84,2
Brigadier/Meister	13	1,3
Leitende Angestellte	3	0,3
LPG-Mitglieder	40	4,0
Intellektuelle	17	1,7
Insgesamt	1002	100,0

Zitiert nach: Stefan Wolle, a. a. O., S. 148

Analysieren Sie die Ergebnisse der Statistik des MfS.

Kurze Reformära in der Tschechoslowakei

Anfang 1968 wurde in der Tschechoslowakei der Slowake *Alexander Dubček* an die Spitze der Kommunistischen Partei (KPČ) gewählt. Er wollte einen „Kommunismus mit menschlichem Antlitz" verwirklichen und die Einparteiendiktatur öffnen.
Im April verabschiedete die KPČ ein „Aktionsprogramm", das die Regierung innerhalb von zwei Jahren umsetzen sollte. Darin verzichtete die Partei weitgehend auf ihr Machtmonopol, beschloss eine teilweise Privatisierung der Wirtschaft und ihre Befreiung von politischen Vorgaben. Echte Betriebsräte sollten eingeführt, echte Gewerkschaften zugelassen und die bürgerlichen Grundfreiheiten von der Meinungs- über die Versammlungsfreiheit bis hin zur Freiheit der Kunst und der Vereinigungsfreiheit garantiert werden. Außerdem sollten Tschechen und Slowaken in einem föderativen Staat zusammenleben.
Der neue Reformkurs wurde von der Bevölkerung begeistert aufgenommen. Besonders die Jugend und Intellektuelle solidarisierten sich mit der neuen Führung der kommunistischen Partei und deren Symbolfigur Alexander Dubček. Diese Entwicklung mündete in eine Massenbewegung für Freiheit und Demokratie. Insbesondere als Ende Juni in der Zeitschrift des tschechoslowakischen Schriftstellerverbandes das *„Manifest der 2000 Worte"* erschien, unterzeichnet von dem Schriftsteller *Ludvik Vakulik* und weiteren bekannten Persönlichkeiten des öffentlichen Lebens. Innerhalb weniger Tage unterschrieben auch Hunderttausende Bürger diese Abrechung mit der kommunistischen Herrschaft der letzten 20 Jahre.
Viele DDR-Bürger blickten hoffnungsvoll nach Prag oder fuhren hin, um an dieser neuen Freiheit wenigstens einige Tage teilzuhaben. Die SED-Führung sah allerdings in der Reformpolitik des Nachbarlandes eine Gefahr für die DDR (➧ M1). Partei und Sicherheitsapparate waren daher von Anfang an aufs Höchste alarmiert und warnten vor der „imperialistischen Unterwanderung" des „Bruderlandes" und einer dort drohenden Machtübernahme durch „konterrevolutionäre Banden" (Mielke). Im Auftrag der SED-Führung begann das MfS frühzeitig, Dossiers über die führenden Prager Reformer anzulegen, die nach der Invasion im August dann auch für die Säuberung der dortigen kommunistischen Partei herangezogen wurden.

Militärische Invasion

Auf einer Gipfelkonferenz Mitte Juli 1968 verurteilten die Führer der Sowjetunion, der DDR, Polens, Bulgariens und Ungarns in Warschau die tschechoslowakische Entwicklung in einem Brief an das ZK der KPČ. Sie teilten darin mit, dass die „Gefahr einer Lostrennung der Tschechoslowakei von der sozialistischen Gemeinschaft" eine „gemeinsame Angelegenheit aller Warschauer-Pakt-Staaten"[1)] sei. Damit war die später so benannte *„Breschnew-Doktrin"* geboren, die erst 1987 durch den sowjetischen Generalsekretär Gorbatschow[2)] offiziell aufgehoben wurde.
Während dieser Tagung wurde auch u.a. von Ulbricht und dem Führer der polnischen Kommunisten, *Wladislaw Gomulka*, eine militärische Lösung gefordert. Die Entschei-

---

1) Der 1955 gegründete „Warschauer Pakt" war ein Militärbündnis unter sowjetischer Führung, zu dessen Mitgliedern neben der Sowjetunion auch Albanien (bis 1968), Bulgarien, die DDR (bis 1990), Polen, Rumänien, die Tschechoslowakei und Ungarn gehörten. Das Bündnis löste sich nach dem Zerfall des Ostblocks am 1. Juli 1991 auf.
2) Zu Michail Gorbatschow siehe Seite 114.

▲ **Niederschlagung des „Prager Frühlings".**
Foto, 21. August 1968, Prag.
Mit 1000 Flugzeugen, 7500 Panzer, 300000 Soldaten und Spezialkräften der Geheimdienste fielen sowjetische, bulgarische, polnische und ungarische Truppen in die Tschechoslowakei ein.

dung darüber fiel in Moskau am 17. August. In der Nacht zum 21. August marschierten Truppen des Warschauer Paktes in die Tschechoslowakei ein. Gegen den ausdrücklichen Willen Ulbrichts stoppten die Sowjets auf Ersuchen von moskautreuen tschechischen Kommunisten in letzter Minute die bereitstehenden zwei Divisionen der DDR-Volksarmee; man wollte jede Erinnerung an den Einmarsch der deutschen Wehrmacht 1938/39 vermeiden. Die NVA der DDR blieb aber in Alarmbereitschaft, überschritt jedoch die Grenze nicht. Die Prager Führung wies die eigene Armee an, den Invasoren keinen Widerstand entgegenzusetzen.
Innerhalb weniger Stunden war das gesamte Territorium der Tschechoslowakei unter militärischer Kontrolle, alle Rundfunk- und Zeitungsredaktionen wurden besetzt. Die Führung um Dubček wurde verhaftet. Eine Kollaborationsregierung in Prag zu installieren, erwies sich jedoch für den sowjetischen Parteichef Breschnew als unmöglich: Angesichts des gewaltlosen Widerstands der Tschechen und Slowaken wollte man kein Blutbad riskieren. Dubček und weitere Reformer blieben zunächst im Amt, mussten jedoch unter Waffengewalt einem Abkommen zustimmen („Moskauer Protokoll"), mit dem alle Reformen zurückgenommen und sowjetische Truppen auf Dauer stationiert wurden. Neuere Forschungen gehen von jeweils etwa 500 Todesopfern auf der Seite der Bevölkerung und der Invasoren aus. Die Entmachtung Dubčeks erfolgte offiziell im April 1969; *Gustáv Husák* löste ihn als Parteichef ab (ab 1975 auch Staatspräsident). Parteisäuberungen folgten alsbald, viele Schriftsteller und andere Intellektuelle wurden mit Publikations- und Berufsverboten belegt, Prozesse gegen Aktivisten der Reformära geführt.

Bürgerproteste und Verfolgung

Erst nach dem Ende der DDR 1990 wurde bekannt, dass sie – anders als die SED behauptet und die ostdeutschen Medien verbreitet hatten – 1968 nicht direkt an der militärischen Invasion des kommunistischen Nachbarlandes beteiligt war. Diese bewuss-

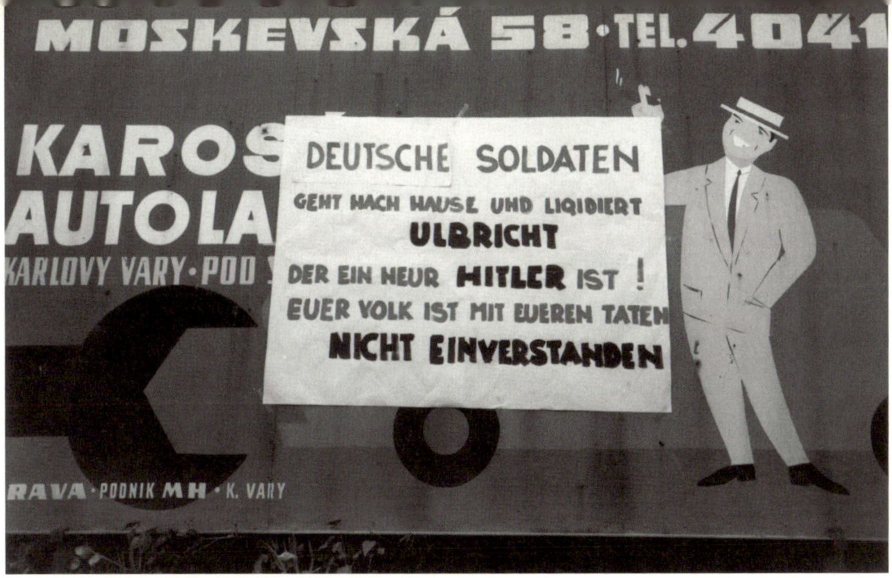

▲ **Protest gegen die Militärinvasion des Warschauer Paktes.**
Foto, 21. August 1968, Prag.
• *Interpretieren Sie die Aufschrift des Schildes.*

te Irreführung sollte der Bevölkerung deutlich machen, dass die Partei nicht zögern würde, vergleichbare Reformbestrebungen im eigenen Land gewaltsam zu unterdrücken.
Unmittelbar nach dem Einmarsch fanden Parteiversammlungen in Betrieben, Ämtern und Wohngebieten statt, bei denen erhöhte Wachsamkeit angeordnet, Alarmketten organisiert und Streifendienste eingeteilt wurden, um Provokateure und Staatsfeinde in der Bevölkerung ausfindig zu machen und aus dem Verkehr zu ziehen. Die Stasi registrierte und verfolgte jede Form des Protests oder gar widerständiger Handlungen im Zusammenhang mit dem *„Prager Frühling"*. Vor allem Jugendliche und junge Erwachsene bis 25 Jahre, größtenteils aus der Arbeiterschicht, hatten mit Tausenden von Flugblättern und Losungen auf Häuserwänden gegen die Militäraktion protestiert und bekannten sich zu Dubček und seinem Reformkurs (➧ M2 und M3). Vereinzelt kam es zu Sabotageakten an Nachrichtenkabeln der Sowjetarmee und der Nationalen Volksarmee, zu Befehlsverweigerungen in der NVA und zu offenen Demonstrationen von Jugendlichen. Rückkehrer aus Prag nahm die Stasi besonders streng ins Visier und ermittelte gegen diese beim geringsten Anlass (Fähnchen, Plaketten, Fotoaufnahmen) wegen „staatsfeindlicher Hetze".
Insgesamt wurde gegen etwa 1300 Personen wegen Staatsverbrechen ermittelt, etwa 1000 von ihnen kamen in Untersuchungshaft. Die meisten Inhaftierten wurden allerdings bis Ende 1968 wieder entlassen. An die Stelle einer längeren Haftzeit für die zumeist sehr jungen Straftäter trat die politisch-ideologische Erziehung, zu der Eltern, Schulen, Betriebe verpflichtet wurden. Auch unter den SED-Mitgliedern gab es Sympathisanten Dubčeks. In nahezu 3400 Fällen hielt die Partei nähere Überprüfungen und klärende Gespräche für nötig, mehrere Hundert von ihnen wurden aus der SED ausgeschlossen. Die große Mehrheit der Bevölkerung in der DDR allerdings blieb den Ereignissen des „Prager Frühlings" gegenüber teilnahmslos, fühlte sich ohnmächtig angesichts einer machtbewusst auftretenden SED-Führung und passte sich den bestehenden Verhältnissen an.

Wissen und Kompetenzen vertiefen

1. *Vergleichen Sie die wirtschaftliche, gesellschaftliche und politische Entwicklung in der SBZ mit denen der Westzonen.*
2. *Erörtern Sie, welche Rolle die Sowjetunion bei der Gründung der DDR spielte.*
3. *Interpretieren Sie den Text der Nationalhymne der DDR (siehe hinten im Buch).*
4. *Beschreiben Sie den „Aufbau des Sozialismus" nach sowjetischem Vorbild in der DDR.*
5. *Charakterisieren Sie den monolithischen Herrschaftsapparat der SED.*
6. *Nennen und erläutern Sie die Mittel, mit denen sich die SED ihre Macht sicherte.*
7. *Geben Sie wichtige Gründe für das Scheitern des Volksaufstandes von 1953 wieder.*
8. *Diskutieren Sie folgende These: Die Berliner Mauer war ein Symbol sowohl für den Verlust der nationalen Einheit der Deutschen als auch für die Unerbittlichkeit im Kalten Krieg.*
9. *Bewerten Sie die Niederschlagung des „Prager Frühling" aus Sicht der DDR-Bürger.*

Projekttipps

- **„Die Partei hat immer Recht!"**
Recherchieren Sie unterschiedliche Bilder zum Thema „Selbstinszenierung der SED" (z.B. Plakate zu den Parteitagen) und werten Sie sie in ihrer Aussagekraft aus. Erstellen Sie eine Dokumentation oder kleine Ausstellung.

- **Der Volksaufstand vom 17. Juni 1953**
In der Bundesrepublik wurde von 1954 bis 1990 der 17. Juni als staatlicher Feiertag begangen, um die Erinnerung an den Volksaufstand in der DDR wach zu halten. Befragen Sie die ältere Generation, welche Erinnerung sie mit diesem Tag verbindet. Stellen Sie ihre Ergebnisse in Kurzreferaten vor.

- **Flucht aus der DDR**
Sammeln Sie Erfahrungsberichte von ehemaligen DDR-Bürgern, die in die Bundesrepublik geflohen sind. Erstellen Sie für die Motive sowie den Zeitpunkt ihrer Flucht jeweils ein Diagramm und werten Sie diese anschließend aus. Berücksichtigen Sie dabei auch wichtige historische Ereignisse.

◀ **Denkmal für den 17. Juni.**
Foto, 16. Juni 2000, Berlin.
Die Glasinstallation (ca. 400 x 2500 cm) des Künstlers Wolfgang Rüppel befindet sich seit Juni 2000 auf dem Vorplatz des Bundesministeriums der Finanzen in Berlin. Sie zeigt eine mehrfach vergrößerte Schwarz-Weiß Aufnahme eines anonymen Fotografen vom 17. Juni 1953, auf der Streikende zum damaligen „Haus der Ministerien" ziehen.
- *Suchen Sie nach weiteren Gedenkorten des Volksaufstandes in der heutigen Bundesrepublik.*

2. Die Krise der 1980er-Jahre

Wissen und Kompetenzen erwerben

Am Ende des Kapitels können Sie...

- die Entwicklung der politischen Beziehungen zwischen der Bundesrepublik und der DDR seit der Gründung beider Staaten bis in die 1980er-Jahre beschreiben.
- die Folgen der Entspannungspolitik seit den 1970er-Jahren für die innerdeutschen Beziehungen beurteilen.
- den Zusammenhang zwischen der von der SED betriebenen internationalen Anerkennungspolitik und der Stabilität des Regimes erklären.
- die „Konkurrenz der Systeme" am Beispiel der Wirtschafts- und Sozialpolitik in der Ära Honecker analysieren.
- die Gründe für den wirtschaftlichen Niedergang der DDR erörtern.
- die Durchsetzung des Herrschaftsanspruchs der SED gegenüber der Bevölkerung erläutern und ihre Folgen beurteilen.
- den Stellenwert der Reformpolitik Gorbatschows für die Veränderungen im Ostblock erörtern und die Reaktion der SED-Führung erklären.

Wichtige Namen

- Konrad Adenauer
- Willy Brandt
- Michail Gorbatschow
- Robert Havemann
- Erich Honecker
- Helmut Schmidt
- Lech Walesa

Methoden

- Karikaturen auswerten
- historische Spielfilme analysieren
  ➧ Methoden-Baustein, S. 109 f.

Wichtige Begriffe

- Abgrenzungspolitik
- Berliner Vier-Mächte-Abkommen
- Entspannungspolitik
- Glasnost
- Grundlagenvertrag
- Hallstein-Doktrin
- Konferenz über Sicherheit und Zusammenarbeit in Europa (KSZE)
- Nischengesellschaft
- Perestroika
- Planwirtschaft
- Repression
- Zwei-Staaten-Theorie

2.1 Deutsch-deutsche Beziehungen

1949
Beide deutsche Regierungen beanspruchen allein das deutsche Volk rechtmäßig zu vertreten.

März 1952
Stalin unterbreitet ein Angebot zur deutschen Wiedervereinigung.

1955
Sowjetunion und DDR fordern die Anerkennung der DDR als souveräner Staat (Zwei-Staaten-Theorie).
Die Bundesrepublik will keine diplomatischen Beziehungen zu Staaten unterhalten, die die DDR anerkannt haben (Hallstein-Doktrin).

6. April 1968
Die neue Verfassung der DDR gibt die gemeinsame deutsche Staatsbürgerschaft auf.

3. September 1971
Im Berliner Vier-Mächte-Abkommen garantiert die Sowjetunion den ungehinderten Transitverkehr von und nach West-Berlin durch die DDR.

21. Dezember 1972
Der Grundlagenvertrag tritt in Kraft: BRD und DDR vereinbaren darin, „gutnachbarliche Beziehungen" zu entwickeln.

18. September 1973
Beide deutsche Staaten werden Mitglied der UN.

7.–11. September 1987
Generalsekretär Erich Honecker besucht erstmals offiziell die Bundesrepublik.

▲ **Staatsbesuch Erich Honeckers in Bonn.**
Foto, 7. September 1987.
Erich Honecker und Helmut Kohl schreiten eine Ehrenformation der Bundeswehr vor dem Kanzleramt in Bonn ab.

M1

Die deutsche Einheit in den DDR-Verfassungen und im Grundgesetz

In den 40 Jahren ihres Bestehens hat sich die DDR drei Verfassungen gegeben:

Die Verfassung von 1949

Artikel 1

(1) Deutschland ist eine unteilbare demokratische Republik; sie baut sich auf den deutschen Ländern auf.

Die Verfassung von 1968

Getragen von der Verantwortung, der ganzen deutschen Nation den Weg in eine Zukunft des Friedens und des Sozialismus zu weisen,
in Ansehung der geschichtlichen Tatsache, dass der Imperialismus unter Führung der USA im Einvernehmen mit Kreisen des westdeutschen Monopolkapitals Deutschland gespalten hat, um Westdeutschland zu einer Basis des Imperialismus und des Kampfes gegen den Sozialismus aufzubauen, was den Lebensinteressen der Nation widerspricht,
hat sich das Volk der Deutschen Demokratischen Republik,
fest gegründet auf den Errungenschaften der antifaschistisch-demokratischen und der sozialistischen Umwälzung der gesellschaftlichen Ordnung,
einig in seinen werktätigen Klassen und Schichten das Werk der Verfassung vom 7. Oktober 1949 in ihrem Geiste weiterführend […]
diese sozialistische Verfassung gegeben.

Artikel 1

Die Deutsche Demokratische Republik ist ein sozialistischer Staat deutscher Nation. […]

Die 1974 revidierte Verfassung

In Fortsetzung der revolutionären Traditionen der deutschen Arbeiterklasse und gestützt auf die Befreiung vom Faschismus hat das deutsche Volk der Deutschen Demokratischen Republik in Übereinstimmung mit den Prozessen der geschichtlichen Entwicklung unserer Epoche sein Recht auf sozialökonomische, staatliche und nationale Selbstbestimmung verwirklicht und gestaltet die entwickelte sozialistische Gesellschaft.
Erfüllt von dem Willen, seine Geschicke frei zu bestimmen, unbeirrt auch weiter den Weg des Sozialismus und Kommunismus, des Friedens, der Demokratie und Völkerfreundschaft zu gehen, hat sich das Volk der Deutschen Demokratischen Republik diese sozialistische Verfassung gegeben.

Artikel 1

Die Deutsche Demokratische Republik ist ein sozialistischer Staat der Arbeiter und Bauern.

Herwig Roggemann, Die DDR-Verfassungen, Berlin (West) [3]1980, S. 175ff., S. 200

IM Bewußtsein seiner Verantwortung vor Gott und den Menschen, von dem Willen beseelt, seine nationale und staatliche Einheit zu wahren und als gleichberechtigtes Glied in einem vereinten Europa dem Frieden der Welt zu dienen, hat das Deutsche Volk in den Ländern

BADEN · BAYERN · BREMEN
HAMBURG · HESSEN
NIEDERSACHSEN
NORDRHEIN-WESTFALEN
RHEINLAND-PFALZ
SCHLESWIG-HOLSTEIN
WÜRTTEMBERG-BADEN und
WÜRTTEMBERG-HOHENZOLLERN

um dem staatlichen Leben für eine Übergangszeit eine neue Ordnung zu geben, kraft seiner verfassunggebenden Gewalt dieses Grundgesetz der Bundesrepublik Deutschland beschlossen.
Es hat auch für jene Deutschen gehandelt, denen mitzuwirken versagt war.
Das gesamte Deutsche Volk bleibt aufgefordert, in freier Selbstbestimmung die Einheit und Freiheit Deutschlands zu vollenden.

▲ **Präambel des Grundgesetzes für die Bundesrepublik Deutschland.**
Verkleinerte Wiedergabe des Originals von 1949.

1. *Arbeiten Sie anhand der drei DDR-Verfassungen den Wandel der Auffassungen in der SED zu Staat, Nation und deutscher Einheit heraus.*
2. *Vergleichen Sie mit dem Grundgesetz der Bundesrepublik aus dem Jahr 1949 (siehe Abbildung).*

◀ **„Ich weiß nicht, was soll es bedeuten ...?“**
Karikatur aus „Der deutsche Eisenbahner“, 20. Mai 1952.
• *Charakterisieren Sie die dargestellen Personen. Analysieren Sie die Haltung des Zeichners zur „Stalin-Note“.*

M2
Die Stalin-Note aus heutiger Sicht

Am 10. März 1952 bietet Stalin den drei Westmächten in einer diplomatischen Note Verhandlungen über eine deutsche Wiedervereinigung an. Die „Stalin-Note“ geht auf einen wesentlich umfangreicheren Entwurf des sowjetischen Außenministeriums von 1951 zurück, in dem noch die Übernahme der politisch-wirtschaftlichen Ordnung der DDR in einem künftigen Gesamtdeutschland vorgesehen ist. Auf Anregung des stellvertretenden Außenministers Gromyko wird in Absprache mit Stalin die endgültige Fassung von solchen eindeutigen Formulierungen gereinigt, weil sie in den Worten Gromykos nicht „zweckmäßig“ sind. Der Historiker Gerhard Wettig kann 1993 erstmals Aktenbestände des ehemaligen Ministeriums einsehen. Er kommt zu folgenden Ergebnissen:

Bei den Gesprächen [zwischen SED-Führung und Stalin Anfang April 1952] bestand zwischen den Beteiligten Übereinstimmung darüber, dass die DDR als gegen die Bundesrepublik gerichteter Staat ausgebaut werden sollte. Der März-Note wurde in diesem Zusammenhang bescheinigt, „eine große Bewegung der Massen ausgelöst“ zu haben, „durch die die Westmächte und ihre Adenauer-Regierung in harte Bedrängnis geraten“ seien. Die „Frage der Wahlen, ohne UN-Kommission“, sollte „als Massenkampf zum Sturz der Adenauer-Regierung“ gestaltet werden. [...] Konkrete Aktionen – von Konferenzvorhaben bis hin zu Proteststreiks, Demonstrationen und einer Unterschriftensammlung – zur Erreichung der gesetzten Ziele wurden ins Auge gefasst.

Gleichzeitig war [...] die Rede vom Aufbau nationaler Streitkräfte in der DDR, von der Sicherung der Grenzen gegen Westdeutschland, von dort durchzuführenden Absperrmaßnahmen, von Schritten der forcierten kommunistischen Umgestaltung des Landes [...], von einer weiteren Entwicklung der SED zur „Partei neuen Typs“ und von weiteren Absagen an den Restbestand bisheriger Gemeinsamkeiten mit Westdeutschland. [...]

Fazit

[...] In der damaligen sowjetischen Deutschland-Politik lässt sich kein Wille zur Verständigung mit der westlichen Seite erkennen. [...] Es ging ihnen [Stalin und seiner Führungsmannschaft] um einen Krieg mit anderen als militärischen Mitteln, d.h. um eine Mobilisierung der Deutschen gegen die westdeutsche Regierung und die Westmächte.

Als geeignetes Mittel zur Erreichung des antiwestlichen Zweckes wurde der Appell an das nationale Interesse der Deutschen eingesetzt, die seit dem Ende des Zweiten Weltkrieges eingetretene Spaltung des Landes zu beseitigen. Die sowjetischen Akteure überschätzten dabei die Stärke des nationalen Motivs in der deutschen Bevölkerung und übersahen zugleich, wie stark – nicht zuletzt angesichts der in der SBZ/DDR nach 1945 betriebenen Politik – die antisowjetischen und antikommunistischen Tendenzen im deutschen Volk waren. [...]

Ein dritter wichtiger Befund ist das enorme Ausmaß der Abhängigkeit, in der sich die SED-Führung 1951/52 von der sowjetischen Seite befand. Die Führer des ostdeutschen Staates mussten für jeden Schritt gegenüber einer westlichen Seite die Genehmigung aus Moskau einholen. Darüber hinaus erhielten sie, zumindest wenn die Angelegenheit von einiger Bedeutung war, von ihren sowjetischen Herren die zu verwendenden Texte wortwörtlich vorgeschrieben.

Gerhard Wettig, Die Deutschland-Note vom 10. März 1952 auf der Basis der diplomatischen Akten des russischen Außenministeriums, in: Deutschland-Archiv, 26. Jahrgang 1993, Heft 7, S. 802 ff.

↳ gibt keine Eigenständige Außenpolitik in DDR
↳ SED sorgt dafür/sowjet U.

1. *Arbeiten Sie die zentralen Argumente heraus, mit denen der Autor sein Urteil begründet.*
2. *Auch heute wird noch die These vertreten, dass der Westen im Jahr 1952 die Gelegenheit für eine Wiedervereinigung beider deutscher Staaten hat verstreichen lassen. Wägen Sie diese These gegenüber den Befunden des Historikers Gerhard Wettig ab.*

M3

Wandel durch Annäherung

Egon Bahr, SPD-Politiker und enger Mitarbeiter Willy Brandts[1], hält am 15. Juli 1963 in Tutzing eine Rede über die Politik der Entspannung zwischen den beiden Supermächten:

Die erste Folgerung, die sich aus einer Übertragung der Strategie des Friedens auf Deutschland ergibt, ist, dass die Politik des Alles oder Nichts ausscheidet. Entweder freie Wahlen oder gar nicht, entweder gesamtdeutsche Entscheidungsfreiheit oder ein hartes Nein, entweder Wahlen als erster Schritt oder Ablehnung, das alles ist nicht nur hoffnungslos antiquiert und unwirklich, sondern in einer Strategie des Friedens auch sinnlos. Heute ist klar, dass die Wiedervereinigung nicht ein einmaliger Akt ist, der durch einen historischen Beschluss an einem historischen Tag auf einer historischen Konferenz ins Werk gesetzt wird, sondern ein Prozess mit vielen Schritten und vielen Stationen. Wenn es richtig ist, was Kennedy sagte, dass man auch die Interessen der anderen Seite anerkennen und berücksichtigen müsse, so ist es sicher für die Sowjetunion unmöglich, sich die Zone zum Zwecke einer Verstärkung des westlichen Potenzials entreißen zu lassen. Die Zone muss mit Zustimmung der Sowjets transformiert werden. Wenn wir soweit wären, hätten wir einen großen Schritt zur Wiedervereinigung getan. [...]

Uns hat es zunächst um die Menschen zu gehen und um die Ausschöpfung jedes denkbaren und verantwortbaren Versuchs, ihre Situation zu erleichtern. Eine materielle Verbesserung müsste eine entspannende Wirkung in der Zone haben. [...] Den Prozess zur Hebung des Lebensstandards zu beschleunigen, weil sich dadurch Erleichterungen mannigfacher Art für die Menschen und durch verstärkte Wirtschaftsbeziehungen verstärkte Bindungen ergeben können, würde demnach in unserem Interesse liegen. Man könnte die Sorge haben, dass dann die Unzufriedenheit unserer Landsleute etwas nachlässt. Aber eben das ist erwünscht, denn das ist eine weitere Voraussetzung dafür, dass in dem Prozess zur Wiedervereinigung ein Element wegfallen würde, das zu unkontrollierbaren Entwicklungen führen könnte und damit zu zwangsläufigen Rückschlägen führen müsste. Man könnte sagen, das Regime würde dadurch gestützt, aber ich habe eben zu entwickeln versucht, dass es keinen praktikablen Weg über den Sturz des Regimes gibt. Ich sehe nur den schmalen Weg der Erleichterung für die Menschen in so homöopathischen Dosen, dass sich daraus nicht die Gefahr eines revolutionären Umschlags ergibt, die das sowjetische Eingreifen aus sowjetischem Interesse zwangsläufig auslösen würde. [...] Überlegungen der Menschlichkeit spielen hier für uns eine größere Rolle als nationale Überlegungen. [...] Wir haben gesagt, dass die Mauer ein Zeichen der Schwäche ist. Man könnte auch sagen, sie war ein Zeichen der Angst und des Selbsterhaltungstriebes des kommunistischen Regimes. Die Frage ist, ob es nicht Möglichkeiten gibt, diese durchaus berechtigten Sorgen dem Regime graduell soweit zu nehmen, dass auch die Auflockerung der Grenzen und der Mauer praktikabel wird, weil das Risiko erträglich ist. Das ist eine Politik, die man auf die Formel bringen könnte: Wandel durch Annäherung.

Archiv der Gegenwart, 15.07.1963, S. 10700

1. *Klären Sie den internationalen Kontext, aus dem heraus Bahr die Formel „Wandel durch Annäherung" entwirft.*
2. *Arbeiten Sie die entscheidenden Unterschiede zwischen der bisherigen Haltung der Bundesregierung und Bahrs Vorschlag heraus.*

---

[1] *Willy Brandt (1913–1993): von 1957 bis 1966 Regierender Bürgermeister von Berlin; 1964–1987 Vorsitzender der SPD; 1969–1974 Bundeskanzler*

M4
Der Grundlagenvertrag

Am 21. Dezember 1972 unterzeichnen die Vertreter der Bundesrepublik und der DDR den Vertrag über die Grundlagen der Beziehungen zwischen den beiden deutschen Staaten, der am 6. Juni 1973 in Kraft tritt.

Die hohen vertragschließenden Seiten [...] sind wie folgt übereingekommen:
Art. 1: Die Bundesrepublik Deutschland und die Deutsche Demokratische Republik entwickeln normale gutnachbarliche Beziehungen zueinander auf der Grundlage der Gleichberechtigung. [...]
Art. 3: Entsprechend der Charta der Vereinten Nationen werden die Bundesrepublik Deutschland und die Deutsche Demokratische Republik ihre Streitfragen ausschließlich mit friedlichen Mitteln lösen und sich der Drohung von Gewalt oder der Anwendung von Gewalt enthalten. Sie bekräftigen die Unverletzlichkeit der zwischen ihnen bestehenden Grenze jetzt und in der Zukunft. [...]
Art. 4: Die Bundesrepublik Deutschland und die Deutsche Demokratische Republik gehen davon aus, dass keiner der beiden deutschen Staaten den anderen international vertreten oder in seinem Namen handeln kann. [...]
Art. 7: Die Bundesrepublik Deutschland und die Deutsche Demokratische Republik erklären ihre Bereitschaft, im Zuge der Normalisierung ihrer Beziehungen praktische und humanitäre Fragen zu regeln. Sie werden Abkommen schließen, um auf der Grundlage dieses Vertrages und zum beiderseitigen Vorteil die Zusammenarbeit auf dem Gebiet der Wirtschaft, der Wissenschaft und Technik, des Verkehrs, des Rechtsverkehrs, des Post- und Fernmeldewesens, der Kultur, des Sports, des Umweltschutzes und auf anderen Gebieten zu fördern.

Peter März (Hrsg.), Dokumente zu Deutschland 1944–1994, München ²2000, S. 153ff.

1. *Fassen Sie die Ziele zusammen, die beide Seiten mit dem Vertrag verfolgten.*
2. *Erläutern Sie, welche Vereinbarungen vor allem den Interessen der DDR, welche den Interessen der Bundesrepublik dienten. Gibt es Bereiche gemeinsamer Interessen?*

M5
Kampf gegen den Klassenfeind

Die neue Ost- und Deutschlandpolitik der Bundesregierung ist riskant für das SED-Regime. Zur Vorbereitung einer Dienstkonferenz verschickt Erich Mielke, Minister für Staatssicherheit, am 25. Februar 1972 sein Referat:

Jedem Mitarbeiter des MfS muss klar sein, dass unsere aktive Politik der friedlichen Koexistenz auf gar keinen Fall ein Nachlassen des Klassenkampfes bedeutet. Es handelt sich vielmehr um eine spezifische Form der Systemauseinandersetzung, die insbesondere dadurch gekennzeichnet ist, dass die historisch unausweichliche Auseinandersetzung mit dem Imperialismus mit friedlichen Mitteln geführt wird und dass dabei u.a. auch am Verhandlungstisch hart um die Regelung wichtiger Probleme gerungen wird. [...] In diesem Zusammenhang möchte ich unterstreichen, dass wir uns, was die Strategie und Taktik des Imperialismus betrifft, keinerlei Illusionen hingeben dürfen. In unserer Tätigkeit bekommen wir jeden Tag aufs Neue die Richtigkeit der vom Gen[ossen] Erich Honecker in seiner Ansprache vor Angehörigen der NVA auf Rügen getroffenen Einschätzung bestätigt, dass der Imperialismus aggressiv, tückisch und gefährlich ist und bleibt und dass wir keinen Grund haben, in unserer politischen und militärischen Wachsamkeit nachzulassen. Das heißt konkret für uns als MfS, dass auch wir keine Minute unsere politisch-operative Wachsamkeit vernachlässigen dürfen!

Jens Gieseke, Die DDR-Staatssicherheit. Schild und Schwert der Partei, Bonn 2000, S. 50

1. *Arbeiten Sie Mielkes Einschätzung der westlichen Politik heraus.*
2. *Mielke warnt vor einem „Nachlassen von Wachsamkeit". Informieren Sie sich, welche Maßnahmen diese Warnung in der Praxis zur Folge hatten.*

▲ **25 Jahre Gesellschaft für Deutsch-Sowjetische Freundschaft.**

20-Pfennig-Briefmarke (5,5 cm x 3,3 cm), 24. Mai 1972, herausgegeben von der Deutschen Post der DDR. Die Briefmarke zeigt Leonid Breschnew und Erich Honecker vor den Flaggen der UdSSR und DDR.

M6

Und die Sowjetunion?

Der sowjetische Parteichef Leonid Breschnew spricht mit Erich Honecker am 20. August 1970 über die Zukunft der DDR. Honecker macht sich während des Gesprächs handschriftliche Notizen:

Die DDR ist nicht nur Eure, sie ist unsere gemeinsame Sache. Die DDR ist für uns etwas, das man nicht erschüttern kann und darf. […] Die Politik der Reg[ierung] Brandt ist [trotz des Vertrages mit der UdSSR] darauf gerichtet, die DDR zu erschüttern. Weder wir noch [Ihr könnt Euch] gleichgültig gegenüber einer solchen Gefahr verhalten. […] Nochmals – die Existenz der DDR entspricht unseren Interessen, den Interessen aller sozialistischen Staaten. Sie ist das Ergebnis des Sieges über Hitlerdeutschland. Deutschland gibt es nicht mehr. Es gibt die sozialistische DDR und die kapitalistische Bundesrepublik. […] Die Zukunft der DDR liegt in der sozialistischen Gemeinschaft. Wir haben unsere Truppen bei Ihnen. Das ist gut so und wird so bleiben.

Matthias Judt (Hrsg.), DDR-Geschichte in Dokumenten. Beschlüsse, Berichte, interne Materialien und Alltagszeugnisse, Berlin 1998, S. 516

1. *Arbeiten Sie die Kernaussage Breschnews heraus.*
2. *Diskutieren Sie anhand des Textes das Verhältnis zwischen Sowjetunion und DDR. Bedenken Sie dabei, dass die Unterredung zwei Jahre nach der militärischen Beendigung des „Prager Frühlings" stattfand.*

M7

Die Einheit Deutschlands im Widerstreit

Zwei Jahre vor dem Zusammenbruch der SED-Herrschaft gelingt Generalsekretär Honecker, was die SED-Führung seit Ulbricht vergeblich gefordert hat: in Bonn offiziell empfangen zu werden. Vom 7. bis 11. September 1987 besucht Honecker die Bundeshauptstadt Bonn und mehrere Landeshauptstädte. In seiner Tischrede am 7. September anlässlich des Empfangs der DDR-Führung nimmt Bundeskanzler Kohl zur Frage der deutschen Einheit Stellung:

Das Bewußtsein für die Einheit der Nation ist wach wie eh und je, und ungebrochen ist der Wille, sie zu bewahren. Diese Einheit findet Ausdruck in gemeinsamer Sprache, im gemeinsamen kulturellen Erbe, in einer langen, fortdauernden gemeinsamen Geschichte. […]

Unser Zusammentreffen in Bonn ist aber weder Schlußstrich noch Neubeginn. Es ist ein Schritt auf dem Weg einer schon lange währenden Entwicklung. Sie ist gekennzeichnet durch das Bemühen um ein geregeltes Miteinander.

Vor fast fünfzehn Jahren haben die Bundesrepublik Deutschland und die Deutsche Demokratische Republik den Vertrag über die Grundlagen ihrer Beziehungen unterzeichnet. Dieser Vertrag zeigt Grenzen und Möglichkeiten auf. Möglichkeiten eröffnen sich dort, wo praktische Fragen zum Wohle der Menschen in beiden Staaten gelöst werden können, damit es zu einem Verhältnis guter Nachbarschaft kommt. […]

An den unterschiedlichen Auffassungen der beiden Staaten zu grundsätzlichen Fragen, darunter zur nationalen Frage, kann und wird dieser Besuch nichts ändern. […]

Wir achten die bestehenden Grenzen, doch die Teilung wollen wir überwinden: auf dem Weg friedli-

cher Verständigung und in Freiheit. Die deutsche Frage bleibt offen, doch ihre Lösung steht zur Zeit nicht auf der Tagesordnung der Weltgeschichte, und wir werden dazu auch das Einverständnis unserer Nachbarn brauchen. […]
Die Menschen in Deutschland leiden unter der Trennung. Sie leiden an einer Mauer, die ihnen buchstäblich im Wege steht und die sie abstößt. Wenn wir abbauen, was Menschen trennt, tragen wir dem unüberhörbaren Verlangen der Deutschen Rechnung: Sie wollen zueinanderkommen können, weil sie zusammengehören.

▲ **Beim Besuch Erich Honeckers in Bonn 1987 wehten beide deutsche Flaggen nebeneinander.**

• *Die DDR-Flagge galt in der Bundesrepublik als „Spalterflagge". Erläutern Sie warum.*

Generalsekretär Honecker entgegnet in seiner Tischrede:

Die Entwicklung unserer Beziehungen, der Beziehungen zwischen der Deutschen Demokratischen Republik und der Bundesrepublik Deutschland, dessen sind wir bewusst, ist von den Realitäten dieser Welt gekennzeichnet, und sie bedeuten, dass Sozialismus und Kapitalismus sich ebenso wenig vereinigen lassen wie Feuer und Wasser.
Bei alledem gehen wir davon aus, dass beiden deutschen Staaten, fest eingefügt in die mächtigsten Militärkoalitionen dieser Zeit, die Verpflichtung zukommt, besonders aktiv zu Frieden, Abrüstung und Entspannung beizutragen. […]
Angesichts der unverändert komplizierten internationalen Lage ist die Deutsche Demokratische Republik bestrebt, dazu beizutragen, dass Vernunft und guter Wille zu bestimmenden Faktoren der Weltpolitik werden, Kooperation an die Stelle von Konfrontation tritt und mehr Vertrauen in den internationalen Beziehungen geschaffen wird. […]
Dabei messen wir den humanitären Fragen und den Menschenrechten, die in ihrer Gesamtheit von politischen, zivilen, ökonomischen und sozialen Rechten in der Deutschen Demokratischen Republik im praktischen Leben ihre tägliche Verwirklichung finden, keine geringe Bedeutung bei. […]
Ausgangspunkt für eine konstruktive, nicht nur beiden Staaten nützliche Politik können nur die Realitäten sein, die Existenz von zwei voneinander unabhängigen souveränen deutschen Staaten mit unterschiedlicher sozialer Ordnung und Bündniszugehörigkeit.

Bundesministerium für innerdeutsche Beziehungen (Hrsg.), Texte zur Deutschlandpolitik. Reihe III/Bd. 5-1987, Coburg 1988, S. 194ff.

1. *Arbeiten Sie die Positionen in der Frage der deutschen Einheit heraus.*
2. *Warum legte Honecker so großen Wert auf die „Souveränität" der DDR?*
3. *Beurteilen Sie beide Reden aus heutiger Sicht.*
4. *Bundespräsident Richard von Weizsäcker (1984-1994) äußerte einmal: „Die Deutsche Frage ist so lange offen, wie das Brandenburger Tor geschlossen ist." Nehmen Sie Stellung zu dieser Aussage.*

Alleinvertretungsanspruch der Bundesrepublik oder sozialistisches Gesamtdeutschland?

Das Verhältnis der Bundesrepublik zur DDR war bis 1989 ein Spiegel des Ost-West-Konflikts. Aus Bonner Sicht bestimmten und begrenzten der von allen demokratischen Parteien geteilte *Alleinvertretungsanspruch*[1] und die strikte Nichtanerkennung des nicht frei gewählten DDR-Regimes zwei Jahrzehnte lang die Beziehungen zu Ost-Berlin. Für die Bundesrepublik hatte das Ziel der Wiederherstellung der Einheit Deutschlands Verfassungsrang – allerdings nicht um jeden Preis, sondern nur im Rahmen einer freiheitlichen Ordnung nach westlichem Muster. Umstritten zwischen Regierung und Opposition waren allerdings häufig die Methoden der praktischen Politik auf diesem Weg.

Auf der anderen Seite nahm die SED für sich in Anspruch, mit der DDR den „Grundstein für ein einheitliches, demokratisches und friedliebendes Deutschland" (Stalin 1949) gelegt und ein Modell für ein künftiges kommunistisches Gesamtdeutschland geschaffen zu haben. Diesen gesamtdeutschen Anspruch hielt die SED mit Unterstützung der Sowjetunion bis in die späten Sechzigerjahre aufrecht. In der Praxis überwog allerdings von Ulbricht bis Honecker stets das Ziel der Absicherung der eigenen Herrschaft durch Abgrenzung gegenüber der Bundesrepublik. Mit der Einführung einer DDR-Staatsbürgerschaft 1967 und der ein Jahr später in Kraft gesetzten neuen „sozialistischen Verfassung" betonte Ulbricht seine Abgrenzungspolitik. Schließlich strich die SED unter Honecker 1974 alle Hinweise auf die Einheit Deutschlands aus der Verfassung (▸ M1) und führte den Begriff einer „sozialistischen Nation" ein.

Stalins Wiedervereinigungsangebot von 1952

In mehreren Noten vom März und April 1952 unterbreitete Stalin den Entwurf eines *Friedensvertrages mit Deutschland*, das als *einheitlicher Staat* wiederhergestellt werden und über *nationale Streitkräfte* verfügen sollte, aber kein militärisches Bündnis mit anderen Staaten eingehen durfte (Neutralität). Die Sowjetunion erklärte sich sogar dazu bereit, über gesamtdeutsche Wahlen zu verhandeln, nicht aber, sie unter Aufsicht der UNO zuzulassen. Über die Ernsthaftigkeit dieses Angebotes wurde viel spekuliert.

Bundeskanzler *Konrad Adenauer*[2] sah in der sowjetischen Initiative schon deshalb keinen Fortschritt, weil er eine nationalstaatliche Lösung der deutschen Frage ablehnte. Er hatte die Westorientierung der Bundesrepublik zum Pfeiler seiner Außenpolitik gemacht und wollte zukünftige Generationen vor den Fehlern einer Schaukelpolitik zwischen Ost und West bewahren. Nach neueren Forschungserkenntnissen scheinen die Westmächte und Adenauer die Stalin-Note zu Recht als bloßes Störfeuer zur Verhinderung der Einbeziehung der Bundesrepublik in das westliche Bündnis eingeschätzt zu haben (▸ M2).

---

[1] Bereits in seiner ersten Regierungserklärung vom Oktober 1949 hatte Bundeskanzler Konrad Adenauer das Prinzip formuliert, das der Deutschlandpolitik aller Bundesregierungen bis 1969 zugrunde lag: „Die Bundesrepublik Deutschland ist allein befugt, für das deutsche Volk zu sprechen."

[2] Konrad Adenauer (1876–1967): seit 1906 Zentrumspolitiker; 1917–1933 und 1945 Kölner Oberbürgermeister; ab 1946 Parteivorsitzender der CDU in der britischen Zone, 1948 Präsident des Parlamentarischen Rates, 1949–1963 Bundeskanzler und von 1951 bis 1955 zugleich Bundesminister des Auswärtigen; 1950–1966 Bundesvorsitzender der CDU

Zwei-Staaten-Theorie kontra Hallstein-Doktrin

Nach der politischen und militärischen Westintegration der Bundesrepublik und der Einbeziehung der DDR in den Warschauer Pakt seit Mitte der 1950er-Jahre verfolgte die sowjetische Führung unter Chruschtschow das Ziel der Anerkennung der DDR als souveräner Staat durch den Westen (*Zwei-Staaten-Theorie*, 1955). Zugleich stellten die Sowjets klar, dass es eine Wiedervereinigung der beiden deutschen Teilstaaten nur unter Wahrung der „sozialistischen Errungenschaften" der DDR geben könne.

Demgegenüber verdichtete die Bundesregierung ihren Alleinvertretungsanspruch zu dem außenpolitischen Grundsatz, dass die Bundesrepublik keine Beziehungen zu Staaten unterhalte, die durch Aufnahme diplomatischer Beziehungen die DDR anerkannten (*Hallstein-Doktrin*, 1955). Bis zum Ende der Sechzigerjahre konnte die Bundesregierung auf diese Weise die internationale Anerkennung der DDR verhindern, weil sie ihre wirtschaftliche Hilfe an Länder der Dritten Welt von der Respektierung der Doktrin abhängig machte. Im Falle der Sowjetunion hatte die Bundesrepublik allerdings eine wichtige Ausnahme zulassen müssen.

Auseinanderleben von Ost und West – doch Handel verbindet

Bis weit in die 1960er-Jahre gab es keine offiziellen Kontakte zwischen den Regierungen der Bundesrepublik und der DDR. Die innerdeutschen Beziehungen beschränkten sich auf die Bereiche Verkehr, Sport und Handel. Doch auch hier wirkten sich die grundsätzlichen Gegensätze zwischen den beiden deutschen Staaten störend aus, wie sich an den seit 1952 von der DDR intensivierten Sperrmaßnahmen an der innerdeutschen Grenze oder den schikanösen Kontrollen an den Grenzübergangsstellen und des Post- und Fernmeldeverkehrs zeigte. Als immer häufiger Sportler aus der DDR nach Veranstaltungen im Westen nicht mehr zurückkehrten, reagierten die DDR-Behörden mit Verboten von innerdeutschen Sportbegegnungen und warfen der Bundesregierung „Abwerbung" und „Menschenhandel" vor. 1961 kam der Sportverkehr zum Erliegen.

Nur der innerdeutsche Handel überstand den Kalten Krieg. Bis Anfang der 1970er-Jahre blieb das *Berliner Abkommen* von 1951 über die Verrechnung der Ein- und Ausfuhr von Waren die einzige offizielle Vereinbarung zwischen beiden deutschen Staaten. Ein großzügiger *Überziehungskredit* („Swing") durch die Bundesrepublik kam der DDR ebenso jahrzehntelang zugute wie das nur im innerdeutschen Handel angewandte Verrechnungsverhältnis 1:1 von DM-West zur DDR-Mark (sonst 1:4). Der Warenverkehr zwischen beiden Ländern verneunfachte sich von 1950 bis 1974. Für die Bundesregierung war der Handel lange eine der letzten Klammern zwischen beiden Teilen Deutschlands. Er verbesserte die Versorgung der DDR-Bevölkerung und bewahrte Reste der Verflechtung beider Volkswirtschaften. Wirtschaftlich war er für die Bundesrepublik von geringerer Bedeutung, politisch jedoch wichtig für den freien Zugang nach Berlin. Für die DDR war der innerdeutsche Handel hingegen ökonomisch unverzichtbar.

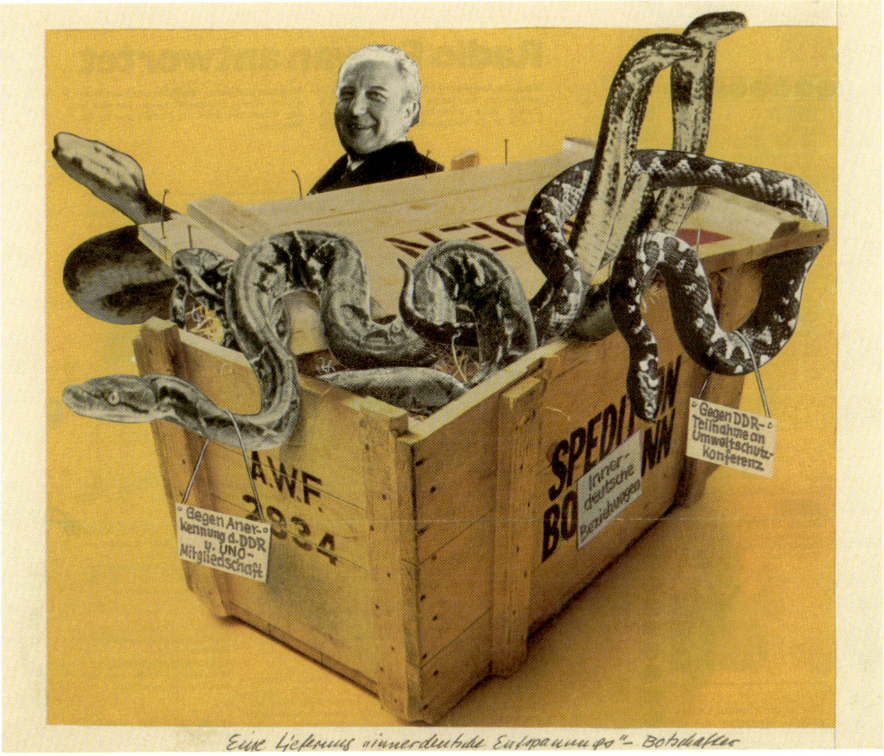

▲ **„Eine Lieferung innerdeutsche Entspannungs-Botschafter."**
Collage von Hermann Raum, Ost-Berlin 1972.

● *Analysieren Sie die Karikatur vor dem Hintergrund der Entspannungspolitik der Bundesrepublik unter Außenminister Walter Scheel.*

Die neue Ostpolitik der Regierung Brandt

Anfang der 1960er-Jahre verlor die Deutschlandfrage ihre weltpolitische Bedeutung. Beide Supermächte legten sich nach einer letzten gefährlichen Konfrontation in der Kuba-Krise (1962) auf den Status quo in Europa und damit auch in Deutschland fest.

Die von Bundeskanzler *Willy Brandt* und Außenminister *Walter Scheel*[1] geführte sozialliberale Koalition wollte zur Überwindung der deutschen und europäischen Teilung eine neue Ost- und Deutschlandpolitik herbeiführen, für die der Pressesprecher und enge Berater Willy Brandts, *Egon Bahr*, die Formel „Wandel durch Annäherung" prägte (➧ M3).

Die neue Ostpolitik war Teil einer Entspannungspolitik, mit der sich die westlichen Regierungen durch intensive politische, wirtschaftliche und kulturelle Beziehungen und Vereinbarungen um eine Verständigung über Rüstungskontrolle und Gewaltverzicht bemühten. Ein Vertragsgeflecht mit der Sowjetunion (*Moskauer Vertrag*, 1970), Polen (1970) und der Tschechoslowakei (1973) verknüpfte den gegenseitigen Gewaltverzicht

[1] *Walter Scheel (*1919): setzte sich als Vorsitzender der FDP (1968–1974) für eine programmatische Neuorientierung seiner Partei und eine Koalition mit der SPD ein; 1974–1979 Bundespräsident*

◀ **„Gewiss nicht komfortabel, aber statt des Seils doch immerhin schon ein Brett!"**
Karikatur von Eckart Munz aus den „Stuttgarter Nachrichten", 11. November 1972.
• *Erklären Sie, wie der Karikaturist die neuen Grundlagen der innerdeutschen Beziehungen beurteilt.*

mit der Anerkennung der Unverletzlichkeit, nicht aber Unveränderbarkeit, aller Grenzen in Europa einschließlich der innerdeutschen Grenze. Dem Wiedervereinigungsgebot des Grundgesetzes (Präambel) trug die Bundesregierung mit einem „Brief zur deutschen Einheit" an die Sowjetregierung Rechnung. Darin betonte sie das Recht des deutschen Volkes „in freier Selbstbestimmung seine Einheit wiederzuerlangen". Im *Berliner Vier-Mächte-Abkommen* 1971 entschärften die Siegermächte die krisenanfällige Situation West-Berlins. Sie einigten sich darauf, dass West-Berlin zwar nicht Bestandteil der Bundesrepublik war, aber enge „Bindungen" mit Westdeutschland pflegen durfte und von Bonn diplomatisch vertreten wurde. Die Sowjetunion hatte damit ihr Gesicht gewahrt, zugleich aber den ungestörten Transitverkehr von und nach West-Berlin durch die DDR garantiert.

Anerkennung der DDR im Rahmen besonderer Beziehungen

Die Voraussetzungen für eine Neugestaltung der innerdeutschen Beziehungen waren hergestellt. Zuerst einigte sich die Bundesregierung mit der SED-Führung nach zähen Verhandlungen 1972 auf einen *Verkehrsvertrag*, der den Austausch von Personen und Gütern erleichterte. In dringenden Familienangelegenheiten durften nun auch DDR-Bürger unterhalb des Rentenalters in die Bundesrepublik reisen. Umgekehrt wurden Touristenreisen in die DDR erleichtert. Bundesbürger konnten künftig Aufenthaltsgenehmigungen für die gesamte DDR erhalten und nicht mehr nur Verwandte, sondern auch Freunde und Bekannte besuchen. Mit dem noch im selben Jahr abgeschlossenen *Grundlagenvertrag* gab die Bundesregierung ihren Alleinvertretungsanspruch auf und erkannte die DDR als gleichberechtigten deutschen Staat an, die ihrerseits zusagte, „praktische und humanitäre Fragen zu regeln" (➧ M4).
Die DDR-Führung unter Honecker hatte ihr jahrelang verfolgtes Ziel mit einigen Einschränkungen erreicht. Sie versprach sich davon eine bessere Legitimationsbasis ihrer Herrschaft. Bundeskanzler Brandt stellte jedoch klar, dass seine Regierung an der „Einheit der deutschen Nation" und damit am Ziel der Wiedervereinigung unverändert festhalte, die Bundesrepublik und die DDR „füreinander nicht Ausland" seien und es daher bei der mit den USA abgesprochenen Formel von den „zwei Staaten in Deutschland" bleiben werde. Die Einrichtung von „Ständigen Vertretungen" anstelle von Bot-

schaften sollte die „besonderen Beziehungen" zwischen ihnen sowie die Ablehnung einer eigenen DDR-Staatsbürgerschaft deutlich machen.
Für die damit eingeräumte staatliche, aber nicht völkerrechtliche Anerkennung der DDR verlangte die Bundesregierung humanitäre Erleichterungen im deutsch-deutschen Verhältnis. Im Sinne ihres Konzepts des „Wandels durch Annäherung" hoffte sie langfristig auf eine Liberalisierung der Verhältnisse in der DDR. Die SED-Führung profitierte sofort und unwiderruflich von den getroffenen Vereinbarungen: Der Grundlagenvertrag brachte ihr nach der Aufnahme beider deutschen Staaten in die Vereinten Nationen 1973 die internationale Anerkennung der DDR – bis 1978 bereits von 131 Staaten.
Innenpolitisch führte die neue Ost- und Deutschlandpolitik der sozial-liberalen Koalition zu heftigen Auseinandersetzungen in der Öffentlichkeit und im Bundestag.[1] Die Mehrheit der Wähler bestätigte bei vorgezogenen Neuwahlen im November 1972 den Kurs der Regierung Brandt/Scheel. Den Antrag Bayerns, den Grundlagenvertrag als verfassungswidrig aufzuheben, lehnte das Bundesverfassungsgericht im Juli 1973 ab. Es betonte dabei aber die Gültigkeit des Wiedervereinigungsgebots des Grundgesetzes, die „Besonderheit" in den Beziehungen zwischen den beiden deutschen Staaten und die eine Staatsangehörigkeit aller Deutschen. Damit band das Gericht die künftige Deutschlandpolitik an den Rechtsvorbehalt der Verfassung.
Trotz ihrer außenpolitischen Fortschritte und der internationalen Anerkennung fühlte sich das SED-Regime im Innern mehr und mehr bedroht. Die Erwartungen der Bürger, die DDR würde ihnen mehr Freiheit einräumen, erfüllten sich nicht. Um Hoffnungen im eigenen Land gar nicht erst aufkommen zu lassen, baute die SED-Führung den Überwachungsapparat der Stasi weiter aus und verschärfte die Sicherungsmaßnahmen an den Grenzen (▸ M5). Die Grenzanlagen wurden mit Minen und Selbstschussanlagen ausgestattet, die Anwendung der Schusswaffe von Parteichef Erich Honecker ausdrücklich verfügt.

Bilanz der Deutschlandpolitik in Ost und West

In seiner Deutschlandpolitik verfolgte Honecker bis zum Ende der Achtzigerjahre zwei Ziele: Zum einen sollten die letzten Anerkennungsvorbehalte der Bundesrepublik zurückgenommen werden, zum anderen sollten Fortschritte in den innerdeutschen Beziehungen von den jeweiligen Bundesregierungen so teuer wie möglich bezahlt werden. Kanzler *Helmut Schmidt*[2], der 1974 Brandts Nachfolger geworden war, brachte dies auf die Formel „Mehr Menschlichkeit gegen Kasse". Schmidt und nach ihm Bundeskanzler *Helmut Kohl*[3] ging es darum, bei Aufrechterhaltung des Status quo in der Anerkennungsfrage menschliche Erleichterungen durchzusetzen und durch direkte Begegnungen das Bewusstsein der Zusammengehörigkeit der Deutschen nicht verloren gehen zu lassen.

---

1) Ein konstruktives Misstrauensvotum des Kanzlerkandidaten der CDU, Rainer Barzel, gegen Bundeskanzler Brandt scheiterte am 27. April 1972, weil zwei Abgeordnete der CDU/CSU gegen ihn gestimmt hatten. Einer dieser Abgeordneten war – wie sich erst 1990 herausstellte – vom MfS der DDR bestochen worden.
*2) Helmut Schmidt (*1918): SPD Politiker; 1969 – 1972 Bundesverteidigungs-, 1972 – 1974 Wirtschafts- und Finanzminister; 1974 – 1982 Bundeskanzler*
*3) Helmut Kohl (*1930): 1973 – 1998 Bundesvorsitzender der CDU; 1982 – 1998 Bundeskanzler*

Da Honecker aus wirtschaftlichen Gründen auf eine Zusammenarbeit mit der Bundesrepublik angewiesen war, ging er auf Wünsche der Bundesregierung ein, zeigte im humanitären Bereich Entgegenkommen, etwa bei der Herabsetzung der Altersgrenze bei Ost-West-Reisen, der Familienzusammenführung oder beim Freikauf politischer Gefangener.
Außerdem arbeitete Honecker seit Langem auf einen schließlich 1987 durchgeführten Staatsbesuch in Bonn hin, den er als Krönung seiner Deutschlandpolitik verstand. Bei all dem konnte er sich immer nur in Absprache mit der Führung der Sowjetunion bewegen (➧ M6). So verengten sich Honeckers Spielräume, als in den späten Siebzigerjahren der Kalte Krieg zwischen Ost und West wieder auflebte. Die Verschuldungskrise der DDR offenbarte die Abhängigkeit von westlicher finanzieller Hilfe und Krediten. Honeckers Politik gegenüber der Bundesrepublik glich daher einem Zickzackkurs zwischen Abgrenzung und Annäherung.
Aufseiten der Bundesrepublik wahrten die Regierungen Schmidt und Kohl die Balance zwischen unvermeidlicher Anerkennung der DDR und einem Offenhalten der Wiedervereinigung (➧ M7). Mit den bis 1989 abgeschlossenen 70 bilateralen Abkommen auf den Gebieten der Familienzusammenführung, der Reiseerleichterungen im grenznahen Verkehr, der Sport- und Jugendreisen, der Städtepartnerschaften, des Austauschs von Kultur, Kunst und Wissenschaft sowie vor allem der wirtschaftlichen Kooperation eröffneten sie den DDR-Bürgern Freiräume. Sie sorgten dafür, dass Bindungen über die Grenze hinweg nicht verloren gingen oder neu entstanden. Indem die Abgrenzungsstrategie der SED-Führung so unterlaufen wurde, war die Bonner Deutschlandpolitik letztendlich erfolgreich.

2.2 Folgen des KSZE-Prozesses

▲ **„Helsinki und die Folgen."**

Karikatur aus dem „Deutschen Allgemeinen Sonntagsblatt", 19. Oktober 1975.

• *Erläutern Sie, wie der Zeichner die Folgen der KSZE-Konferenz in Helsinki deutet.*

1973 – 75
Die KSZE-Konferenz stellt die Beziehungen zwischen den europäischen Staaten auf eine neue Grundlage. Die DDR zielt mit ihrer Unterzeichnung der Schlussakte von Helsinki am 1. August 1975 auf internationale Anerkennung.

1978
In den 9. und 10. Klassen wird das neue Fach „Wehrerziehung" in der DDR eingeführt.

M1

KSZE-Schlussakte von Helsinki

Die KSZE-Konferenz, an der 33 europäische Länder sowie die USA und Kanada teilnehmen, endet mit der Unterzeichnung der Schlussakte von Helsinki am 1. August 1975. Sie stellt ausdrücklich kein völkerrechtlich verbindliches Abkommen, sondern eine Absichtserklärung dar.

I. Souveräne Gleichheit, Achtung der der Souveränität innewohnenden Rechte

Die Teilnehmerstaaten werden gegenseitig ihre souveräne Gleichheit und Individualität sowie alle ihrer Souveränität innewohnenden und von ihr umschlossenen Rechte achten, einschließlich insbesondere des Rechtes eines jeden Staates auf rechtliche Gleichheit, auf territoriale Integrität sowie auf Freiheit und politische Unabhängigkeit. Sie werden jedenfalls das Recht jedes anderen Teilnehmerstaates achten, sein politisches, soziales, wirtschaftliches und kulturelles System frei zu wählen und zu entwickeln sowie sein Recht, seine Gesetze und Verordnungen zu bestimmen. […]

II. Enthaltung von der Androhung oder Anwendung von Gewalt

Die Teilnehmerstaaten werden sich in ihren gegenseitigen Beziehungen sowie in ihren internationalen Beziehungen im Allgemeinen der Androhung oder Anwendung von Gewalt, die gegen die territoriale Integrität oder politische Unabhängigkeit irgendeines Staates gerichtet ist oder auf irgendeine andere Weise mit den Zielen der Vereinten Nationen und mit der vorliegenden Erklärung unvereinbar ist, enthalten. Die Geltendmachung von Erwägungen zur Rechtfertigung eines gegen dieses Prinzip verstoßenden Rückgriffs auf die Androhung oder Anwendung von Gewalt ist unzulässig. […]

III. Unverletzlichkeit der Grenzen

Die Teilnehmerstaaten betrachten gegenseitig alle ihre Grenzen sowie die Grenzen aller Staaten in Europa als unverletzlich und werden deshalb jetzt und in aller Zukunft keinen Anschlag auf diese Grenzen verüben. […]

V. Friedliche Regelung von Streitfällen

Die Teilnehmerstaaten werden Streitfälle zwischen ihnen mit friedlichen Mitteln auf solche Weise regeln, dass der internationale Frieden und die internationale Sicherheit sowie die Gerechtigkeit nicht gefährdet werden. […]

VI. Nichteinmischung in innere Angelegenheiten

Die Teilnehmerstaaten werden sich ungeachtet ihrer gegenseitigen Beziehungen jeder direkten oder indirekten, individuellen oder kollektiven Einmischung in die inneren oder äußeren Angelegenheiten enthalten, die in die innerstaatliche Zuständigkeit eines anderen Teilnehmerstaates fallen. […]

VII. Achtung der Menschenrechte und Grundfreiheiten, einschließlich der Gedanken-, Gewissens-, Religions- und Überzeugungsfreiheit

Die Teilnehmerstaaten werden die Menschenrechte und Grundfreiheiten, einschließlich der Gedanken-, Gewissens-, Religions- und Überzeugungsfreiheit für alle ohne Unterschied der Rasse, des Geschlechts, der Sprache oder der Religion achten.

Wolfgang Lautemann und Manfred Schlenke (Hrsg.), Geschichte in Quellen. Die Welt seit 1945, München 1980, S. 691ff.

1. *Stellen Sie gegenüber, welche Teile des Dokuments vorwiegend den sowjetischen, welche den westlichen Interessen entsprechen.*
2. *Diskutieren Sie über die langfristige Wirkung dieser Übereinkunft.*

M2

Richtlinien für „Operative Vorgänge"

1976 werden im Ministerium für Staatssicherheit (MfS) folgende Richtlinien in Umlauf gebracht:

2.3.4 Das Herausbrechen von Personen […]
Das Herausbrechen ist darauf zu richten, Personen aus feindlichen Gruppen für eine inoffizielle Zusammenarbeit zu werben, um dadurch in die Konspiration der Gruppe einzudringen und Informationen und Beweise über geplante, vorbereitete oder durchgeführte Handlungen sowie Mittel und Methoden ihres Vorgehens zu erarbeiten, Anknüpfungspunkte und Voraussetzungen für eine notwendige Paralysierung[1] und Einschränkung der feindlichen Handlungen bzw. zur Auflösung der Gruppen zu schaffen. […]
2.6.1 Zielstellung und Anwendungsbereiche […]
Maßnahmen der Zersetzung sind auf das Hervorrufen sowie die Ausnutzung und Verstärkung solcher Widersprüche bzw. Differenzen zwischen feindlich-negativen Kräften zu richten, durch die sie zersplittert, gelähmt, desorganisiert und isoliert und ihre feindlich-negative Handlungen einschließlich deren Auswirkungen vorbeugend verhindert, wesentlich eingeschränkt oder gänzlich unterbunden werden. […]
2.6.2 Formen, Mittel und Methoden […]
Bewährte Formen sind:
- systematische Diskreditierung des öffentlichen Rufes, des Ansehens und des Prestiges […];
- systematische Organisierung beruflicher und gesellschaftlicher Misserfolge zur Untergrabung des Selbstvertrauens einzelner Personen;
- zielstrebige Untergrabung von Überzeugungen […];
- Erzeugen von Misstrauen und gegenseitigen Verdächtigungen innerhalb von Gruppen […].

Matthias Judt (Hrsg.), DDR-Geschichte in Dokumenten. Beschlüsse, Berichte, interne Materialien und Alltagszeugnisse, Berlin 1998, S. 471

Erörtern Sie, warum der Staatssicherheitsdienst so auf Diskreditierung seiner Opfer bedacht war.

1) *Lähmung*

▲ **Erinnerung an den 20. Jahrestag des MfS.**
Wandteller (Durchmesser 36 cm) von 1970.

M3

Schüler im Visier

Trotz der Bestimmungen der Schlussakte von Helsinki werden den DDR-Bürgern grundlegende Freiheitsrechte durch die SED-Führung nicht gewährt. Vielmehr wird die staatliche Überwachung noch verschärft. Selbst Schüler sind vor dem MfS nicht sicher, wie folgendes Beispiel zeigt:

Der Jugendliche R. besuchte noch die EOS[1], als die KD[2] Köthen zunächst die OPK[3] „Schüler" und dann den OV[4] „Schüler" gegen ihn anlegte. Die Kreisdienststelle führte als Grund für die Eröffnung der OPK am 11. August 1983 an: R. „entwickelt sich zu einem maßgeblichen Organisator und Initiator aller durch die sogenannte Köthener Friedensbewegung geplanten, vorbereiteten und durchgeführten negativ-feindlichen Aktivitäten".
Den von R. selbst konzipierten Diavortrag über die Atombombenabwürfe über Hiroshima und Nagasaki, den er in Schulen und Betrieben vorführte,

1) *EOS: Erweiterte Oberschule*
2) *KD: Kreisdienststelle (der Stasi)*
3) *OPK: Operative Personenkontrolle*
4) *OV: Operativer Vorgang*

stigmatisierte das MfS als „Basis für die Verbreitung pseudopazifistischen Gedankengutes". Auch seine Petitionen und Schreiben an Honecker und Kohl zur Abrüstung betrachtete es als „Verunglimpfung der Friedenspolitik der DDR-Führung".

Als erste Maßnahme aktivierte die KD Köthen inoffizielle Quellen aus dem Umfeld von R. Dann rekrutierte sie eine Schülerin aus seiner Klasse sowie eine Mitstreiterin aus dem Friedenskreis als IM. Die beiden jungen Mädchen bekamen den Auftrag, Vertrauen zu R. aufzubauen und Ansatzpunkte für die Zersetzung herauszuarbeiten. In einem weiteren Schritt kontaktierte die Kreisdienststelle den SED-Kreissekretär von Köthen. Dieser sollte den Vater von R. wegen des Verhaltens seines Sohnes maßregeln und ihn auffordern, Erziehungsmaßnahmen gegen seinen Jungen einzuleiten. Diese Maßnahme wurde umgesetzt und erzielte ihre Wirkung: Der Vater verbot seinem Sohn, den Diavortrag weiter vorzuführen. Außerdem behielt er das gesamte Material ein. Wie R. im Interview sagte, tat der Vater dies nicht als pflichtbewusster Genosse, sondern er hatte einfach Angst um seinen Sohn. Schließlich organisierte das MfS die Inhaftierung und Verurteilung eines Friedenskreismitgliedes, um bei den anderen ein Gefühl der Panik und Angst vor strafrechtlichen Sanktionen auszulösen.

Oberste Priorität hatte für die KD Köthen aber von Beginn an die Relegierung des opponierenden Jugendlichen von der EOS. Die Entfernung aus der Schule versuchte die Diensteinheit über die IM „Harry" und „Achim" umzusetzen. Diese beiden IM hatten Schlüsselfunktionen inne: „Achim" war der Direktor der Einrichtung und „Harry" sein Stellvertreter. In mehreren Aussprachen hatten sie dem Jungen Äußerungen gegen die Verteidigungspolitik der DDR zu entlocken versucht, damit diese offiziell für seine Relegierung von der Schule verwendet werden konnten. R. erinnerte sich noch gut an die Gespräche mit beiden: „Sie versuchten mich zu provozieren, dass ich irgendwas gegen den Staat sage. Einmal beschimpfte mich der IM ‚Achim' wegen meiner langen Haare. Wenn ich weiterhin Schüler der EOS bleiben wolle, so drohte er mir, müsse ich mir die Haare abschneiden und den Bart kürzen lassen. Er stellte mir ein Ultimatum über die Sommerferien." R. erzählte weiter im Interview: „Er wollte etwas in der Hand haben, um mich von der Schule zu feuern. Ich ließ mir aber die Haare schneiden. Auch in den Gesprächen verhielt ich mich zurückhaltend." Den beiden IM gelang es trotz mehrfacher Anstrengungen nicht, R. zu Kommentaren zu veranlassen, die für eine Relegierung gereicht hätten. Mitarbeiter der KD Köthen suchten deshalb den zuständigen Kreisschulrat auf und versuchten auf direktem Wege, den Ausschluss von R. aus der Schule zu veranlassen. In einer Aussprache mit dem MfS machte der Kreisschulrat jedoch deutlich, dass die dargelegten Fakten zu R. nicht für eine Entfernung von der EOS ausreichen würden. R. konnte schließlich sein Abitur machen. Das MfS schaffte es auch nicht, ihm nachträglich sein Reifezeugnis abzuerkennen, da der Kreisschulrat erneut Rückgrat bewies. Aber die Drangsalierungen an der Schule durch die beiden IM wirkten auf R. nachhaltig, denn er entschloss sich, kein Studium aufzunehmen. „Die Abiturzeit war schlimm genug", resümierte Michael R. Er wollte dies nicht noch einmal durchmachen.

Sandra Pingel-Schliemann, Zersetzen-Strategie einer Diktatur, Berlin [3]2004, S. 215f.

1. *Erklären Sie den Grund, warum der Schüler ins Visier des MfS geriet.*
2. *Vergleichen Sie anhand des Fallbeispiels die Situation im Inneren des Landes mit den Versprechungen der DDR-Führung auf internationaler Ebene.*

↳ keine Respektierung der Menschenrechte

Die KSZE-Konferenz 1973 – 1975

Die DDR trat erstmals als zweiter deutscher Staat neben der Bundesrepublik auf der seit Mitte 1973 in Helsinki tagenden *Konferenz über Sicherheit und Zusammenarbeit in Europa* (*KSZE*) auf. Ihre Teilnahme zielte auf internationale Anerkennung. Von Anfang an war sich die SED-Führung um Honecker aber auch der Gefahren für das Regime bewusst, die mit der internationalen Entspannungspolitik und der Forderung des Westens nach einer größeren Durchlässigkeit der Grenzen verbunden waren.

Die auf eine frühere Initiative der Sowjetunion zurückgehende Konferenz, an der 33 europäische Länder sowie die USA und Kanada teilnahmen, endete vorläufig mit der Unterzeichnung der sogenannten *„Schlussakte von Helsinki"* am 1. August 1975 (➧ M1). Mit dieser Vereinbarung verpflichteten sich die Unterzeichnerstaaten, ihre Beziehungen

- auf friedlicher Basis,
- unter Verzicht auf Gewaltandrohung,
- im Rahmen der gegebenen Grenzen,
- ohne Einmischung in die jeweiligen inneren staatlichen Angelegenheiten und
- bei Respektierung der Menschenrechte und Grundfreiheiten ihrer Länder

zu entwickeln.

Die Sowjetunion betrachtete das Dokument als Garantie ihrer territorialen Gewinne nach dem Zweiten Weltkrieg und sah ihren Hegemonialanspruch im Ostblock bestätigt. Die westlichen Mächte hofften auf mehr Freiheiten für die Menschen im sozialistischen Teil Europas, auf Reiseerleichterungen, Familienzusammenführungen und einen besseren Informationsaustausch. Auch wenn die kommunistischen Diktaturen weiterhin Andersdenkende verfolgten, konnten sie in der Folgezeit nicht verhindern, dass sich beispielsweise Bürgerrechtsbewegungen in Polen (*Solidarność*, dt. „Solidarität")[1], der Tschechoslowakei (*Charta 77*) und später in der DDR auf die Prinzipien von Helsinki beriefen.

Die KSZE-Folgekonferenzen

Bereits auf der ersten *KSZE-Folgekonferenz in Belgrad* (Oktober 1977/März 1978) kam es zum Streit zwischen der Sowjetunion und den USA über die Umsetzung der Menschenrechte. Auch das zweite Folgetreffen in *Madrid* (1980/83) brachte keine Verbesserung in den Ost-West-Beziehungen. Es war überschattet vom sowjetischen Einmarsch in Afghanistan 1979, durch die Behinderung der Arbeit von Journalisten in vielen Staaten des Ostblocks und der Verhängung des Kriegsrechts in Polen Ende 1981. Trotz aller politischen Rückschläge konnte der Dialog zwischen den KSZE-Staaten aber in Gang gehalten werden, insbesondere auf dem Feld der Rüstungskontrolle. Das dritte Folgetreffen in *Wien* (1986/89) erhielt erstmals positive Impulse aus der Sowjetunion, wo der neue KPdSU-Chef, *Michail Gorbatschow*, den drohenden wirtschaftlichen Zusammenbruch der Sowjetunion durch Reformen im Innern (*Glasnost* und *Perestroika*) und einer Entspannungspolitik gegenüber der amerikanischen Supermacht abzuwenden versuchte.[2]

---

1) *Siehe hierzu Seite 114 f.*
2) *Weitere Informationen dazu finden Sie auf Seite 114.*

▲ **Protestplakat vor der Dresdner Kreuzkirche.**
Foto, 13. Februar 1982.
Das eingekreiste „A" steht für Ausreise.

Unterdrückung statt Freiheiten

DDR-Bürger, die sich auf die Vereinbarungen von Helsinki beriefen, machten sich verdächtig, wenn sie zum Beispiel eine Besuchsreise in die Bundesrepublik beantragten, ohne im Rentenalter zu sein. Die Antragsteller wurden von den Behörden gesellschaftlich und beruflich benachteiligt oder gar kriminalisiert. Schnell sahen sie sich dem Vorwurf der „staatsfeindlichen Hetze" ausgesetzt und mit Gefängnisstrafe bedroht. Mit der Abschiebung und Ausbürgerung „kritischer Personen" versuchte die DDR-Regierung die Ruhe im Land zu sichern. Das Misstrauen der Obrigkeit zogen aber auch jene auf sich, die häufig Verwandtenbesuche aus Westdeutschland bekamen und vor allem alle ausreisewilligen DDR-Bürger. Ihre Einschüchterung wurde zu einer der wichtigsten Aufgaben des MfS. Außerdem führten die Sicherheitsbehörden Listen mit Namen von DDR-Bürgern, die als Staatsfeinde galten. Sie sollten im Falle innerer Unruhen oder äußerer Spannungen in Isolierungslager verbracht werden.
Die SED-Führung bemühte sich mit allen Mitteln, die von der innerdeutschen Vertragspolitik und den internationalen Vereinbarungen erzwungene Ausweitung der Begegnungs- und Kommunikationsmöglichkeiten zwischen den Deutschen in Ost und West abzublocken – zum Beispiel durch die Erhöhung des Mindestumtausches für DDR-Besucher oder das Verbot für SED-Mitglieder, Schulleiter, Polizisten und Wehrpflichtige, mit Bundesbürgern Kontakte zu pflegen. In „Hausbüchern" musste jeder Wohnungsinhaber Besucher aus dem Ausland, die länger als 24 Stunden eingereist waren, notieren und auf Verlangen, der Volkspolizei vorlegen. Auffälligkeiten musste der zuständige Volkspolizist der Staatssicherheit melden.
Westdeutsche Journalisten wurden von der Stasi beschattet, häufig in ihrer Arbeit behindert oder ausgewiesen. Andererseits erfuhren die DDR-Bürger auf dem Umweg über die Westkorrespondenten und ihren Berichten im Westfernsehen, was in ihrem eigenen Land geschah – ein echtes Problem für die Machthaber und ein Gewinn für die dortigen Bürger. Doch die SED-Propaganda versuchte, auf andere Weise Boden zu gewinnen. Mit dem 1978 eingeführten Unterrichtsfach „Wehrerziehung" in der 9. und 10. Klasse sollte die Bereitschaft gefördert werden, den „Klassenfeind" im Westen im Auge zu behalten.
Die um internationale Reputation bemühte Staatsführung setzte alles daran, um unter Verzicht auf offene Gewaltmaßnahmen die Bevölkerung dennoch in umfassender Weise zu überwachen. Verstöße gegen das Helsinki-Abkommen wurden in Kauf genommen. Regimegegner sollten gar nicht erst die Möglichkeit erhalten, öffentlichen Protest zu äußern, die Meinungsfreiheit einzufordern oder gar Vorbereitungen zur Republikflucht zu treffen. Mit verfeinerten Methoden der „Zersetzung" und „Verunsicherung" sollten alle oppositionellen Gruppierungen, Kräfte und Personen zur Aufgabe ihrer Pläne gebracht werden (➧ M2 und M3).

2.3 Wirtschaftlicher Niedergang

1976
Erich Honecker verkündet die „Einheit von Wirtschafts- und Sozialpolitik".

1981/82
Die DDR gerät an den Rand der Zahlungsunfähigkeit.

1983/84
Gegen Milliardenkredite der Bundesregierung ist die DDR zu humanitären Erleichterungen bereit.

Oktober 1989
Aus eigenen Kräften kann die DDR den Lebensstandard der Bevölkerung nicht länger halten.

▲ **„Ich kenne keine Produkte, ich kenne nur Produktion."**
Karikatur von Heinz Behling, 1978.
Der Künstler Heinz Behling (1920–2003) war Mitbegründer der DDR-Satirezeitschrift „Eulenspiegel" und lieferte u. a. 1955 den Entwurf für das Staatswappen der DDR (siehe hinten im Buch).
- *Analysieren Sie die Karikatur. Auf welche Probleme der DDR-Wirtschaft weist der Karikaturist hin?*

M1

Sozialpolitik und Legitimation der SED-Herrschaft

In einer Untersuchung über die Wirkung der Sozialpolitik für die Akzeptanz des DDR-Regimes durch die Bürger heißt es:

Von der Sozialpolitik hatten sich die SED und die Staatsführung der DDR großen ökonomischen und politischen Nutzen erhofft. Voraussetzung und Ansporn wirtschaftlicher Leistung und Produktivitätssteigerung sollte sie sein und als Quelle von Legitimität dienen, um den grundlegenden Mangel an Anerkennung des SED-Regimes zu kompensieren. Ist dies erreicht worden?

Die sozialwissenschaftliche Forschung neigt zu der These, die Politik der sozialen Sicherung habe zur Stabilisierung des SED-Regimes beigetragen. Der paternalistische[1] Herrschaftsmechanismus der Sozialpolitik habe Wohlverhalten und konsumorientierte Anpassung hervorgerufen oder verstärkt, so wird die Stabilisierungsthese begründet. Zumindest zeitweise sei es gelungen, mit der Sozialpolitik eine Brücke zwischen den Herrschenden und den Beherrschten zu schlagen, so pflichten manche dieser Auffassung bei, meist unter Berufung auf die Aufwertung der Sozialpolitik in den 70er-Jahren.

Allerdings betonen alle seriösen Untersuchungen die Grenzen der Legitimierung der DDR-Sozialpolitik und deren widersprüchlichen, teils Anerkennung stiftenden, teils Protest hervorrufenden Wirkungen. […]

Hockerts[2] zufolge sind die „sozialistischen Errungenschaften" wie Vollbeschäftigung und Grundversorgung von der Bevölkerung insgesamt angenommen und genutzt worden. Aber als Herrschaftsstützen seien sie viel zu schwach, wenn nicht gar morsch gewesen. […]

Die Sozialpolitik fand nicht nur Zustimmung, sie rief auch Widerspruch hervor, zum Beispiel aufgrund offenkundiger Leistungsmängel, wie im Falle der mangelhaften Altenpflege, der verfallenden Bausubstanz in den Städten, der Ausstattungsmängel des Gesundheitswesens, und Unzufriedenheit ob der Vernachlässigung produktionsferner Lebenslagen und Risiken, wie bei vielen Rentnern. […]

Damit sind Kehrseiten der DDR-Sozialpolitik angesprochen, die kaum legitimierend wirken. Zu den Legitimierungsgrenzen ist ein Weiteres zu zählen: Die DDR-Sozialpolitik legte ihre Bürger viel stärker als die Sozialpolitik westlicher Prägung auf eine Politiknehmerrolle fest. Soweit dies den Politiknehmer der unbotmäßigen Eigeninitiative beraubte, konnte man darin eine system- und ideologiegerechte Konsequenz sehen. Doch der Politiknehmerstatus förderte Anspruchshaltung und Passivität. Überdies verhinderte er, was die DDR-Sozialpolitik der parteioffiziellen Ideologie zufolge eigentlich bewirken sollte: die Entwicklung von Qualifikation und Staatsbürgertugenden einer loyalen, produktiven und konstruktiv mitwirkenden „sozialistischen Persönlichkeit". Doch von der war ebenso wenig zu sehen wie von der Steigerung der Produktivität, die man sich von der „Einheit von Wirtschafts- und Sozialpolitik" erhoffte.

Eine noch gefährlichere Legitimierungsgrenze bestand für die Sozialpolitik der DDR in dem Ost-West-Vergleich, vor allem dem Vergleich mit der Bundesrepublik Deutschland. Hier stößt man auf die Achillesferse des DDR-Sozialismus. Im Ost-West-Vergleich erwiesen sich seine „sozialen Errungenschaften" einschließlich der Sozialleistungen als mittelmäßig, nicht selten als unzulänglich, oft als unattraktiv. Das ergab sich aus den repressiven Strukturen des Staatswesens und dem niedrigeren Entwicklungsstand der DDR-Wirtschaft, der rückständigen Technologie, der geringen Qualität der Dienstleistungen, der niedrigeren Kaufkraft der Sozialeinkommen und Löhne und dem unzureichenden Angebot an Konsumgütern des gehobenen Bedarfs.

Manfred G. Schmidt, Grundzüge der Sozialpolitik in der DDR, in: Eberhard Kuhrt, Hannsjörg F. Buck und Gunter Holzweißig (Hrsg.), Die Endzeit der DDR-Wirtschaft – Analysen zur Wirtschafts-, Sozial- und Umweltpolitik, Opladen 1999, S. 297ff.

Listen Sie Vor- und Nachteile der „Einheit von Wirtschafts- und Sozialpolitik" auf. Diskutieren Sie, ob man tatsächlich von einer „Einheit" sprechen kann.

---

1) *väterlich bevormundende*

2) *Hans Günter Hockerts: Professor für Neueste Geschichte (Zeitgeschichte) an der Ludwig-Maximilians-Universität München*

M2

Preise in der DDR und in der Bundesrepublik

Einzelhandelspreise, Gebühren und Tarife in DM bzw. DDR-Mark sowie die dafür jeweils erforderliche Arbeitszeit in beiden deutschen Staaten (Stand: Anfang 1979):

	Preis		Arbeitszeit	
	Bundesrepublik	DDR	Bundesrepublik	DDR
Herrenoberhemd	19,90	43,00	1,49	8,52
Herrenstraßenschuhe	32,00	58,00	2,55	11,58
Herrenanzug	175,00	357,00	15,55	73,36
Damenstrümpfe	3,45	4,00	0,19	0,49
Damenfeinstrumpfhose	3,95	18,00	0,22	3,43
Damenkleid	69,00	135,00	6,16	27,50
Kinderhalbschuhe	28,20	18,00	2,34	3,43
Staubsauger	165,00	195,00	15,00	40,12
Kühlschrank	338,00	1400,00	30,44	288,40
Waschautomat	498,00	1450,00	45,16	298,58
Fernsehapparat	530,00	2050,00	48,11	422,41
PKW	9190,00	23500,00	835,27	4845,22
Benzin (l)	0,90	1,65	0,05	0,20
Elektrischer Strom (75 kWh)	21,60	8,00	1,58	1,39
Eisenbahnwochenkarte (15 km)	15,50	2,50	1,25	0,31
Straßenbahn-, Busfahrt	1,35	0,20	0,07	0,02
Roggen-Mischbrot (1 kg)	2,35	0,52	0,13	0,06
Weizenmehl (1 kg)	1,22	1,32	0,07	0,16
Zucker (1 kg)	1,65	1,64	0,09	0,20
Schweinekotelett (1 kg)	10,80	8,00	0,59	1,39
Zitronen (1 kg)	2,40	5,00	0,13	1,02
Schokolade (100 g)	1,18	3,85	0,06	0,48
Bohnenkaffee (1 kg)	21,80	70,00	1,59	14,26
Weinbrand (0,7 l)	12,10	17,30	1,06	3,34
Zigaretten (20 St.)	2,70	3,20	0,15	0,40

Bundesministerium für innerdeutsche Beziehungen (Hrsg.), Zahlenspiegel. Bundesrepublik Deutschland/Deutsche Demokratische Republik – Ein Vergleich, Bonn 1981, S. 57

1. *Legen Sie für die Bundesrepublik und die DDR je eine Tabelle an zu den Arbeitszeiten, die jeweils für den Kauf von Waren erforderlich waren.*
2. *Ermitteln Sie, welche Produkte in der DDR „billiger" waren, welche „teurer". Erklären Sie auffällige Abweichungen.*

▲ **Alltag in der Mangelwirtschaft.**
Foto, März 1989, Leipzig.
Die DDR-Bürger mussten immer improvisieren, besonders wenn sie Ersatzteile für die Wartungsarbeiten ihres PKW brauchten wie dieser Leipziger Bürger.

M3
„Wenn man da nicht Leute kannte …"

Ein Betroffener berichtet nach 1989 darüber, wie man sich mit der Versorgung in der DDR arrangiert hat:

In der DDR kann ein Mann alleine nicht für den Unterhalt einer Familie sorgen. Wenn es ein guter Monat ist, dann verdiene ich so tausend Mark, wenn man Leistung macht. Da kommt es auf den Tag an. […]
Wenn man in einen Gemüseladen reinkommt und Schwein hat, dann liegen dort ein paar deutsche Zwiebeln. Die nimmt man raus aus der Steige, dann hat man schon die Pfoten voll Schmiere. Die Möhren sehen aus, wie man sie vom Acker runterholt. Die Radieschen auch. Die waren nicht gewaschen und nichts. Ich meine, das liegt auch ein bisschen an der Schlamperei der Leute. Wenn ich so einen Laden hätte, ich hätte sie wahrscheinlich in einem Eimer abgewaschen. Aber es ist nicht ihr Laden, es geht sie nichts an. Und da die Leute die Sachen brauchen, kaufen sie das eben. Also, das stimmt, Kraut gab es in den letzten Jahren in Hülle und Fülle. Anderes Gemüse aber nur zu der Jahreszeit. Und dann kriegt man das aber auch nicht jeden Tag. Da muss man Anfang der Woche Blumenkohl kaufen, wenn man den am Freitag essen will. Aber das ist nicht so schlimm. Der Blumenkohl hier hat doch schon meistens Flecken. Obst hat man kaum gesehen. Äpfel gab es, aber Kirschen oder Erdbeeren nur ganz selten. Wenn man da nicht Leute kannte, die einen Garten haben und verkauft haben, da hätte man so was nie gekriegt. […] Mit Obst war es die Jahre ganz schlecht. Einmal im Jahr, vor Weihnachten, gab es Apfelsinen. […]
Manche Lebensmittel bekommt man nicht: Tomatenmark, Ketch-up, solches Zeug. Ganz Seltenes kriegt man nur durch Beziehungen. Man muss in der DDR Beziehungen haben. Man muss viele Leute kennen, dann kriegt man mal was. […]
Aber auf der anderen Seite wird das Geld zum Fenster rausgeschmissen. In den Neubaugebieten zum Beispiel, wo Fernheizung ist, die können das gar nicht regeln. Da ist kein Thermostat. Die machen die Fenster auf, damit die Wärme hinaus kann. Die rennen drinnen nur im Turnhemd rum. Die baden und versauen das Wasser. Die Kosten sind alle in der Miete enthalten. Die haben noch nicht einmal eine Wasseruhr. Es ist gleich, wie viel Wasser man verbraucht. […]
Wer Grundeigentum hat, der darf nicht so ohne Weiteres drauf bauen. Da hat erst einmal der Staat das Vorrecht zum Bauen. Wenn jetzt auf den Dörfern oder auch hier in Saalfeld jemand bauen möchte, kriegt er in der Regel seine 500 Quadratmeter zugeteilt. Dann hat man so ein kleines bisschen Garten. Das Haus wird vorgeschrieben, der Typ, den man bauen darf. Aber das macht man erst seit den letzten Jahren. Das Haus wird Eigentum, aber der Grund und Boden nicht. […] Wenn man so ein Haus baut, muss man sich eine Feierabendbrigade suchen, die einem das hochzieht. Das sind Bauarbeiter, die so was nach Feierabend machen oder im Urlaub oder auch sonnabends und sonntags. Es gibt auch keine Baufirmen. Hier baut man alles in Eigeninitiative. […] Manches Material haben die auch nicht so gekriegt, wie die wollten. Oder sie mussten es irgendwie teuer bezahlen, weil sie auf normalem Weg nicht drangekommen sind. Das ist jetzt nicht so, wenn sie ihre Wasserleitung oder ihre Heizung legen wollen, dass sie da in die Märkte, wo das Material verteilt wird, fahren können, und sie alles bekommen, was sie haben wollen. Da gibt es manchmal nur ein

Halbzoll-Rohr oder mal nur ein Viertelzoll-Rohr. Dann gibt es keine Winkel oder keinen Wasserhahn. Sie müssen da schon rennen.

Mike Dennis und Johannes-Dieter Steinert, Deutschland 1945–1990. Von der bedingungslosen Kapitulation zur Vereinigung, Schwalbach 2005, S. 213f.

1. *Arbeiten Sie aus dem Text die Folgen einer Planwirtschaft heraus.*
2. *Charakterisieren Sie die Haltung des Berichterstatters. Stellen Sie Vermutungen an, wie sich diese Folgen auf die Mentalität der Bevölkerung auswirkten.*

M4

Die DDR am Rande der Zahlungsunfähigkeit

Ende 1989 erarbeiten mehrere Experten unter der Leitung des langjährigen Chefs der Staatlichen Plankommission Gerhard Schürer eine Analyse der ökonomischen Lage der DDR. In der Politbüro-Vorlage zur Sitzung am 31. Oktober heißt es :

Die Verschuldung im nichtsozialistischen Wirtschaftsgebiet ist seit dem VIII. Parteitag[1)] gegenwärtig auf eine Höhe gestiegen, die die Zahlungsfähigkeit der DDR infrage stellt. […]
Im Zeitraum seit dem VIII. Parteitag wuchs insgesamt der Verbrauch schneller als die eigenen Leistungen. Es wurde mehr verbraucht als aus eigener Produktion erwirtschaftet wurde zulasten der Verschuldung im NSW[2)], die sich von 2 Mrd. VM[3)] 1970 auf 49 Mrd. VM 1989 erhöht hat. Das bedeutet, dass die Sozialpolitik seit dem VIII. Parteitag nicht in vollem Umfang auf eigenen Leistungen beruht, sondern zu einer wachsenden Verschuldung im NSW führte. […]
Der Fünfjahresplan 1986–1990 für das NSW wird in bedeutendem Umfang nicht erfüllt. Bereits in den Jahren 1971–1980 wurden 21 Mrd. VM mehr importiert als exportiert. Das ist im Zusammenhang mit der dazu erforderlich gewordenen Kreditaufnahme und den Zinsen die Hauptursache des heutigen außergewöhnlich hohen Schuldenberges. […] Die Konsequenzen der unmittelbar bevorstehenden Zahlungsunfähigkeit wäre ein Moratorium (Umschuldung), bei der der Internationale Währungsfonds bestimmen würde, was in der DDR zu geschehen hat. […] Es ist notwendig, alles zu tun, damit dieser Weg vermieden wird. […]
Auch wenn alle diese Maßnahmen in hoher Dringlichkeit und Qualität durchgeführt werden, ist der im Abschnitt I dargelegte, für die Zahlungsfähigkeit der DDR erforderliche NSW-Exportüberschuss nicht sicherbar.
1985 wäre das noch mit großen Anstrengungen möglich gewesen. Heute besteht diese Chance nicht mehr. Allein ein Stoppen der Verschuldung würde im Jahre 1990 eine Senkung des Lebensstandards um 25–30% erfordern und die DDR unregierbar machen. Selbst wenn das der Bevölkerung zugemutet werden würde, ist das erforderliche exportfähige Endprodukt in dieser Größenordnung nicht aufzubringen. […] Trotz dieser Maßnahmen ist es für die Sicherung der Zahlungsfähigkeit 1991 unerlässlich, zum gegebenen Zeitpunkt mit der Regierung der BRD über Finanzkredite in Höhe von 2–3 Mrd. VM über bisherige Kreditlinien hinaus zu verhandeln. Gegebenenfalls ist die Transitpauschale der Jahre 1996–1999 als Sicherheit einzusetzen. […]
Dabei schließt die DDR jede Idee von Wiedervereinigung mit der BRD oder der Schaffung einer Konföderation aus.

Zitiert nach: Maria Haendcke-Hoppe-Arndt, Außenwirtschaft und innerdeutscher Handel, in: Eberhard Kuhrt, Hannsjörg F. Buck und Gunter Holzweißig (Hrsg.), Die wirtschaftliche und ökologische Situation der DDR in den 80er Jahren, Opladen 1996, S. 63ff.

1. *Fassen Sie die Folgen der Wirtschaftspolitik Honeckers zusammen.*
2. *Überlegen Sie, warum Honecker der Entwicklung nicht früher Einhalt geboten hat.*
3. *Beschreiben Sie, auf welche Weise die Schuldenlast abgetragen wird.*

1) Parteitag der SED 1971 in Ost-Berlin, auf dem die Politik des kurz zuvor abgesetzten Ulbricht kritisiert und als neue „Hauptaufgabe" die „Einheit von Wirtschafts- und Sozialpolitik" beschlossen wurde
2) NSW = Nichtsozialistisches Wirtschaftsgebiet
3) VM = Valutamark = künstliche Recheneinheit im Außenhandel wegen mangelnder Konvertibilität der DDR-Mark

Die „Einheit von Wirtschafts- und Sozialpolitik“ und ihr Preis

Erich Honecker verkündete 1976 den hinfort gültigen politischen Kurs einer „Einheit von Wirtschafts- und Sozialpolitik“. In der DDR sollte eine sozialistische Wohlstandsgesellschaft entstehen, in der bessere Lebensverhältnisse des Normalbürgers hohe politische Priorität genossen (➧ M1).

Tatsächlich verbesserte sich der Lebensstandard der Bevölkerung in den 1970er-Jahren. In der ersten Hälfte des Jahrzehnts stieg die Industriegüterproduktion, die jetzt mehr den Konsum befriedigte, um etwa 30 Prozent. Der Durchschnittslohn der Arbeiter und Angestellten erhöhte sich bis 1980 von 755 auf 1 030 DDR-Mark. Mit sozialen Vergünstigungen versuchte die SED-Führung, die Bevölkerung positiv zu stimmen: Die Mindestlöhne und Renten wurden erhöht, Leistungslöhne gezahlt, mehr Urlaubstage gewährt und die 40-Stunden-Woche eingeführt. Zahlreiche sozialpolitische Maßnahmen machten es Frauen möglich, Familie und Beruf miteinander zu vereinbaren: Der Schwangerschaftsurlaub für berufstätige Mütter wurde bei voller Lohnfortzahlung auf 26 Wochen verlängert, das *„Babyjahr“*[1)] geschaffen, die Kinderbetreuung in Krippen und Kindergärten ausgebaut und Geburtenprämien gezahlt. Allerdings brachte dies den Frauen in der DDR keine wirkliche Gleichberechtigung. Sie versorgten trotz voller Berufstätigkeit meist überwiegend allein Haushalt und Kinder, ihr durchschnittliches Einkommen lag unter dem der Männer und Führungspositionen blieben ihnen weitgehend verschlossen. Die Erwerbstätigkeit von Frauen in der DDR war wirtschaftlich notwendig, denn von den niedrigen Durchschnittseinkommen der Männer allein konnten die Familien nicht leben.

Die Planwirtschaft garantierte stabile Mieten und feste Preise für Strom und Wasser, Grundnahrungsmittel, Bus- und Bahntarife. Dies führte zu abstrusen Ergebnissen: Bauern verfütterten subventioniertes Brot an ihr Vieh, weil es billiger war als die angebotenen Futtermittel. Güter des gehobenen Bedarfs hatten hingegen vergleichsweise hohe Preise (➧ M2).

Planwirtschaft

Auffallend war die geringe Arbeitsproduktivität der staatlichen Betriebe. Die DDR erreichte nur etwa ein Drittel des westdeutschen Niveaus. Nicht zuletzt die Arbeitsplatzgarantie, nach der jeder DDR-Bürger ein „Recht auf Arbeit“ sowie umfassenden Kündigungsschutz genoss, erhöhte die Kosten für die Betriebe und schränkte ihre Anpassungsfähigkeit an veränderte wirtschaftliche Rahmenbedingungen ein.

Die Planwirtschaft konnte kaum konkurrenzfähige Produkte auf dem Weltmarkt anbieten und produzierte Verluste, die lange verheimlicht wurden. Amtliche Statistiken wurden geschönt, um Planerfüllung vorzutäuschen. Besonders krasse Leistungsfälschungen waren in der Wohnungsbaustatistik üblich. Als sich die Partei- und Staatsführung im Oktober 1988 von ihren gleichgeschalteten Medien anlässlich der Übergabe der dreimillionsten Wohnung feiern ließ, waren tatsächlich erst 1,92 Millionen fertiggestellt.

---

1) Das bedeutete beim ersten Kind anfangs die unbezahlte, ab 1986 bezahlte Freistellung der Mutter für ein Jahr bei Garantie des Arbeitsplatzes, beim zweiten und jedem weiteren Kind Urlaub bei Zahlung von 80 Prozent des durchschnittlichen Nettoeinkommens (mindestens 300 Mark).

Zu den Fehlentwicklungen des zentralistischen Wirtschaftssystems gehörte die zu Beginn der Honecker-Ära verordnete Verstaatlichung fast aller noch bestehenden halbprivaten Klein- und Mittelbetriebe, die gerade im Konsumgüterbereich wichtig waren. Dabei konnte die SED auf den Sozialneid der Bevölkerung setzen, da die enteigneten Betriebsinhaber viermal so viel verdient hatten wie ein Arbeitnehmer. Damit war aus ideologischen Gründen der private Mittelstand beseitigt und mit ihm ein volkswirtschaftlich wichtiges dynamisches Element. Übrig blieben nur etwa 2 000 selbstständige Handwerker, Gastronomen und Einzelhändler. Außenwirtschaftlich verdüsterte sich die Lage zusätzlich. Die beiden Ölkrisen 1973 und 1979 und die damit verbundene Preisexplosion sowie die immer engere Eingliederung der DDR-Wirtschaft in den sowjetisch dominierten RGW führten Ende der Siebzigerjahre in die Stagnation. Zusätzlich kürzte die Sowjetunion die Erdöllieferungen um zwei Millionen Tonnen jährlich (etwa 10 Prozent), weil sie angesichts der eigenen ökonomischen Misere mehr Erdöl am Weltmarkt gegen Dollar verkaufen wollte. Obwohl Honecker zu bedenken gab, „ob es zwei Millionen Tonnen Erdöl wert sind, die DDR zu destabilisieren und das Vertrauen unserer Menschen in die Partei und Staatsführung zu erschüttern", blieb die Sowjetführung bei ihrer Entscheidung.

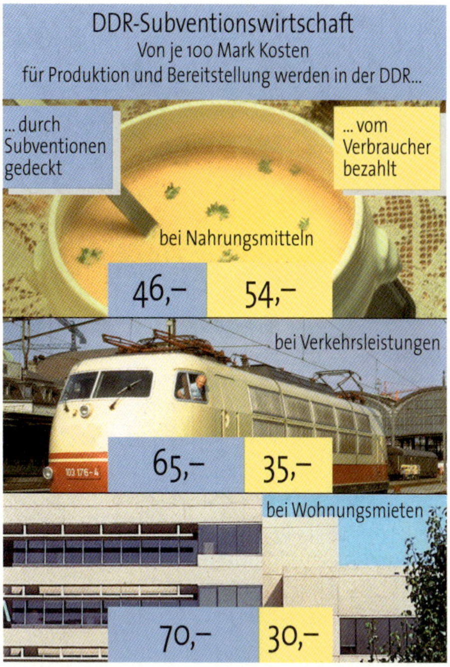

▲ **DDR-Subventionswirtschaft.**
Die Angaben in dem Schaubild stammen von 1989.
• *Erläutern Sie anhand eines konkreten Beispiels die Folgen der Wirtschaftspolitik für die Bürger und den Staat.*

Verschuldung als Ausweg

Der Lebensstandard in der DDR war zwar der höchste aller kommunistisch regierten Staaten, aber trotz aller Propaganda der SED blieb die Bundesrepublik der einzige von den Bürgern akzeptierte Maßstab. Diesem Vergleich hielten die Ergebnisse der Planwirtschaft in keiner Weise stand (➧ M3). Honeckers neue Wirtschafts- und Sozialpolitik war auf Sand gebaut, weil die DDR-Bürger keinen Anlass sahen, für die staatlichen Wohltaten die schwerfällige und jede individuelle Initiative erstickende Planwirtschaft produktiver zu machen.
Überdies kostete die ehrgeizige Sozialpolitik viel Geld. „Sargnagel der DDR" nannte sie später ein hoher Wirtschaftsfunktionär. Zwischen 1970 und 1988 versechsfachten sich die Haushaltsmittel für Konsum, Sozialleistungen und Preissubventionen. Entsprechende Mehreinnahmen der Staatswirtschaft blieben jedoch aus. Es fehlten Investitionsmittel für die Erneuerung der herabgewirtschafteten Betriebe, die zerfallenden Städte, die zerstörte Umwelt.

▲ **Intershop mit Westwaren.**

Zeitgenössisches Foto.

In den Intershops gab es sogar die heiß begehrte „Levi's Jeans", zu kaufen – aber nur, wenn man Westgeld hatte. Diese Läden waren ein Armutszeugnis für den real existierenden Sozialismus. Die Devisen-Erlöse für den SED-Staat gingen in die Milliarden. Hier konnten DDR-Bürger aber auch einen direkten Warenvergleich zwischen Ost und West anstellen, der stets zuungunsten des Ostens ausfiel.

Weil die DDR in den 1970er-Jahren dauerhaft mehr Waren importierte als eigene exportierte, verschuldete sie sich immer stärker gegenüber den westlichen Lieferanten und Banken. Immer neue Kredite mussten aufgenommen werden, um die Zinsen bezahlen zu können. 1980 war die Auslandsverschuldung bereits auf 28 Milliarden DM angewachsen. Bedenken hochrangiger Wirtschaftsfunktionäre wies Honecker zurück.
Die SED-Führung war bereit, sich weiter zu verschulden, weil sie mit einem weiteren Zuwachs von DM-Zuflüssen rechnete, da alle Regierungen in Bonn Unterstützung signalisierten.
Ungeachtet dessen geriet die DDR 1981/82 an den Rand der Zahlungsunfähigkeit. Das lag neben der hausgemachten Handelsverschuldung auch an einem weltweiten Inflationsschub mit stark steigenden Zinsen und einer größeren Vorsicht der Gläubigerbanken im Westen.

Milliardenkredite und wirtschaftlicher Niedergang

1983/84 konnte die internationale Kreditwürdigkeit der DDR nur durch zwei vom Bayerischen Ministerpräsidenten Franz Josef Strauß vermittelte und von der Bundesregierung abgesicherte Milliardenkredite wiederhergestellt werden. Im Gegenzug erklärte sich die DDR bereit, Minenfelder und Selbstschussanlagen an der innerdeutschen Grenze abzubauen, über 1 000 DDR-Bürger aus der Haft zu entlassen und ihre Übersiedlung in die Bundesrepublik zu erlauben sowie Erleichterungen im Reiseverkehr zu gestatten.

Ein Schuldenabbau fand jedoch nicht statt. Bis 1989 hielt sich die DDR mühsam mit undurchsichtigen Rechenkunststücken, aber auch realen Exportsteigerungen bei Gütern gehobener Qualität wie Kameras und Hifi-Anlagen zulasten des Konsums der eigenen Bevölkerung und vor allem durch dubiose Geschäfte mit Devisen[1] in großem Stil durch das Ministerium für Staatssicherheit über Wasser.

Doch der endgültige wirtschaftliche Niedergang war nur eine Frage der Zeit. Enttäuschung und Ungeduld über die eigenen Lebensumstände machten sich breit. An eine Verbesserung der Verhältnisse in der DDR glaubten immer weniger Menschen. Immer häufiger kam es erneut zu Versorgungsengpässen. Schlangen vor den Geschäften gehörten zum Alltag. Die Unzufriedenheit der Bürger, die nicht über D-Mark-Devisen verfügten, um sich die begehrten Westwaren in Intershops zu kaufen, wuchs dramatisch. Vom DDR-Sozialismus wollte die Mehrheit der Bürger nichts mehr wissen. Die meisten sozialistischen Konzerne (Kombinate) lebten von der Substanz, Umweltschutz war ein Fremdwort. Die Abhängigkeit der DDR-Wirtschaft von der Bundesrepublik war nicht mehr zu übersehen, obwohl die Propaganda das Gegenteil behauptete. Die Auslandsverschuldung betrug nach einer Berechnung der Deutschen Bundesbank im Mai 1990 rund 27 Milliarden D-Mark. Führende SED-Wirtschaftsfunktionäre nannten Honeckers Nachfolger Egon Krenz Ende Oktober 1989 sogar 49 Milliarden D-Mark. Sie hielten eine Absenkung des Lebensstandards der Bevölkerung um 25 bis 30 Prozent für nötig, um den wirtschaftlichen Zusammenbruch zu verhindern. Die DDR hatte weit über ihre Verhältnisse gelebt (➧ M4).

▶ **Der „Silbersee“ in Bitterfeld.**
Foto, Juni 1990.
Der See war biologisch tot und glänzte silbern. In ihn wurden vor allem Abfälle einer Filmfabrik eingeleitet. Umweltdaten waren in der DDR Staatsgeheimnis.

---

[1] *Zahlungsmittel in ausländischer Währung. Die DDR brauchte fremde Währungen aus dem Westen, weil sie für ihr eigenes Geld im westlichen Ausland keine gleichwertigen Waren und Dienstleistungen erwerben konnte.*

2.4 Formen der Opposition und staatliche Repression

1982
Pfarrer Rainer Eppelmann und Robert Havemann fordern im „Berliner Appell – Frieden schaffen ohne Waffen" mehr Toleranz, freie Meinungsäußerung sowie den Abzug der „Besatzungstruppen" aus beiden Teilen Deutschlands.

1985
Die „Initiative Frieden und Menschenrechte" (IFM) wird von Bürgerrechtlern in Ost-Berlin gegründet.

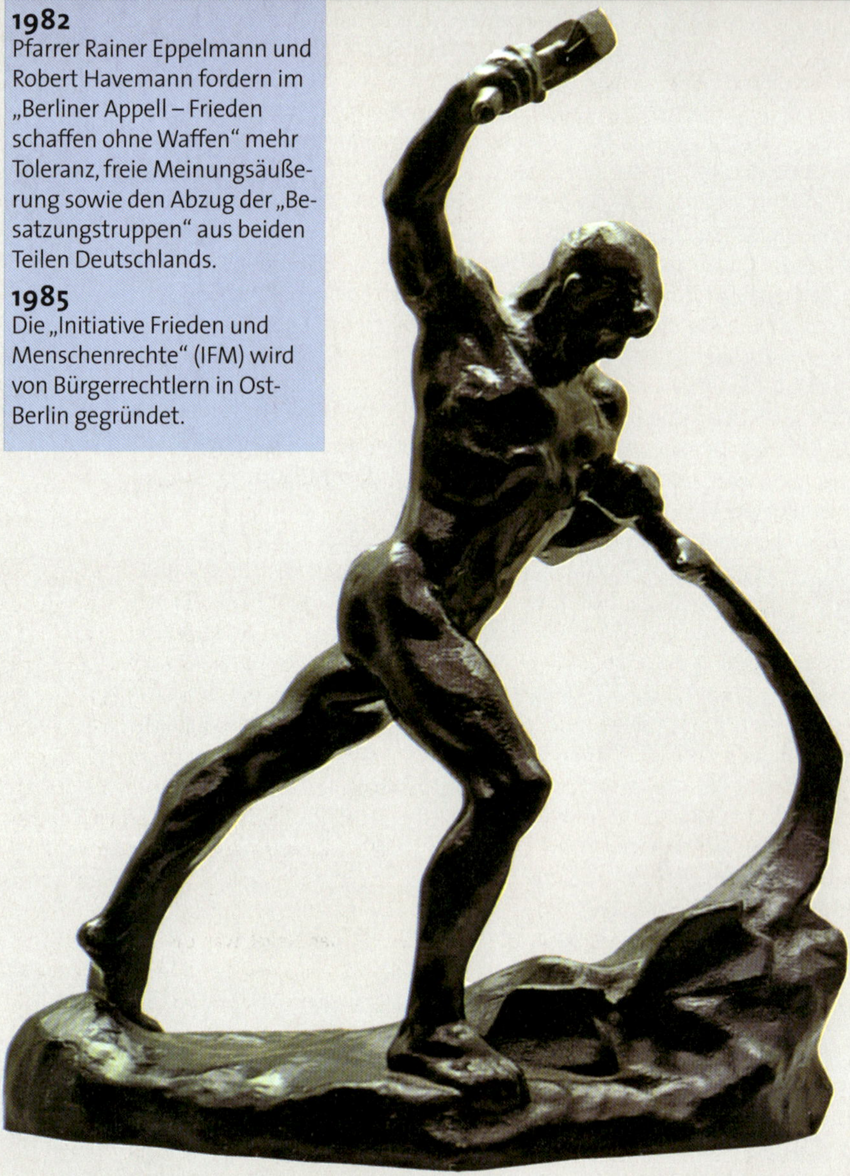

▲ **Plastik des Symbols „Schwerter zu Pflugscharen".**
Eisenguß (27,1 x 9,8 x 21 cm), 1978.
Unter dem Motto „Schwerter zu Pflugscharen" forderte die christliche Friedensbewegung zur Abrüstung auf. Die meist jugendlichen Friedensaktivisten trugen das Protestsymbol als Aufnäher an der Kleidung.

- *Recherchieren Sie, was als Vorbild für das Symbol diente.*

M1

Das Leben wird einem nur einmal geschenkt – Anpassung als Strategie des Überlebens

Joachim Gauck ist bis zum Zusammenbruch der DDR Pfarrer in Rostock. Er schließt sich im Herbst 1989 der Bürgerrechtsbewegung an und ist Abgeordneter der ersten und einzigen frei gewählten Volkskammer der DDR vom März bis Oktober 1990. Bis Oktober 2000 leitet er die nach ihm benannte Behörde in Berlin als „Bundesbeauftragter für die Unterlagen des Staatssicherheitsdienstes der ehemaligen DDR". Im Juni 2010 wird Gauck von SPD und Grüne als Kandidat für das Bundespräsidentenamt aufgestellt.

▲ **Staatssicherheitsgefängnis in Potsdam.**
Foto von Jörn Vanhöven, 1990.

Mit dem Bau der Mauer wurde gleichsam die Leibeigenschaft zur Staatsdoktrin erhoben, denn von da an konnte nur derjenige diesem System noch entgehen, der bereit war, sein eigenes Leben aufs Spiel zu setzen. Das Gefühl, wehrlos in der Falle zu sitzen, veränderte das Verhältnis zu diesem Staat und seinen schamlosen Lügen wieder, dass mit dem Bau des „antifaschistischen Schutzwalles" der Frieden gerettet worden sei. Der Bürger dachte sich zwar immer noch seinen Teil, aber er konnte es nicht mehr wagen, dies auch auszusprechen, denn es gab ja kein Entrinnen mehr. Hinter der Formel vom „gelernten DDR-Bürger" verbirgt sich vor allem diese Grunderfahrung. […]

Wer fortan nicht als Märtyrer kämpfen wollte, musste sich ohne diese letzte Möglichkeit der Selbstverteidigung arrangieren. Für alle, die auch im real existierenden Sozialismus das Leben, das einem schließlich nur einmal geschenkt wird, genießen wollten, die fröhlich sein und Kinder haben wollten – für die wurde Anpassung von nun an zu einer Strategie des Überlebens.

Zwar gehörten die terroristischen Instrumente des Stalinismus wie Folter, Verschleppung oder Mord der Vergangenheit an, aber seine zivile Spielart breitete sich nun ungehemmt in alle Lebensbereiche aus. Die Vorstellung der SED, im Besitz der absoluten Wahrheit zu sein, ihr Anspruch auf die absolute Macht bestimmten von nun an das Leben der DDR-Bürger buchstäblich von der Wiege bis zur Bahre. Das Ministerium für Staatssicherheit drang immer umfassender in das gesamte gesellschaftliche Leben der DDR ein und war als Angstapparat der SED ungeheuer wirkungsvoll. […]

In dieser Situation wirkte die Angst gleichsam als ein Signalsystem, das ein unauffälliges Alltagsleben durch Anpassung gewährleistete. Sie wurde für mehrere Generationen […] zum Motor, der vieles in Gang setzte: Angst bewirkte Anpassung oder sogar Überanpassung bei denen, die ihre Ellenbogen einzusetzen vermochten, sie bewirkte Depression und Rückzug in die viel beschriebenen Nischen der DDR-Gesellschaft. Sehr selten bewirkte die Angst auch Protest – bezeichnenderweise vor allem bei den Jüngeren, die noch nicht jahrzehntelang das Gefühl permanenter Bedrohung verinnerlicht hatten. In der Regel war die Angst jedenfalls so wirksam, dass ein gewisses Maß an Überanpassung zur DDR-Normalität gehörte. […]

Die Erziehung zur Anpassung begann bereits in der Kinderkrippe und im Kindergarten. Rigoros wurde hier das oberste sozialistische Erziehungsziel „Individualität hemmen und den eigenen Willen brechen" durchgesetzt. Schon ein Erstklässler bekam mitunter zu spüren, wie unverzichtbar Anpassung war, weil die Lehrer häufig eher die staatstreue Gesinnung als die fachliche Leistung bewerteten. […] Die in der Volksbildung vorherrschende Pädagogik, die den Schülern antrainierte, anders zu reden als zu denken, setzte sich auch in vielen Familien fort. Manche Eltern haben ihre Kinder sogar gegen die eigene Überzeugung zu angepasstem Verhalten erzogen, um ihnen eine reibungslose Ent-

wicklung zu ermöglichen. […] Wichtig war nicht so sehr, wirtschaftlich erfolgreich zu sein, sondern der Nachweis, dass der Einzelne funktionierte, indem er das, was von ihm gefordert wurde, akzeptierte und bereit war, die von anderen formulierten Gesellschaftsziele „schöpferisch" mitzugestalten. […]
Diese fast pathologische Spaltung der Persönlichkeit finden wir nicht nur bei vielen inoffiziellen Mitarbeitern der Stasi – sie ist, wenn man so will, geradezu ein Kennzeichen des Menschen in der sozialistischen Gesellschaft gewesen. Denn obwohl viele Menschen anders redeten und auch anders handelten, waren sie doch insgeheim Gegner des Systems. Für sie war es eine Strategie des Überlebens oder auch des Erfolges, so zu tun, als ob sie für das System seien […].

Joachim Gauck, Die Stasi-Akten. Das unheimliche Erbe der DDR, Reinbek 1991, S. 45 ff.

1. *Erläutern Sie anhand des Textes von Joachim Gauck, wie die SED-Führung die Funktionstüchtigkeit ihres Regimes zu sichern versuchte.*
2. *Erklären Sie, welche Funktion die Nischen der DDR-Gesellschaft nach Gauck für den „gelernten DDR-Bürger" erfüllten. Erörtern Sie, ob es andere Möglichkeiten gab, mit dem Anpassungsdruck umzugehen.*

M2
Politische Witze → Missstände

Die Bürger in der DDR bedienen sich des politischen Witzes, um die Machthaber, die herrschende Ideologie und die gegebenen Verhältnisse zu ironisieren und zu kritisieren. Hier einige Beispiele:

Wer ist der beste Elektriker? Ulbricht: Er hat es in unglaublich kurzer Zeit fertig gebracht, die ganze DDR zu isolieren.

Fritz schreibt im Staatsbürgerkundeunterricht einen Aufsatz: „Früher ging es uns gut. Im Sozialismus geht es uns noch besser. Ich bin trotzdem der Meinung, dass es am besten wäre, wenn es uns wieder gut ginge."

Ein Fluggast kommt gerade auf dem Flughafen Schönefeld an und fragt einen Taxifahrer: „Sind sie frei?" Der Taxifahrer schaut verwundert auf den Fluggast: „Nein, ich bin DDR-Bürger, das sehen Sie doch!"

Dürfen wir in der DDR frei und offen sagen, was wir denken? Selbstverständlich, aber natürlich dürfen wir niemals etwas denken, was wir nicht frei und offen sagen dürfen.

Ein Specht aus Bayern verirrte sich über die innerdeutsche Grenze in Richtung DDR. Begeistert schreibt er nach wenigen Tagen an seine bayerischen Artgenossen: „Kommt mir nach, die DDR ist ein wunderbares Land! Überall ist der Wurm drin!"

Zwei DDR-Grenzsoldaten stehen auf Posten und starren in Richtung BRD. „Woran denkst du jetzt?", unterbricht der eine das Schweigen. „Daran, woran auch du denkst." – „Dann muss ich dich jetzt verhaften!"

Was ist der Unterschied zwischen Handwerkern und Russen? Die einen kommen nicht – die anderen gehen nicht!

Ein DDR-Rentner kommt von seinem ersten Besuch in der BRD zurück. „Na, wie war's denn, erzähl mal." Entgegnet der Rentner: „Eigentlich ist es wie bei uns: Für Westmark kriegst du alles."

Kommt ein Mann ins Centrum-Warenhaus am Alexanderplatz, 1. Stock. Fragt er die Verkäuferin: „Sagen Sie, gibt's hier keine Teppiche?" Die Verkäuferin: „Das ist falsch. Hier gibt's keine Möbel. Keine Teppiche gibt's zwei Etagen höher."

Andrea Schiewe und Jürgen Schiewe, Witzkultur in der DDR. Ein Beitrag zur Sprachkritik, Göttingen 2000, S. 43–69

Analysieren Sie die in den Witzen kritisierten Missstände.

M3

Unterwanderung von Friedenskreisen

*Wolfgang Rüddenklau (*1953), Mitglied der Berliner Friedensbewegung und Mitbegründer der Untergrundzeitschrift „Umweltblätter", berichtet über das Vorgehen der Stasi gegen den 1981 gegründeten Pankower Friedenskreis:*

Gern und oft beschrieb die Staatssicherheit in ihren Papieren ihre in diesem Zusammenhang erzielten Erfolge. Deshalb liegen uns ziemlich genaue Angaben über die gelungene Zerschlagung des Friedenskreises Pankow [...] vor. In einem Papier der Abteilung XX vom 15.9.1986, „Aktuelle Erfahrungen bei der Bekämpfung feindlich-negativer Kräfte und Gruppierungen politischer Untergrundtätigkeit in der Hauptstadt Berlin", heißt es dazu:
„Im ‚Friedenskreis Pankow' erfolgt seit 1983 der Einsatz gesellschaftlicher Kräfte, die zum einen durch die Kreisleitung der SED Pankow ausgewählt und instruiert wurden und sich zum anderen aus ausgewählten Studenten der Humboldt-Universität, Direktstudenten des MfS der Sektion Kriminalistik, die durch die Abteilung XX direkt geführt wurden, zusammensetzten. Mit dem Wirksamwerden der gesellschaftlichen Kräfte wurden ab Frühjahr 1984 die Einflussmöglichkeiten der feindlich-negativen Personen deutlich zurückgedrängt. Keine Veranstaltung erreichte mehr das durch die Leitung gestellte Ziel; offen feindliche und hetzerische Äußerungen während der Veranstaltung wurden eingeschränkt, die Teilnehmerzahlen gingen um ca. 75 Prozent gegenüber 1983 zurück. Im Ergebnis des aktiven Auftretens gesellschaftlicher Kräfte und der fehlgeschlagenen Gegenmaßnahmen der Leitung des ‚Friedenskreises' wurde diese zusehends konzeptionslos, und bei führenden Mitgliedern traten deutliche Resignationserscheinungen auf."
Es gelang also, um es mit klaren Worten zu sagen, den Friedenskreis permanent mit Stasi-Leuten zu majorisieren, sodass eine systematische Arbeit nicht mehr möglich war. In einem Bericht aus dem Jahre 1987 wird befriedigt festgestellt, dass der Friedenskreis Pankow zu einem Kreis mit vorwiegend religiöser Orientierung wurde. Allerdings bemerkt ein Beobachter Anfang 1989 besorgt, „dass gegenwärtig deutliche Reaktivierungsbestrebungen existieren".

Für die Friedensgruppen war die Paralysierung des Pankower Friedenskreises ein wichtiges Lehrbeispiel [...]. Die Abschottung gegen die Staatssicherheit wurde verschieden geregelt: über innere Kreise, die die eigentlichen Entscheidungen trafen, Überprüfung des Vorlebens von Hinzugekommenen, Ausprobieren der Zuverlässigkeit in der praktischen Arbeit etc. Natürlich geriet diese Abwehrnotwendigkeit regelmäßig in Konflikt mit den demokratischen Strukturen der Kreise oder wurde sogar zum Alibi für autokratische Strukturen. Im Nachhinein zeigt sich, dass das Problem von niemandem so recht gelöst werden konnte. Inoffizielle Mitarbeiter der Staatssicherheit saßen, wie wir mittlerweile wissen, in internsten Runden.

Wolfgang Rüddenklau, Störenfried. DDR-Opposition 1986–1989. Mit Texten aus den „Umweltblättern", Berlin [2]1992, S. 38ff.

1. *Nennen Sie Gründe dafür, warum das MfS den „Friedenskreis Pankow" nicht mit staatlichen Verboten bekämpfte, sondern durch Unterwanderung.*
2. *Diskutieren Sie über die Wirkungen der vom MfS angewandten Zersetzungsmaßnahmen.*

Staat ohne legale Opposition

Zu keinem Zeitpunkt akzeptierte die SED eine legale Opposition auf dem Boden der DDR. Ihr Herrschaftsanspruch war absolut. Personen oder Gruppierungen, die sich dem widersetzten, galten als Staatsfeinde und wurden mit unnachsichtiger Härte verfolgt und kriminalisiert. Wer in der Öffentlichkeit individuell oder mit anderen zusammen gegen die Politik der SED protestierte, demonstrativ aufbegehrte oder sich auf andere Weise als Gegner des Regimes zu erkennen gab, gefährdete sich und seine Familie und musste mit unterschiedlichsten Sanktionen der Staatsmacht rechnen – je nachdem wie gefährlich er von den Parteiorganen, dem Staatssicherheitsdienst, der Volkspolizei oder den parteiabhängigen Justizbehörden eingestuft wurde. Dazu zählten soziale Ausgrenzung, berufliche Benachteiligung bis hin zum Berufsverbot, Ausbürgerung gegen den eigenen Willen und strafrechtliche Verfolgung mit häufig langjähriger Gefängnishaft unter menschenrechtswidrigen Bedingungen.
Wer das Machtmonopol der Partei infrage stellte, weil er sich nicht öffentlich zu ihr bekannte, konnte keine Karriere machen. Er blieb aber in aller Regel unbehelligt, solange er sich nur gleichgültig und passiv verhielt. Nicht wenige DDR-Bürger traten einer der gleichgeschalteten Blockparteien bei, um beruflich wenigstens eine mittlere Führungsebene zu erreichen.

„Nischengesellschaft“

Widerständiges Verhalten in der DDR war immer eine Sache von Minderheiten. Vor allem seit dem Mauerbau 1961 fanden sich die meisten DDR-Bürger notgedrungen mit den Verhältnissen ab. Sie versuchten, das Beste aus ihrer Lage zu machen, arbeiteten hart und suchten nach persönlichen Freiräumen und Nischen. Das erzwungene Arrangement mit dem ungeliebten Regime produzierte allerdings auch politische Apathie. Die politische Stabilität blieb vordergründig und führte nicht zur Aussöhnung zwischen Bürgern und Staat. Trotz ständiger ideologischer Indoktrination behielt die große Mehrheit der Bevölkerung ihre innere Distanz zum „real existierenden Sozialismus“. Das geforderte Mindestmaß an Loyalität wurde erbracht, die öffentlichen Losungen hingenommen, aber zumeist nicht befolgt, die Doppelzüngigkeit zwischen dem, was öffentlich und im vertrauten Kreis gesagt wurde, perfektioniert. Viele Menschen in der Honecker-Ära zogen sich immer mehr in ihre Privatsphäre und den Freundeskreis zurück. Das mühselig, aber trickreich und mit großer Ausdauer errichtete Wochenendhaus, die „Datsche“, wurde zum Symbol einer „*Nischengesellschaft*“ im Obrigkeitsstaat. Die Nischengesellschaft stiftete Solidarität zwischen den gegängelten Bürgern; vielfach bestimmten aber auch Neid, Unaufrichtigkeit und Misstrauen ihre Beziehungen untereinander als Folge von Bespitzelung und Überwachung (➧ M1).

Vorgetäuschte Zustimmung

Bis in die frühen 1980er-Jahre war der politische Alltag in der DDR von der „aktiven Mitarbeit vieler und der passiven Loyalität der Mehrheit der Bürger“ (Ehrhard Neubert) bestimmt. Der SED-Staat konnte sich auf ein massenweises, vielfach nur vorgetäuschtes Teilnahmeverhalten stützen. Noch im November 1989 hatten mehr als zwei Millionen Menschen ein SED-Parteibuch, und weitere Millionen waren Mitglied in den zahlreichen Massenorganisationen. Die Beteiligung an den „Wahlen“ auf allen staatlichen Ebenen, an der Jugendweihe, den Massenaufmärschen am 1. Mai und am 7. Oktober oder bei

▲ **„He, Sie! Sie verstoßen gegen das Landeskulturgesetz!“**
Ostdeutsche Karikatur von Uwe Kraeusel, 1980er-Jahre.
• *Deuten Sie die dargestellte Szene.*

den häufigen Unterschriftenaktionen und Solidaritätsbekundungen verweigerten nur wenige Menschen. Man machte mit, ohne sich allzu stark zu engagieren. Man kritisierte die staatlichen Instanzen hinter vorgehaltener Hand wegen Versorgungsmängeln aller Art, ohne sich jedoch öffentlich zu exponieren (➧ M2).
Viele Bürger wichen vor der erdrückenden Macht der SED zurück. Diese wiederum fühlte sich dadurch bestärkt in der Richtigkeit der von der Parteispitze unermüdlich verkündeten Einheit von Staat und Bürgern. Dabei wusste man in den oberen Parteigremien, dass ein großer Teil der Bevölkerung unzufrieden war mit dem allgemeinen Lebensstandard, der ausschließlich mit dem in Westdeutschland verglichen wurde. Die Hunderttausenden Eingaben an den Staatsratsvorsitzenden Honecker sprachen eine deutliche Sprache und wurden nach Möglichkeit auch erfüllt. Entscheidend war für die SED-Führung jedoch, dass die Mehrheit der Bürger keine politischen Fragen stellten und sich ruhig verhielten.

Friedens- und Umweltgruppen im Visier der Staatsmacht

Die Krise der kommunistischen Herrschaft in der DDR entzündete sich nicht nur am Versagen der Ökonomie. Den Boden für die Massenproteste des Jahres 1989 bereiteten kleine oppositionelle Gruppierungen und Diskussionskreise, die seit den späten Siebzigerjahren das Regime herausforderten. Sie verlangten Meinungs- und Reisefreiheit gemäß der von der DDR-Regierung 1975 unterschriebenen KSZE-Schlussakte, sie protestierten gegen den 1978 in den Schulen eingeführten „Wehrunterricht“, gegen die staatlich verordnete Militarisierung der Gesellschaft, die atomare Aufrüstung in Ost und West und gegen die von der SED geleugnete ökologische Krise im Land. Vornehmlich junge DDR-Bürger fanden sich in kirchlichen Friedensseminaren und Friedenswerkstätten zusammen. Umweltaktivisten wie die Mitglieder der *Umweltbibliothek* in der Ost-Berliner Zionskirche und anderenorts versuchten die Öffentlichkeit für die überall sichtbare Umweltzerstörung zu sensibilisie-

ren. Zu einem Symbol dieser wachsenden Oppositionskultur wurde die Nikolaikirche in Leipzig, wo sich seit 1982 jeden Montag Gleichgesinnte zu Friedensgebeten und Mahnwachen für inhaftierte Mitstreiter trafen.
Eine wichtige Rolle in diesem Prozess der Herausbildung einer Gegenöffentlichkeit zur offiziellen Propaganda spielten der 1982 von Pfarrer *Rainer Eppelmann* sowie dem Physiker und marxistischen Regimekritiker Robert Havemann formulierte und von Tausenden unterschriebene *„Berliner Appell – Frieden schaffen ohne Waffen"* sowie die 1985 von Bürgerrechtlern in Ost-Berlin (u.a. *Bärbel Bohley, Ralph Hirsch, Gerd Poppe, Wolfgang Templin, Vera Wollenberger*) gegründete *„Initiative Frieden und Menschenrechte"* (IFM). In zahlreichen Städten bildeten sich Friedensgruppen wie die „Friedensgemeinschaft Jena" oder die in Berlin gegründete Gruppe „Frauen für den Frieden", die gegen das neue Wehrgesetz von 1982 protestierte, das im Fall einer Mobilmachung auch die allgemeine Wehrpflicht für Frauen vorsah.
Die SED reagierte mit Verhaftungen und Ausbürgerungen prominenter Oppositioneller und vor allem mit dem massiven Einsatz von Inoffiziellen Mitarbeitern der Staatssicherheit. Die beabsichtigte „Zersetzung" oppositioneller Gruppierungen ging so weit, dass manche Friedenskreise regelrecht von Stasi-Spitzeln kontrolliert wurden (➧ M3). Die Zahl der Aktivisten war jedoch begrenzt. Anfang 1988 ging das MfS von 500 Personen in Berlin und im „Republikmaßstab" von rund 1 000 Personen aus.

▲ **Informationsstand der Gruppe „Frauen für den Frieden" in Ost-Berlin.**
Foto, 1983.

▲ **„Das Leben der Anderen."**
DVD-Cover des Spielsfilms, Drehbuch und Regie: Florian Henckel von Donnersmarck, 2005.
Das Bild zeigt den Stasi-Mitarbeiter Gerd Wiesler, der im Film von Ulrich Mühe (1953–2007) gespielt wird.

„Das Leben der Anderen"

Der 2007 mit einem Oscar ausgezeichnete Spielfilm „Das Leben der Anderen" thematisiert die Methoden der Stasi und ihre brutalen Eingriffe in die Privatsphäre vieler kritischer Bürger. Der Film erzählt für ein breites Publikum wirklichkeitsnah einen kurzen Zeitraum der Geschichte. Stärker als andere Quellenarten vermittelt er die Atmosphäre in der krisenhaften DDR-Gesellschaft der 1980er-Jahre. Der Film bildet aus einer bestimmten Sicht einen Ausschnitt aus einem Geschehen facettenreich ab, in dessen Mittelpunkt Individuen stehen. Deren Gedanken, Gefühle und länger wirkende Hintergründe ihrer aktuellen Situation will der Film spiegeln.

Die Handlung

Ost-Berlin, November 1984: Fünf Jahre vor Öffnung der Berliner Mauer sichert die SED ihre Macht in der DDR durch den perfiden Überwachungsapparat des Ministeriums für Staatssicherheit. Der Verhörspezialist Hauptmann Wiesler übernimmt die „Observation" des erfolgreichen Dramatikers Georg Dreyman und seiner Freundin, der Schauspielerin Christa-Maria Sieland. Es gibt plötzlich Zweifel an der politischen „Linientreue" des bisherigen „Vorzeigepaars der ostdeutschen Kulturszene". Zunehmend fühlt sich der überzeugte Stasi-Mitarbeiter vom Leben der beiden berührt. Als er erfährt, dass die Überwachung im Auftrag des Stasi-Ministers und Mitglieds des SED-Zentralkomitees Bruno Hempf keine politischen, sondern private (Liebes-)Motive hat, sabotiert er seinen Auftrag: Er fälscht die Abhörprotokolle – mit weitreichenden Folgen für alle Beteiligten ...

Fragen zur Filmanalyse

1. *Die erzählte Zeit des Films beginnt 1984 und endet 1991. Erarbeiten Sie eine Zeitleiste der wichtigsten Ereignisse der deutsch-deutschen Geschichte jener Jahre.*
2. *Fassen Sie die Handlung zusammen, nennen Sie Ort und Zeit. Wird fortlaufend erzählt oder gibt es Sprünge?*
3. *Charakterisieren Sie die Hauptpersonen und ihre Beziehungen zueinander. Bestimmen Sie ihren politischen Standort und ihre Entwicklung während der Filmhandlung.*
4. *Erläutern Sie, wie der Film die Stasi charakterisiert. Welche Methoden werden deutlich? Zeigen Sie, wie die Stasi mit den Überwachten und seinen Mitarbeitern umgeht.*
5. *Geben Sie wieder, was Sie aus dem Film über die Aktivität der Stasi speziell im Bereich der Kultur der DDR erfahren. Erläutern Sie, wie der Film das Verhältnis von Kulturpolitik und Systemkritik darstellt. Ziehen Sie vergleichend Stellungnahmen von Künstlern der DDR heran.*
6. *Erklären Sie den Titel des Films.*

7. *Der Historiker Manfred Wilke schreibt: „Mit der Figur Wiesler rückt der Film eine gebrochene Biografie aus der DDR in den Mittelpunkt und zeigt in überzeugender Weise die Mechanismen der Repression im SED-Staat und wie in seiner Endzeit ein Kommunist erkennt, dass er nicht für einen Menschheitstraum Feinde jagt, sondern im Interesse einer zynischen Clique an der Spitze von Partei und Staat Menschen verfolgt, die ihr eigenes Leben selbstbestimmt gestalten wollen." Erläutern Sie die Aussage. Diskutieren Sie, ob es glaubwürdig ist, dass sich ein Profiteur des SED-Regimes wie Wiesler von ihm abwendet.*
8. *Prüfen Sie, ob der Film sachlich informiert. Berücksichtigen Sie für Ihre Bewertung andere Quellen.*
9. *Beurteilen Sie, ob der Film Authentizität über das Leben in der DDR vermittelt. Ist er ein historisches Dokument? Begründen Sie Ihr zusammenfassendes Urteil.*

Analyse einer Sequenz

Alternative 1: In der Eröffnungssequenz des Films befragt Wiesler im November 1984 im Stasi-Untersuchungsgefängnis Hohenschönhausen bei Berlin einen Gefangenen zur „Republikflucht" seines Freundes. Eingeblendet werden Szenen aus der Stasi-Hochschule Potsdam-Eiche, wo Wiesler in einem Hörsaal seinen Studenten das Video seines Verhörs zeigt.

Alternative 2: Die Stasi sucht in Dreymans Wohnung dessen illegale Schreibmaschine, auf der er verbotenerweise einen Beitrag für das westdeutsche Nachrichtenmagazin „Der Spiegel" über die geheime Selbstmordstatistik in der DDR getippt hat. Ihm wird klar, dass seine Freundin ihn verraten hat. Er wundert sich über das leere Versteck, ist aber erleichtert. Kurz darauf wird die Frau, die er liebt, vor seinem Haus von einem Auto überfahren und stirbt in seinen Armen.

Alternative 1

1. *Erläutern Sie die Verhörmethoden der Stasi. Charakterisieren Sie Hauptmann Wiesler.*

Alternative 2

2. *Erläutern Sie Dreymans Reaktionen auf das Geschehen.*

Alternative 1 und 2

3. *Analysieren Sie Erzählstruktur, Schnitt, Kameraführung und Montage, Musik und Ton, Licht, Ausstattung sowie Kostüme.*
4. *Erklären Sie, welche Wirkung durch das Zusammenspiel der filmischen Mittel erzielt wird.*
5. *Diskutieren Sie die Auswirkungen des Überwachungssystems auf die Gesellschaft.*

Literaturtipp

Florian Henckel von Donnersmarck, Das Leben der anderen. Filmbuch mit Beiträgen von Sebastian Koch, Ulrich Mühe und Manfred Wilke, Frankfurt am Main 2007

2.5 Reaktionen auf Perestroika und die Umbrüche im Ostblock

▲ **Grenzöffnung.**
Foto, 27. Juni 1989.
Der ungarische Außenminister Gyula Horn und sein österreichischer Amtskollege Alois Mock durchtrennen symbolisch den Stacheldrahtzaun bei Sopron.

1985
Nach seinem Amtsantritt am 11. Mai leitet Michail Gorbatschow in der Sowjetunion eine Reformpolitik ein („Glasnost“ und „Perestroika“), die von der SED-Führung strikt abgelehnt wird.

1989
In Ungarn und Polen werden die kommunistischen Diktaturen beseitigt. Statt auf Reformen setzt Erich Honecker auf einen „Sozialismus in den Farben der DDR“.

▲ **20. Jahrestag der Gespräche am „Runden Tisch" in Polen.**
Foto, 6. Februar 2009.
Der polnische Staatspräsident Lech Kaczynski (1949–2010) spricht auf einem Treffen von Historikern zum 20. Jahrestag des „Runden Tisches" in Polen. Neben ihm ist das Wahlplakat von 1989 aufgestellt (Titel: „Solidarność – High noon am 4. Juli 1989").

- *Erklären Sie, was die Papierrolle in den Händen des Cowboys symbolisiert.*

M1

„Der Fall der Mauer begann in Danzig"

Im Interview mit der „taz" am 5. Februar 2009 spricht Henryk Wujec, einer der bedeutendsten Solidarność[1]-Aktivisten, über die Ereignisse in Polen 1989:

taz: *Sie haben für Solidarność 1989 am Runden Tisch in Warschau mit den Kommunisten verhandelt. Haben Sie erwartet, dass sie zwanzig Jahre später in einer Demokratie leben würden?*

Henryk Wujec: Wir hatten nicht die geringste Ahnung. Schließlich lebten wir seit 1945 im kommunistischen Block. Wir wussten, dass alle Versuche, sich von diesen Fesseln zu befreien, mit dem Einmarsch der sowjetischen Armee enden würden. So wie in 1956 Ungarn oder 1968 in der Tschechoslowakei. Unsere Hauptforderung war nur die Wiederzulassung der unabhängigen Gewerkschaft Solidarność.

taz: *Wie wirkten Glasnost und Perestroika?*

Henryk Wujec: Uns war klar, es war viel möglich. Sehr viel. Aber dass in Polen innerhalb von ein paar Monaten eine demokratische Regierung entstehen könnte und sich später sogar die sowjetische Armee freiwillig aus Polen zurückziehen könnte, das hatten wir in unseren kühnsten Träumen nicht erwartet.

taz: *Am Gebäude der ehemaligen polnischen Botschaft in Berlin hängt ein Banner mit der Aufschrift „Es begann in Gdansk". Warum ist das so wichtig?*

---

[1] *Zur „Solidarność" siehe auch Seite 114 f.*

Henryk Wujec: Weil eben wirklich alles in Danzig begann, das freie Polen, der Fall der Mauer, die samtene Revolution, das Ende des Kommunismus. Es begann mit den Streiks auf der Lenin-Werft, wo die Arbeiter die erste unabhängige Gewerkschaft im ehemaligen Ostblock erkämpften. Die Solidarność machte dann allen anderen vor, dass es möglich ist, das scheinbar Unmögliche zu erreichen. Der Fall der Mauer begann in Danzig. Daran sollten sich die Deutschen erinnern.

taz: *Denken Sie, dass die Montagsdemonstrationen in Leipzig, Berlin und anderen Städten die Solidarność-Streiks zum Vorbild hatten?*

Henryk Wujec: Die Polen waren schon frei. Sie hatten sich selbst befreit. Das gab allen anderen Mut, auch den Deutschen. Sie würden es allein schaffen. Der Ruf „Wir sind ein Volk!" zeigt das doch. Hilfe von außen war nicht notwendig, keine amerikanischen Panzer und keine waffenstarrenden Armeen. [...]

taz: *Sie haben 1989 das Wahlplakat mit Gary Cooper lanciert, das weltberühmt wurde.*

Henryk Wujec: Ich organisierte damals mit anderen die Wahlen für die Solidarność. Wir hatten nichts, kein Fernsehen, kein Radio, keine Zeitungen. Die Kommunisten hingegen hatten Zugang zu allen Massenmedien. Wir hatten Angst, die Wahlen zu verlieren, weil niemand wusste, wer zu uns gehörte. Bislang hatte die Opposition immer dazu aufgerufen, die Wahlen zu boykottieren. Diesmal sollten alle hingehen. Gesucht wurden Ideen für einprägsame Plakate und Flugblätter.

taz: *Aber ein Cowboy in Polen?*

Henryk Wujec: Das war genial. Der amerikanische Cowboy stand für den Traum, in Polen einst so frei leben zu können wie im Land der unbegrenzten Möglichkeiten. Ich habe diese Idee eines Kunststudenten gegen meine Kollegen durchgesetzt. Heute erinnert dieses Plakat an den ersten großen Wahltriumph der Solidarność. Mit Gary Cooper haben wir die Wahlen gewonnen! Am Ende war Tadeusz Mazowiecki der erste nichtkommunistische Ministerpräsident in Polen und im gesamten damaligen Ostblock.

Zit. nach: Manfred Mack, „Es begann in Gdansk" – Rückblick und Bilanz, in: Deutschland & Europa, Heft 58/2009: 20 Jahre Maueröffnung in Europa, S. 46 f.

1. *Nehmen Sie Stellung zur Aussage von Henryk Wujec „Der Fall der Mauer begann in Danzig" (Zeile 33).*
2. *Erklären Sie, warum das im Interview erwähnte Plakat (Zeile 45 ff.) einen großen Einfluss auf den Wahlausgang in Polen im Sommer 1989 hatte.*

M2

Gegen Reformen

Auf einer Politbürositzung am 28. Februar 1989 äußert sich Erich Honecker über den sowjetischen Reformkurs:

Wir gestalten die sozialistische Gegenwart und Zukunft entsprechend der Lehren der Geschichte und unseres eigenen Programms. Die neuen Fragen, die in der Sowjetunion durchgeführt werden, sind Aufgaben der KPdSU [...]. Wir sind doch nicht daran interessiert, dass wir Rückstände wieder, wie sie in anderen sozialistischen Ländern vorhanden sind, als Ziel angehen, wir haben unser erreichtes Niveau weiter auszubauen. [...] Es braucht doch keiner Angst zu haben vor dem deutschen Weg zum Sozialismus. Bei uns ist der Sozialismus die entscheidende Alternative zum Kapitalismus der BRD. Wir müssen immer unter Beweis stellen, dass die Arbeiter die Gesellschaft besser leiten als die Kapitalisten. [...] Die Sowjetunion heute ist in einigen Fragen die DDR von 1948. Wollt ihr dorthin zurück? Wir sind die Regierung des Volkes, mit dem Volk, für das Volk bleibt unsere Devise. Überall politische Klarheit schaffen, um vorwärts zu gehen, ist unsere Aufgabe. [...]

Gerd-Rüdiger Stephan (Hrsg.), „Vorwärts immer, rückwärts nimmer!" Interne Dokumente zum Zerfall von SED und DDR 1988/89, Berlin 1994, S. 66 f.

Erläutern Sie die Einstellung Honeckers gegenüber dem sowjetischen Reformkurs. Woran dachte er wahrscheinlich, wenn er von „Rückständen" (Zeile 6) sprach.

Historische Wende in der Sowjetunion

Die Sowjetunion stand in den Achtzigerjahren vor kaum überwindbaren ökonomischen Schwierigkeiten. Ein erheblicher Teil der Ressourcen wurde für die Rüstung ausgegeben, mehr als die sowjetische Volkswirtschaft verkraften konnte. Der Lebensstandard der Bevölkerung sank ständig. Es herrschte Mangel an allem; sogar die Versorgung der Menschen mit Grundnahrungsmitteln war nicht dauerhaft gesichert. Straßen, Betriebe und Krankenhäuser verfielen. Rohstoffe und Energie wurden verschwendet, die Umwelt wurde zerstört. Der technologische Rückstand zu den westlichen Industriestaaten nahm immer mehr zu. Als „Ära der Stagnation“ blieben die letzten Jahre Breschnews in der Erinnerung der Zeitgenossen. Auch nach dessen Tod 1982 gaben seine beiden nur kurz amtierenden Nachfolger *Juri Andropow* (1982–1984) und *Konstantin Tschernenko* (1984–1985) der sowjetischen Politik keine neuen Impulse.

Die entscheidende Wende kam erst mit dem Amtsantritt des neuen Generalsekretärs der KPdSU Michail Gorbatschow[1] am 11. Mai 1985. Mit einer Politik der „Offenheit“ (Glasnost) und der „Umgestaltung“ (Perestroika) versuchte er die ökonomische Krise seines Landes zu beheben, den Rüstungswettlauf mit den USA zu beenden sowie die Ost-West-Beziehungen, gerade auch in Europa, rasch zu verbessern. Abschaffen wollte er den Sozialismus sowjetischer Prägung im Osten Europas nicht, sondern ihn reformieren und leistungsfähiger machen sowie dessen jahrzehntelange Fehlentwicklungen korrigieren. Den eigenen Bürgern sollte dabei mehr Mitspracherecht im wirtschaftlichen und öffentlichen Leben zugestanden werden. Die Presse durfte erstmals offen über die wirtschaftliche Lage im Land und die politischen und gesellschaftlichen Ereignisse berichten.

Die Sowjetunion gab schließlich auf dem XXVII. Parteitag der KPdSU 1986 ihren Anspruch auf Hegemonialstellung innerhalb der kommunistischen Welt auf. Ein Jahr später unterstrich Gorbatschow bei einem Staatsbesuch in Prag die „Gleichberechtigung zwischen den Ländern des Sozialismus“ und betonte die Unabhängigkeit jeder kommunistischen Partei, „über Fragen der Entwicklung des Landes zu entscheiden“. Schließlich proklamierte er im Juli 1989 vor dem Europarat in Straßburg in aller Deutlichkeit „die Souveränität der Völker in Europa“, über ihre inneren Angelegenheiten zu befinden.

Die „Solidarność“

In Polen zeichnete sich der politische Umbruch 1980 mit der Gründung der unabhängigen Gewerkschaftsbewegung Solidarność ab. Schon Jahre zuvor war es immer wieder zu Arbeiterprotesten und Streiks angesichts der desolaten wirtschaftlichen Lage im Land gekommen. Intellektuelle Wortführer setzten sich für Demokratie und Bürgerrechte ein.

Eine erhebliche Stärkung erfuhr die polnische Widerstandsbewegung durch den früheren Krakauer Erzbischof Karol Wojtyla, dessen Wahl zum Papst 1978 im sowjetischen Politbüro mit Besorgnis registriert wurde. Seine erste Wallfahrt führte *Johannes Paul II.* bereits ein Jahr später in seine Heimat, wo ihn Millionen Menschen als Kirchenoberhaupt und als Freiheitsidol feierten.

---

*[1] Michail Sergejewitsch Gorbatschow (*1931): 1985–1991 Generalsekretär des ZK der KPdSU und von 1990 bis zur Auflösung der Sowjetunion 1991 sowjetischer Präsident, als welcher er für seine Politik 1990 den Friedensnobelpreis erhielt*

▶ **Jubel in Warschau.**
Foto, 24. August 1989.
Der Gewerkschaftsführer und Friedensnobelpreisträger Lech Walesa (rechts) freut sich über die Wahl Tadeusz Mazowieckis zum Regierungschef.
Das Parlament änderte am 30. Dezember 1989 den Landesnamen in „Republik Polen".

Der drohende Staatsbankrott und die unzureichende Lebensmittelversorgung der Bevölkerung führten im Sommer 1980 zu einem landesweiten Streik, den Werftarbeiter in Danzig ausgelöst hatten. Die kommunistische Regierung in Warschau sah sich nun gezwungen, die Solidarność als unabhängige Gewerkschaftsorganisation anzuerkennen, das Streikrecht zu garantieren sowie soziale Verbesserungen und die Freilassung politischer Häftlinge durchzuführen.
Zu weiteren politischen Reformen kam es allerdings nicht, weil sowohl die Sowjetunion als auch die „Bruderstaaten" Polens eine politische Destabilisierung ihrer Länder befürchteten. Erich Honecker, *Gustav Husák* (Tschechoslowakei) und *Todor Schiwkow* (Bulgarien) drängten die Parteiführung in Moskau dazu, Truppen nach Polen zu entsenden. Doch das Moskauer Politbüro lehnte ein militärisches Eingreifen ab. Um den inneren Unruhen Herr zu werden, verhängte die polnische Regierung 1981 auf Befehl Moskaus das Kriegsrecht und verbot die Solidarność. Trotzdem wurde es für die Kommunisten immer schwieriger, gegen die von der katholischen Kirche unterstützte Opposition unter der Führung des charismatischen Arbeiters *Lech Walesa* zu regieren.
Der Reformkurs Gorbatschows läutete schließlich eine Wende zum Besseren ein. Im August 1988 kam es zu ersten Gesprächen der Opposition mit der kommunistischen Regierung an einem „Runden Tisch", um die katastrophale wirtschaftliche und gesellschaftliche Situation des Landes zu lösen. Anfang 1989 wurde das Verbot der Solidarność aufgehoben, zu der sich alsbald etwa zehn Millionen Menschen bekannten. Erste freie und unabhängige Parlamentswahlen fanden im Juni statt. Die nicht überraschende Wahlniederlage der Kommunisten brachte den Berater Walesas und katholischen Intellektuellen *Tadeusz Mazowiecki* ins Amt des ersten nichtkommunistischen Ministerpräsidenten in Polen und im gesamten Ostblock (▶ M1). Die Kommunisten stellten nur noch den Innen-, den Verteidigungs- und den Verkehrsminister. General *Jaruzelski* wurde zum Staatspräsidenten gewählt, nachdem er sein Amt als kommunistischer Parteichef niedergelegt hatte. Nach fast einem halben Jahrhundert kommunistischer Diktatur hatte sich die polnische Bevölkerung mit überwältigender Mehrheit für Demokratie, *Marktwirtschaft*[1)] und Rechtsstaatlichkeit entschieden.

[1)] *Während in der Planwirtschaft alle wesentlichen ökonomischen Entscheidungen durch den Staat gelenkt werden, treffen in der Marktwirtschaft die am Wirtschaftsleben beteiligten Personen und Unternehmen ihre Entscheidungen relativ frei und unabhängig. Die Selbstregulierung der Wirtschaft erfolgt durch das freie Spiel von Angebot und Nachfrage.*

Demokratische „Republik Ungarn“

In Ungarn trat der seit 1956 amtierende Parteichef *Janos Kadar* im Mai 1988 auf Betreiben reformkommunistischer Kräfte zurück. Er hatte zunächst als Statthalter Moskaus fungiert, nachdem die Truppen des Warschauer Paktes den ungarischen Volksaufstand von 1956 blutig niedergeschlagen hatten. In den Sechzigerjahren begann Kadar jedoch die Zustimmung der Bevölkerung mit Wirtschaftsreformen zu suchen, die zu einer besseren Versorgung im Land und zu wachsendem Lebensstandard führten. Das kulturelle Leben wurde freier, die Religionsausübung nicht mehr behindert, und immer mehr Ungarn konnten westliche Länder besuchen, seit 1988 bestand allgemeine Reisefreiheit.

Dennoch blieb Ungarn nach wie vor eine Diktatur, von der Sowjetunion überwacht. Das planwirtschaftliche System funktionierte immer weniger. Der erreichte Lebensstandard war mit einer bedrohlichen Verschuldung im Westen erkauft worden. Um den wirtschaftlichen Zusammenbruch zu verhindern, leiteten jüngere Reformkommunisten ab 1987 den Übergang von der Plan- zur Marktwirtschaft ein. Die neue ungarische Parteiführung unter *Karoly Grosz* setzte auf politische Reformen und bekannte sich in einer neuen Verfassung zu den Prinzipien des Parteienpluralismus, der Rechtsstaatlichkeit und der Marktwirtschaft. Anfang 1989 akzeptierte das Zentralkomitee der kommunistischen Arbeiterpartei die Schaffung einer „repräsentativen Demokratie auf der Basis freier Wahlen“. Im Sommer handelten oppositionelle Gruppen und die bisherigen kommunistischen Machthaber an einem „Nationalen Runden Tisch“ den Übergang zur Demokratie aus. Am 23. Oktober 1989 war es dann soweit: Die „Republik Ungarn“ wurde ausgerufen. Die Hinwendung zum Westen verbanden die Regierenden in Budapest auch mit dem Versprechen, die UN-Menschenrechtskonvention einzuhalten, und begannen seit Anfang Mai 1989 mit dem Abbau des Stacheldrahtes und der elektronischen Sicherungsanlagen an der Grenze zu Österreich – ohne vorherige Absprache mit Ost-Berlin. Generalsekretär Gorbatschow hatte keine Einwände erhoben. Im Juni wurde der Grenzzaun symbolträchtig in der Nähe von Sopron durchtrennt. Das Ende des Eisernen Vorhanges, der seit 1945 den Kontinent geteilt hatte, deutete sich an.

„Sozialismus in den Farben der DDR“ statt Reformen

Mit der symbolischen Anerkennung seines Regimes durch seinen Staatsbesuch in der Bundesrepublik Deutschland Anfang September 1987 glaubte Honecker, seine Herrschaft langfristig stabilisiert zu haben. Die Absichten Gorbatschows, den Sozialismus zu modernisieren, verstanden er und seine Mitregenten als Anschlag auf die eigene Machtbasis. Die SED-Führung widersetzte sich daher entschieden dem Reformdruck aus Moskau und propagierte stattdessen einen „Sozialismus in den Farben der DDR“ (➧ M2).

Für die realitätsferne ostdeutsche Führungsriege galt die DDR als ein wirtschaftlich effektives und politisch stabiles Land. Honecker glaubte die Jugend auf seiner Seite zu haben und lobte in zahlreichen Gesprächen mit westdeutschen Politikern, die ihm noch 1989 ihre Aufwartung machten, die Stabilität der gesellschaftlichen Verhältnisse. In der Wirtschafts- und Sozialpolitik sah er die DDR allen anderen sozialistischen Ländern weit überlegen.

▲ **„Ich habe gelernt vierzig Jahr und mehr – nun bin ich besser und klüger als er!"**
Karikatur von Wolter, Deutsches Allgemeines Sonntagsblatt, 7. Juli 1989.
• *Interpretieren Sie die Aussage der Karikatur.*

Misstrauisch verfolgte Honecker das wachsende Interesse Gorbatschows an einer Neugestaltung der sowjetischen Beziehungen zur Bundesrepublik und dessen Bereitschaft, die Auflösungserscheinungen im Ostblock hinzunehmen. Die DDR-Führung reagierte mit Selbstisolierung und Verboten von sowjetischen Filmen und Zeitschriften („Sputnik"), in denen das neue Denken ein Forum fand. In den gelenkten Medien der DDR wurde der Gorbatschow-Kurs als eine Methode zur Entleerung von Fleischerläden angeprangert, wie der damalige Berliner SED-Chef *Günter Schabowski* später berichtete.
Mit ihrem starren Kurs der Reformverweigerung verstärkte die SED-Spitze jedoch die verbreitete Unzufriedenheit in der Bevölkerung und trieb auch nicht wenige SED-Mitglieder in die Resignation. Abweichler in den eigenen Reihen, die es sich erlaubten, kritische Fragen über die Lage im Land zu stellen, wurden aus der Partei ausgeschlossen. Ausdrücklich verwies Honecker darauf, dass die Mauer auch in fünfzig oder hundert Jahren noch bestehen würde, wenn „die dazu vorhandenen Gründe" nicht beseitigt seien, „um unsere Republik vor Räubern zu schützen".

Wissen und Kompetenzen vertiefen

1. *Charakterisieren Sie die deutschlandpolitischen Ziele der Bundesrepublik und der DDR bis zur Unterzeichnung des Grundlagenvertrages 1972.*

2. *Diskutieren Sie die Ziele und Ergebnisse der Entspannungspolitik seit Mitte der 1970er-Jahre im Hinblick auf die Stabilität der kommunistischen Herrschaft in der DDR.*

3. *Erörtern Sie die Argumente, die in der Bundesrepublik für und gegen die staatliche Anerkennung der DDR geltend gemacht wurden und nehmen Sie dazu Stellung.*

4. *Demokratie und Diktatur: Erläutern Sie die grundlegenden Unterschiede am Beispiel der beiden deutschen Staaten.*

5. *Analysieren Sie die Gründe, warum die SED-Führung in der Ära Honecker ihren Sicherheitsapparat drastisch ausbaute.*

6. *Erklären Sie, warum die Wirtschaftspolitik Honeckers in eine Verschuldungskrise führte.*

7. *Erörtern Sie die Ursachen für das Scheitern der ostdeutschen Planwirtschaft.*

8. *Diskutieren Sie über die Möglichkeiten und die Grenzen von Regimegegnern angesichts des Herrschaftsmonopols der SED.*

9. *Beschreiben und bewerten Sie die Reaktion der SED-Führung auf die Reformpolitik Gorbatschows.*

Projekttipps

- **Westpaket – „Westbesuch" – Westreise**

Recherchieren Sie zu den genannten Stichworten verschiedene Materialien wie z. B. Fotos und Erfahrungsberichte für eine Dokumentation, die den Zusammenhang von Politik und Alltagsgeschichte erkennen lässt.

- **Zwischen Anpassung und Widerstand in der Spätphase der SED-Diktatur**

Werten Sie Berichte von Zeitzeugen aus der DDR über die politischen, wirtschaftlichen und kulturellen Verhältnisse in den 1980er-Jahren aus und fassen Sie ihre Ergebnisse in Kurzreferaten zusammen.

- **Die DDR – ein Staat im Machtbereich der Sowjetunion**

Entwerfen Sie eine Wandzeitung mit Fotos, Karikaturen und kurzen erläuternden Texten, die den Einfluss der sowjetischen Führungsmacht auf die DDR sowie deren politische und wirtschaftliche Rolle im Ostblock erklären.

◀ **Blick auf die Forschungs- und Gedenkstätte Normannenstraße.**
Foto, 17. November 2008, Berlin.
In der ehemaligen Zentrale des Ministeriums für Staatssicherheit können Besucher heute die originalen Dienst- und Arbeitsräume des ehemaligen Ministers für Staatssicherheit Erich Mielke besichtigen und sich über die Tätigkeit der Stasi, das politische System sowie den Widerstand und die Opposition in der DDR informieren.

- *Ermitteln Sie, von wem die Forschungs- und Gedenkstätte errichtet wurde und wer zu ihrem Unterhalt beiträgt.*

3. Der Weg zur deutschen Einheit

Wissen und Kompetenzen erwerben

Am Ende des Kapitels können Sie...

- Ausreisebewegung, Flucht und Massenprotest als treibende Kräfte der friedlichen Revolution erörtern.
- die Ziele der politischen Opposition vom Herbst 1989 zusammenfassen und beurteilen.
- die Reaktion der SED-Führung auf die Unzufriedenheit der Bevölkerung charakterisieren.
- die Bedeutung Gorbatschows und der Reformkommunisten in Polen und Ungarn für die friedliche Revolution herausarbeiten.
- den Mauerfall in seinen Ursachen und Wirkungen analysieren.
- die internationalen Aspekte der Wiedervereinigung zusammenfassen und die Ziele der wichtigsten politischen Akteure vergleichen.
- die innerdeutschen Stationen auf dem Weg zur Wiedervereinigung im Jahre 1990 beschreiben und erläutern.
- den Prozess der politischen, wirtschaftlichen und gesellschaftlichen Einigung Deutschlands analysieren und erläutern.

Wichtige Namen
- Hans-Dietrich Genscher
- Helmut Kohl
- Egon Krenz
- Lothar de Maizière
- Hans Modrow
- Günter Schabowski

Methoden
- Diagramme deuten
- Autobiografien untersuchen
  ▸ Methoden-Baustein, Seite 132 f.

Wichtige Begriffe
- Bürgerrechtsbewegung
- Einigungsvertrag
- Friedliche Revolution
- Massendemonstrationen
- Mauerfall
- Staatsvertrag zur Wirtschafts-, Währungs- und Sozialunion
- Zwei-plus-Vier-Vertrag

1989

7. Mai:
Proteste gegen manipulierte Kommunalwahlen
10./11. September:
Ungarn öffnet seine Grenze für DDR-Flüchtlinge
9. Oktober:
Massendemonstration in Leipzig
18. Oktober:
Rücktritt Honeckers, Nachfolger wird Egon Krenz
9. November:
Mauerfall
Dezember:
Die SED verzichtet auf ihr Herrschaftsmonopol

1990

10. Februar:
Einverständnis Gorbatschows zur Wiedervereinigung Deutschlands
18. März:
Erste freie Volkskammerwahlen in der DDR
1. Juli:
Wirtschafts-, Währungs- und Sozialunion
12. September:
Zwei-plus-Vier-Vertrag
3. Oktober:
„Tag der deutschen Einheit“

3.1 Die friedliche Revolution von 1989

7. Mai 1989
Bei den Kommunalwahlen werden die Wahlergebnisse amtlich gefälscht.

September/Oktober 1989
Bürgerrechtler gründen in der DDR das Neue Forum, die Vereinigte Linke, Demokratie Jetzt, Demokratischer Aufbruch und die SPD.

4. September 1989
Die erste „Montagsdemonstration“ findet in Leipzig statt.

10./11. September 1989
Die ungarische Regierung erlaubt fluchtwilligen DDR-Bürgern die Ausreise über ihre Grenzen.

30. September 1989
DDR-Bürger, die sich in die diplomatische Vertretung der Bundesrepublik in Prag geflüchtet hatten, dürfen in den Westen ausreisen.

18. Oktober 1989
Erich Honecker wird entmachtet, sein Nachfolger wird Egon Krenz.

7. November 1989
Die Regierung der DDR tritt zurück, am Tag darauf folgt der Rücktritt des Politbüros der SED.

9. November 1989
Die Grenzübergänge nach West-Berlin und in die Bundesrepublik werden geöffnet.

▲ **Volksfeststimmung am Brandenburger Tor.**
Foto, 9./10. November 1989, Berlin. Auf beiden Seiten der Grenze kam es in der Nacht vom 9. zum 10. November 1989 zu volksfestartigen Verbrüderungsszenen. Menschen aus Ost und West kletterten auf die Mauer am Brandenburger Tor. „Mauerspechte“ bearbeiteten den „antifaschistischen Schutzwall“ mit Meißeln und Vorschlaghämmern.

M1

Unzufriedenheit in der Bevölkerung

Aus einem Bericht der Stasi-Bezirksverwaltung Magdeburg vom 9. August 1989 über die Stimmung in der Bevölkerung:

In allen Bevölkerungsgruppen mehren sich Diskussionen, in denen eine gewisse Resignation und Unzufriedenheit zum Ausdruck kommt. Auch unter politisch aktiven Bürgern (z.B. mittleren leitenden Kadern in Großbetrieben, Parteigruppenorganisatoren, Angehörigen der DVP und Mitarbeitern des Kreisgerichtes in Wernigerode), sind folgende Auffassungen verbreitet:

- „Als Funktionär darf man treu und brav seine Pflicht erfüllen, ansonsten hat man nur Nachteile gegenüber anderen Bürgern."
- „Funktionäre müssen auf Reisen in die BRD verzichten, aber auch auf Kontakte in die BRD, also auf Geschenke wie hochwertige Gebrauchs- und Genussmittel."
- „Wer gesellschaftlich aktiv ist, muss trotzdem jahrelang auf Pkw, Telefon oder Führerschein warten. Mit Westverbindungen schafft man das über Genex[1] in Wochen."
- „Wer BRD-Währung besitzt, hat keine Sorgen mit Handwerkern und anderen Dienstleistungen."

[...] Ein immer wieder diskutiertes Thema ist die Informationsbereitstellung durch unsere Medien. Von Angehörigen der unterschiedlichsten Bevölkerungsgruppen werden häufig Widersprüche zwischen Wort und Tat der Parteiführung konstruiert. Starke Zweifel bestehen an den Meldungen über erfüllte bzw. überbotene Pläne, weil sich das nicht im Warenangebot widerspiegele. Gleichfalls bemängelt wird das Verschweigen „heißer Eisen" wie z.B. steigende Zahlen von ständigen Ausreisen und ungesetzlichen Grenzübertritten. Die Entwicklung könne – so u.a. Werktätige des Karl-Marx-Werkes, des G.-Dimitroff-Werkes und der Stahlgießerei Magdeburg – doch nur aus einer wachsenden Unzufriedenheit eines Teils der Bürger resultieren. Vereinzelt werden Befürchtungen geäußert, dass auch in der DDR aufgrund dessen Streiks nicht ausgeschlossen seien. Von mittleren leitenden Kadern und SED-Mitgliedern wird insbesondere kritisch bewertet, dass sie für die Erklärung der vielschichtigen innenpolitischen und internationalen Entwicklungen keine geeigneten Argumente erhalten.

Offenbar saisonbedingt konzentrieren sich Diskussionen zu Versorgungsfragen gegenwärtig auf

- die mangelnde Versorgung mit Frischfleisch (meist durch urlaubsbedingte Schließung der Geschäfte begründet)
- allgemein unzureichendes Gemüseangebot (zu wenig Sorten, schlechte Qualität, hoher Verschmutzungsgrad)
- immer kritischer werdende Bereitstellung von Kfz-Ersatzteilen (z.B. fehlen in Schönebeck Lada- und Wartburg-Ersatzteile völlig; Pkw-Besitzer führen Ersatzteile nach Möglichkeit aus anderen sozialistischen Ländern ein, um ihr Auto im Urlaub nutzen zu können).

Deutliche Unzufriedenheit besteht seit Jahren unter Werktätigen des Asbestzementwerkes Gardelegen über die nach ihrer Meinung unzureichenden Maßnahmen hinsichtlich des Gesundheits- und Umweltschutzes. [...] Ausdruck der zunehmenden Unzufriedenheit ist möglicherweise ein anonymes Schreiben an die SED-Kreisleitung, in dem behauptet wird, dass sich die Gewerkschafter des Asbestzementwerkes solidarisch mit den streikenden Kohlekumpel in der UdSSR erklären. Die Kreisdienststelle Gardelegen arbeitet an der Ermittlung des unbekannten Briefschreibers.

BStU 000323/000324 – BStU online

[1] *Abk. für „Geschenkdienst und Kleinexport GmbH", Versandhaus in der DDR, über das gegen westliche Währungen (Export-)Waren und Dienstleistungen aus der DDR-Produktion bestellt werden konnten*

1. *Sortieren Sie die Beschwerden der Bevölkerung nach bestimmten Kriterien, z. B. „Lebensstandard" – „politische Rechte", „langfristige – kurzfristige Missstände" etc.*
2. *Analysieren Sie die Haltung des Verfassers gegenüber den Missständen. Hält er die Klagen für begründet?*
3. *Diskutieren Sie den Kenntnisstand der DDR-Führung über die Situation kurz vor der Wende.*

M2

Gründungsaufruf der Initiativgruppe „Neues Forum"

Der von 30 Personen unterzeichnete Gründungsaufruf der Initiativgruppe „Neues Forum" trägt kein Datum. Bereits Anfang September 1989 haben ihn mehrere hundert Personen unterschrieben, Ende des Jahres über 200 000:

In unserem Lande ist die Kommunikation zwischen Staat und Gesellschaft offensichtlich gestört. Belege dafür sind die weitverbreitete Verdrossenheit bis hin zum Rückzug in die private Nische oder zur massenhaften Auswanderung. […]

In Staat und Wirtschaft funktioniert der Interessenausgleich zwischen den Gruppen und Schichten nur mangelhaft. Auch die Kommunikation über die Situation und die Interessenlage ist gehemmt. Im privaten Kreis sagt jeder leichthin, wie seine Diagnose lautet, und nennt die ihm wichtigsten Maßnahmen. Aber die Wünsche und Bestrebungen sind sehr verschieden und werden nicht rational gegeneinander gewichtet und auf Durchführbarkeit untersucht. Auf der einen Seite wünschen wir uns eine Erweiterung des Warenangebots und bessere Versorgung, andererseits sehen wir deren soziale und ökologische Kosten und plädieren für die Abkehr von ungehemmtem Wachstum. Wir wollen Spielraum für wirtschaftliche Initiative, aber keine Entartung in eine Ellenbogengesellschaft. Wir wollen das Bewährte erhalten und doch Platz für Erneuerung schaffen, um sparsamer und weniger naturfeindlich zu leben. Wir wollen geordnete Verhältnisse, aber keine Bevormundung. […]

Um all diese Widersprüche zu erkennen, Meinungen und Argumente dazu anzuhören und zu bewerten, allgemeine von Sonderinteressen zu unterscheiden, bedarf es eines demokratischen Dialogs über die Aufgabe des Rechtsstaates, der Wirtschaft und der Kultur. Über diese Fragen müssen wir in aller Öffentlichkeit, gemeinsam und im ganzen Land, nachdenken und miteinander sprechen. […]

Wir bilden deshalb gemeinsam eine politische Plattform für die ganze DDR, die es Menschen aus allen Berufen, Lebenskreisen, Parteien und Gruppen möglich macht, sich an der Diskussion und Bearbeitung lebenswichtiger Gesellschaftsprobleme in diesem Lande zu beteiligen. Für eine solche übergreifende Initiative wählen wir den Namen Neues Forum.

Die Tätigkeit des Neuen Forums werden wir auf gesetzliche Grundlagen stellen. Wir berufen uns hierbei auf das in Art. 29 der Verfassung der DDR geregelte Grundrecht, durch gemeinsames Handeln in einer Vereinigung unser politisches Interesse zu verwirklichen. […]

Allen Bestrebungen, denen das neue Forum Ausdruck und Stimme verleihen will, liegt der Wunsch nach Gerechtigkeit, Demokratie und Frieden sowie Schutz und Bewahrung der Natur zugrunde. Es ist dieser Impuls, den wir bei der kommenden Umgestaltung der Gesellschaft in allen Bereichen lebensvoll erfüllt wissen wollen.

Wir rufen alle Bürger und Bürgerinnen der DDR, die an der Umgestaltung unserer Gesellschaft mitwirken wollen, auf, Mitglieder des Neuen Forums zu werden. Die Zeit ist reif.

Charles Schüddekopf (Hrsg.), „Wir sind das Volk!" Flugschriften, Aufrufe und Texte einer deutschen Revolution, Reinbek 1990, S. 29ff.

1. *Arbeiten Sie die Ziele des Neuen Forums heraus.*
2. *Überlegen Sie, weshalb die Gruppe sich als Initiative bezeichnet und keine Partei gründet.*
3. *Vorschlag für ein Referat: Die Bürgerbewegungen in den Ostblockstaaten im Verlauf der Achtzigerjahre des 20. Jahrhunderts – Gemeinsamkeiten und Unterschiede.*

M3

Gemeinsame Erklärung

Am 4. Oktober 1989 versammelt Pfarrer Rainer Eppelmann in Berlin Vertreter aller Bürgerrechtsgruppen. Die daraus entstandene gemeinsame Erklärung wird zwei Tage später erstmals vor etwa 2 000 Besuchern in der Berliner Erlöserkirche im Rahmen der Zukunftswerkstatt „Wie weiter DDR?" verlesen.

Am 4. Oktober 1989 haben sich Vertreter
der Bürgerbewegung Demokratie Jetzt,
des Demokratischen Aufbruchs,
der Gruppe Demokratischer SozialistInnen,
der Initiative Frieden und Menschenrechte,

der Initiativgruppe Sozialdemokratische Partei in der DDR,
des Neuen Forums
sowie Vertreter von Friedenskreisen
zusammengefunden, um Möglichkeiten gemeinsamen politischen Handelns zu besprechen.

Wir begrüßen die sich entwickelnde Vielfalt der Initiativen als Zeichen des Aufbruchs und des wachsenden Mutes, eigene politische Positionen öffentlich zu vertreten.

Uns verbindet der Wille, Staat und Gesellschaft demokratisch umzugestalten. Es kommt darauf an, einen Zustand zu beenden, in dem Bürgerinnen und Bürger dieser Gesellschaft nicht die Möglichkeit haben, ihre politischen Rechte so auszuüben, wie es die Menschenrechtskonventionen der Vereinten Nationen und die KSZE-Dokumente verlangen.

Wir erklären uns solidarisch mit allen, die wegen ihres Einsatzes für diese Ziele verfolgt werden. Wir setzen uns ein für die Freilassung der Inhaftierten, die Aufhebung ergangener Urteile und die Erschließung laufender Ermittlungsverfahren.

Wir halten es für vorrangig, in unserem Lande eine Diskussion darüber zu eröffnen, welche Mindestbedingungen für eine demokratische Wahl eingehalten werden müssen:

Sie muss unterschiedliche politische Entscheidungen ermöglichen. Sie muss geheim sein, das heißt die Wähler sind verpflichtet, eine Wahlkabine zu benutzen. Sie muss frei sein, das heißt niemand darf durch Druck zu einem bestimmten Wahlverhalten genötigt werden.

Die nächsten Wahlen sollten unter UNO-Kontrolle stattfinden. Wir wollen zusammenarbeiten und prüfen, in welchem Umfang wir ein Wahlbündnis mit gemeinsamen eigenen Kandidaten verwirklichen können. Um unser Land politisch zu verändern, bedarf es der Beteiligung und der Kritik aller. Wir rufen alle Bürgerinnen und Bürger der DDR auf, an der demokratischen Erneuerung mitzuwirken.

Gerhard Rein (Hrsg.), Die Opposition in der DDR. Entwürfe für einen anderen Sozialismus, Berlin 1989, S. 120f.

1. *Fassen Sie die zentralen Ziele der Bürgerrechtsgruppen zusammen.*
2. *Diskutieren Sie, warum von der Einheit Deutschlands nicht die Rede war.*

M4
Am Rande des Bürgerkrieges

Ein Augenzeuge berichtet über die Montagsdemonstration vom 9. Oktober 1989 in Leipzig:

In Betrieben wurde davor gewarnt, nach 16 Uhr die Innenstadt zu betreten; Mütter sollten ihre Kinder bis 15 Uhr aus den Krippen und Kindergärten des Zentrums abholen; Schülern und Studenten wurde mit Relegation[1] für den Fall der Beteiligung an „Aktionen" gedroht. Gerüchte schwirrten durch die Stadt. Man munkelte von MG-Nestern auf zentralen Gebäuden, befürchtete den Einsatz von Fallschirmjägern [...]. In Krankenhäusern wurden Notbetten aufgestellt und vor allem die chirurgischen und Intensivstationen verstärkt besetzt. Tausende von zusätzlichen Blutkonserven standen bereit. [...] Leipzig glich an diesem Tag einem Heerlager. Nach späteren Aussagen von Bereitschaftspolizisten war ihnen vormittags mitgeteilt worden, dass ein friedlicher Ausgang der Demonstration wenig wahrscheinlich sei und sie vorbereitet sein müssten, möglichen Gewalttätigkeiten zu begegnen. Dementsprechend trugen sie Kampfausrüstung [...]. Auf dem Hof der VP-Bezirksbehörde standen „aufmunitionierte" Schützenpanzerwagen bereit, die tonnenschweren Stahlkolosse ausgerüstet mit Räumschilden, die Fahrer mit MPi und je sechzig Schuss Munition. Die Polizeitruppe zählte insgesamt dreitausend Mann, davon zwölfhundert zur Verstärkung aus den Bezirken Halle und Neubrandenburg herbeibeordert. Hinzu kamen noch fünf Hundertschaften von Betriebskampfgruppen sowie eine sicher vierstellige Anzahl von Einsatzkräften des Ministeriums für Staatssicherheit, dessen Arsenale nicht nur Handfeuerwaffen bargen. [...]

In der Nikolaikirche und in drei weiteren Gotteshäusern wurde während der Friedensgebete ein von sechs Persönlichkeiten der Stadt getragener Aufruf zur Besonnenheit verlesen: „Unsere gemeinsame Sorge und Verantwortung haben uns heute zusammengeführt. Wir sind von der Entwicklung in unserer Stadt betroffen und suchen nach einer Lösung. Wir alle brauchen einen freien Meinungsaustausch über die Weiterführung des Sozialismus in unserem Land. Deshalb versprechen die Ge-

[1] *Verweis von der Schule bzw. Hochschule*

▲ **Montagsdemonstration in Leipzig.**
Foto, 9. Oktober 1989.
Trotz Honeckers Anweisungen, die Demonstration zu unterbinden, griffen die Sicherheitskräfte nicht ein. Etwa 70 000 Menschen zogen friedlich durch die Innenstadt.

nannten heute allen Bürgern, ihre ganze Kraft und Autorität dafür einzusetzen, dass dieser Dialog nicht nur im Bezirk Leipzig, sondern auch mit unserer Regierung geführt wird. Wir bitten Sie dringend um Besonnenheit, damit der friedliche Dialog möglich wird."

Dieser gemeinsame Appell des Kabarettisten Bernd-Lutz Lange, des Gewandhauskapellmeisters Kurt Masur und des Theologen Peter Zimmermann sowie der Sekretäre der SED-Bezirksleitung Kurt Meyer, Jochen Pommert und Roland Wötzel wurde um 18 Uhr auch vom Sender Leipzig und etwa eine Stunde später vom Stadtfunk ausgestrahlt. Die engagierte wie couragierte Wortmeldung hat unzweifelhaft beigetragen zum friedlichen Verlauf dieses Tages, ohne jedoch die voreilig bescheinigte entscheidende Rolle gespielt zu haben. Einzig die geballte Kraft der siebzigtausend angsterfüllten und dennoch nicht weichenden Menschen in der Innenstadt und auf dem Ring erzwang um 18.25 Uhr den endgültigen Rückzug der bewaffneten Einheiten. Jene Namenlosen meinte wohl Christoph Hein, als er vorschlug, Leipzig zur „Heldenstadt der DDR" zu ernennen.

Wolfgang Schneider (Hrsg.), Leipziger Demontagebuch, Leipzig ^{3}1991, S. 7f.

1. *Vergleichen Sie die Situation am 9. Oktober 1989 in Leipzig mit dem 17. Juni 1953 (siehe auch Seiten 48f., M 2 und M 3).*
2. *Analysieren Sie verschiedene Gefahrenmomente im Verlauf des Tages.*
3. *Diskutieren Sie darüber, aus welchen Gründen die SED-Führung auf den Einsatz von Gewalt verzichtet hat.*

M5
Leipziger Losungen

Einige Losungen, die auf Transparenten während der Leipziger Montagsdemonstrationen zu lesen sind:

23. Oktober 1989 (ca. 250 000 Teilnehmer)
Egon, wer 40 Jahre blind war, lernt nicht von heute auf morgen sehen!
Krenzt das Neue Forum nicht aus!
Nur durch Pluralismus zu einem zeitgemäßen Sozialismus!
Die Karre steckt zu tief im Dreck, die alten Kutscher müssen weg!
Wir brauchen die Partei nicht, aber die Partei braucht uns!
Wir fordern freie Wahlen – keine erneute Machtanballung!
Nur geteilte Macht ist gute Macht!
Visafrei von Rostock bis Shanghai!

30. Oktober 1989 (ca. 300 000 Teilnehmer)
40 Jahre Mist gemacht. Jetzt müssen andere an die Macht!
Mündige Bürger brauchen freie Wahlen + Reisefreiheit + saubere Umwelt + Zivildienst + freie Marktwirtschaft!
Die Demokratie in ihrem Lauf, halten weder Ochs noch Esel auf!
Wir haben kein Vertrauen mehr nach 40 Jahren DDR!
SED gib acht, das Volk ist die Macht!
„Neues Forum" – ist des Volkes Wille, Egon schlucke diese Pille!
Neues Forum – neue Hoffnung!
Brücken statt Mauer und Feindbild!

6. November 1989 (ca. 500 000 Teilnehmer)
Das Reisegesetz beweist: Es herrscht der alte Geist!
Reisefreiheit ohne Gründe und 30 Tage Bearbeitung!
Egon, hau Du ab, dann bleiben täglich Tausende im Lande!
Egon, jetzt wollen wir Taten sehen, oder sollen wir in den Westen gehen!
Wenn freie Wahlen sind in Sicht, verlassen wir die Heimat nicht!
SED, gib deine Führung ab, sonst werden hier die Leute knapp!
Sind die Reformen erst in Trab, treten Ochs und Esel ab!
S – Staatssicherheit, E – Entmündigung, D – Diktatur!

Bernd Lindner, Die demokratische Revolution in der DDR 1989/90, Bonn 1998, S. 87

1. *Arbeiten Sie die in den Losungen kritisierten Missstände heraus und erläutern Sie diese anschließend.*
2. *Beurteilen Sie die Losungen aus der Sicht der verantwortlichen Partei- und Staatsfunktionäre.*

M6
Gibt es eine Zukunft für die Deutsche Demokratische Republik?

Bei einer Großkundgebung auf dem Berliner Alexanderplatz am 4. November 1989 rufen Schriftsteller und Künstler der DDR zu einem eigenständigen Weg ihres Staates auf. Daran schließt sich der Appell „Für unser Land" vom 26. November 1989 an:

Unser Land steckt in einer tiefen Krise. Wie wir bisher gelebt haben, können und wollen wir nicht mehr leben. Die Führung einer Partei hat sich die Herrschaft über das Volk und seine Vertretungen angemaßt, vom Stalinismus geprägte Strukturen hatten alle Lebensbereiche durchdrungen. Gewaltfrei, durch Massendemonstrationen hat das Volk den Prozess der revolutionären Erneuerungen erzwungen […].
Entweder
können wir auf die Eigenständigkeit der DDR bestehen und versuchen, mit allen unseren Kräften und in Zusammenarbeit mit denjenigen Staaten und Interessengruppen, die dazu bereit sind, in unserem Land eine solidarische Gesellschaft zu entwickeln, in der Frieden und soziale Gerechtigkeit, Freiheit des Einzelnen, Freizügigkeit aller und die Bewahrung der Umwelt gewährleistet sind.
Oder
wir müssen dulden, dass, veranlasst durch starke ökonomische Zwänge und durch unzumutbare Bedingungen, an die einflussreiche Kreise aus Wirtschaft und Politik in der Bundesrepublik ihre Hilfe

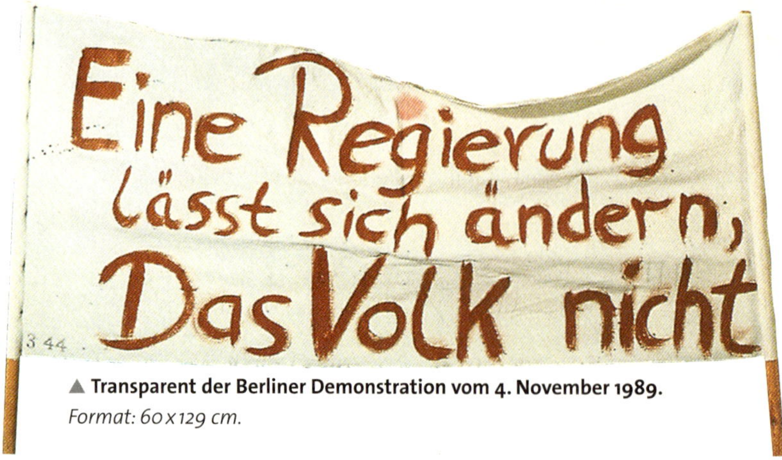

▲ **Transparent der Berliner Demonstration vom 4. November 1989.**
Format: 60 x 129 cm.

für die DDR knüpfen, ein Ausverkauf unserer materiellen und moralischen Werte beginnt und über kurz oder lang die Deutsche Demokratische Republik durch die Bundesrepublik vereinnahmt wird.

Lasst uns den ersten Weg gehen. Noch haben wir die Chance, in gleichberechtigter Nachbarschaft zu allen Staaten Europas eine sozialistische Alternative zur Bundesrepublik zu entwickeln. Noch können wir uns besinnen auf die antifaschistischen und humanistischen Ideale, von denen wir einst ausgegangen sind.

Auf diesen Aufruf reagiert der Schriftsteller Günter Kunert, der wegen seines Protests gegen die Ausbürgerung Wolf Biermanns 1977 aus der SED ausgeschlossen worden ist und seit 1979 in der Bundesrepublik lebt:

Der deutsche Intellektuelle nebst seinen Visionen vom Guten, Schönen und Humanen ist durch keine noch so massive Tatsachenfülle widerlegbar [...]. Trotz überwältigender Kenntnis der trostlosen Lage und ihrer kaum minder trostlosen Ursachen wird die längst mumifizierte Utopie beschworen. Ob Christa Wolf auf dem Alexanderplatz in Berlin oder der aus seiner Versenkung auferstandene Rudolf Bahro im Fernsehen – entgegen jeder Erfahrung, auch ihrer eigenen, meinen sie ernsthaft, nun sei der Zeitpunkt gekommen, den „demokratischen Sozialismus" einzuläuten [...]. Blindlings fallen die großen, pathetischen Worte, denen man abgeschworen hatte, auf die Zuhörer nieder [...]. Die nach vierzig Jahren Tristesse ungeduldige Mehrheit jedoch greift lieber nach dem Nächstliegenden, den Bananen bei „Aldi" [...].

Die gegenwärtig erhobene Forderung nach einer Erneuerung des Systems übertüchtiger Ruinenbaumeister (wirkt) wie ein später und deplatzierter Scherz. Nun endlich, heißt es, werde man auf den Trümmern des zusammengebrochenen ein wahrhaft bewohnbares Haus errichten. Ergo jene angestrebte Gesellschaft, die ihre Widersprüche und Gegensätze gewaltfrei und menschlich behandeln würde. Diese Hoffnung ist trügerisch. Denn sie ignoriert den ökonomischen und ökologischen Zustand des Landes [...]. Auch der Traum vom „demokratischen Sozialismus" wird wohl eher verhallen, als dass er irgendwelche Wirkung zeitigt. Nach vier Jahrzehnten einer am Grünen Tisch erdachten, der Bevölkerungsmajorität aufgenötigten Ordnung kann eine Modifikation dieser oder analoger Ordnungen keine Chance mehr haben.

Erster Text: Neues Deutschland vom 28.11.1989; zweiter Text zitiert nach: Michael Naumann (Hrsg.), Die Geschichte ist offen, Reinbek 1990, S. 97ff.

1. *Stellen Sie die wichtigsten Argumente gegenüber.*
2. *Informieren Sie sich anhand einer Literaturgeschichte oder eines Lexikons über Günter Kunert. Versuchen Sie, zwischen dem Werdegang des Schriftstellers und seiner Stellungnahme einen Zusammenhang herzustellen.*
3. *Diskutieren Sie, ob und unter welchen Umständen 1989/90 in der DDR die Chance für eine selbstständige Entwicklung bestand.*

Eine Bürgerrechtsbewegung entsteht

Die Reformpolitik Gorbatschows und das sich abzeichnende Ende des Machtmonopols der kommunistischen Parteien in Polen und Ungarn ermutigte auch in der DDR eine zunächst noch kleine Anzahl von kirchenunabhängigen Regimegegnern, sich für die Schaffung freiheitlicher Verhältnisse einzusetzen. Eine wichtige Rolle spielte dabei die Bürgerbewegung „Initiative Frieden und Menschenrechte"[1], die mit öffentlichkeitswirksamen Aktionen und Stellungnahmen einen Gegenpol zur staatlichen Propaganda zu bilden versuchte. Allmählich entstand im Land ein Netzwerk von Verbindungen kleiner oppositioneller Zirkel mit Untergrundblättern, Treffen, Protestaktionen, die zumeist im Schutzraum der Kirche, aber nicht als deren Sprecher in Erscheinung traten und zum Kristallisationskern einer sich herausbildenden politischen Opposition wurden.

Landesweite Aufmerksamkeit und wachsende Anerkennung in der Bevölkerung verschafften den Bürgerrechtlern ihre Proteste gegen die (üblichen) Manipulationen bei den Kommunalwahlen vom 7. Mai 1989. In zahlreichen Städten der DDR beobachteten Vertreter dieser Gruppen die Auszählung der Stimmen in etwa 1 000 örtlichen Wahllokalen und protestierten anschließend gegen die festgestellten Wahlfälschungen. Alle Einsprüche wurden zurückgewiesen. Ungeachtet der Einschüchterungsversuche der Stasi setzten kleine Gruppen von DDR-Bürgern an jedem 7. der Folgemonate ihre Proteste am Alexanderplatz in Ost-Berlin fort. Zweifel an der Politik Honeckers erfassten nun auch systemnahe Kreise in der Bevölkerung. Diese Zweifel erhielten zusätzliche Nahrung, als die Regierung, Spitzenpolitiker der SED wie Egon Krenz und die Volkskammer das brutale Vorgehen gegen die chinesische Oppositionsbewegung vom Anfang Juni 1989 auf dem „Platz des Himmlischen Friedens" in Peking ausdrücklich unterstützten. Die Menschen in der DDR verstanden die Botschaft: Massenproteste würden auch hier mit Panzern und scharfer Munition niedergeschlagen werden – zumindest war dies nicht auszuschließen.

Flucht vor der Staatsmacht

Immer mehr Bürger stellten Anträge auf Ausreise aus der DDR, obwohl sie in vielen Fällen deswegen jahrelang benachteiligt und schikaniert wurden. Im ersten Halbjahr 1989 gestattete die Regierung rund 46 000 Personen die Übersiedlung in die Bundesrepublik. Doch die Hoffnung der SED, auf diese Weise wieder Ruhe herstellen zu können, erfüllte sich nicht. Im Gegenteil: Im Sommer 1989 lagen nach Berichten des MfS an die Parteispitze bereits eine Viertelmillion weiterer Ausreiseanträge vor. Nach und nach verloren die Drohgebärden der Machthaber ihre Wirkung, wenngleich niemand vorherzusagen wusste, wie die SED auf die wachsende Unruhe im Land reagieren würde (▸ M1).

Die politische Entwicklung in der DDR spitzte sich zu, als im Sommer eine Fluchtbewegung über die ungarische Grenze Richtung Westen einsetzte. Im Mai hatte die ungarische Regierung mit dem Abbau des Grenzzaunes zu Österreich begonnen. Viele der zumeist jüngeren Antragsteller wollten nicht jahrelang auf einen Bescheid der DDR-Behörden warten, sondern jetzt ihre vielleicht einmalige Chance nutzen. Im August flüchteten rund 3 000 DDR-Bürger über die grüne Grenze in den Westen, andere suchten Zuflucht in den bundesdeutschen Botschaften in Budapest, Prag, Warschau und

---

1) *Siehe hierzu auch Seite 108.*

◀ **DDR-Bürger sitzen in der deutschen Botschaft in Prag fest.**
Foto, September 1989.
Im September 1989 gelangten nach und nach 5 500 Fluchtwillige aus der DDR auf das Gelände der bundesdeutschen Botschaft in Prag. Am 30. September verkündete Bundesaußenminister Hans-Dietrich Genscher den Wartenden den „berühmtesten Halbsatz der deutschen Geschichte" (Prager Zeitung): „Wir sind zu Ihnen gekommen, um Ihnen mitzuteilen, dass heute Ihre Ausreise möglich geworden ist ...". Allerdings bestand die DDR darauf, dass alle Flüchtlinge mit Sonderzügen über DDR-Gebiet in die Bundesrepublik gebracht wurden. Unterwegs versuchten fluchtwillige DDR-Bürger auf einen der 19 Züge aufzuspringen. In diesem Zusammenhang kam es am 4. Oktober auf dem Dresdner Bahnhofsgelände zu bürgerkriegsähnlichen Szenen, als Sicherheitskräfte gegen Demonstranten und Fluchtwillige vorgingen.

Ost-Berlin. Bald setzte ein Massenexodus ein. Die DDR-Regierung wies die Bitte der ungarischen Reformkommunisten strikt zurück, den Tausenden Botschaftsflüchtlingen in Budapest eine sofortige Ausreisegenehmigung zu erteilen. Aus humanitären und politischen Erwägungen – Ungarn benötigte dringend wirtschaftliche Hilfe aus dem Westen – öffnete die ungarische Regierung daraufhin am 11. September die Grenze, über die bis Ende des Monats rund 33 000 Menschen in die Bundesrepublik gelangten.

Die politische Opposition meldet sich zu Wort

Unter dem Eindruck der Massenflucht vieler junger und gut ausgebildeter Menschen aus der DDR entschlossen sich Aktivisten der Bürgerrechtsbewegung zur Gründung öffentlich auftretender Oppositionsgruppen, die eine Reform der DDR an Haupt und Gliedern forderten. Die erste dieser Gruppierungen wandte sich am 10. September 1989 als „Neues Forum" an die Öffentlichkeit mit einem Aufruf zu einem freien Dialog zwischen Führung und Volk (▶ M2). In kurzer Zeit unterschrieben Zehntausende diesen Aufruf. Im Herbst traten weitere Gruppierungen an die Öffentlichkeit („Vereinigte Linke", „Demokratischer Aufbruch", „Demokratie Jetzt"). Am 7. Oktober 1989 wurde die „Sozialdemokratische Partei" aus der Taufe gehoben. Das Organisationsmonopol der SED war damit erstmals infrage gestellt – ein für kommunistische

▶ **Gedenken an die friedliche Revolution von 1989.**
Foto, 18. April 2010, Leipzig.
Auf dem Kirchhof der Nikolaikirche wurde 1999 eine mit Palmwedeln gekrönte Säule aus dem Kirchenschiff nachgebildet. Die Idee der freistehenden Gedenksäule stammt von dem Leipziger Künstler Andreas Stötzner. Sie steht symbolisch für den Gedanken des Aufbruchs, der aus der Kirche hinausgetragen wird.
• *Recherchieren Sie nach weiteren Erinnerungsorten der friedlichen Revolution.*

Verhältnisse revolutionärer Vorgang. Dennoch ging es den oppositionellen Gruppen primär um die Demokratisierung der DDR, nicht um deren Abschaffung (▶ M3). Die Menschenrechte und der Rechtsstaat sollten gelten. Die Wiedervereinigung stand nicht auf der Tagesordnung. Eine reformierte DDR sollte ihren eigenen Weg gehen.

Massenproteste und friedliche Revolution

Die Ausreise- und Fluchtbewegung war der Katalysator für die im Herbst 1989 das Geschehen bestimmenden Massendemonstrationen. Seit Anfang September demonstrierten in Leipzig an jedem Montag nach Friedensgebeten in der Nikolaikirche immer mehr Menschen für Reisefreiheit statt Massenflucht. Rief die Menge anfangs noch „Wir wollen raus!", so hieß es bald „Wir bleiben hier!". Mit Mahnwachen für Inhaftierte protestierten in Berlin, Leipzig und Potsdam Bürgerrechtler unter den Augen der Staatssicherheit, die mit Verhaftungen die um sich greifende Protestwelle ersticken wollte.

In den ersten Oktobertagen spitzte sich in vielen Städten die Situation gefährlich zu. Gegen die Parteiführung demonstrierten immer mehr Bürger für Freiheit und Demokratie. Im sächsischen Plauen kam es bereits am 7. Oktober zur ersten Massendemonstration von 15 000 Menschen, vor der die Staatsmacht kapitulieren musste, weil niemand mit einer solchen Menschenmenge gerechnet hatte. Während die Machthaber in Ost-Berlin den 40. Jahrestag der DDR am 6. und 7. Oktober vor den (Fernseh-)Augen der Welt und in Anwesenheit des sowjetischen Staats- und Parteichefs Gorbatschow mit Pomp, Militärparaden und FDJ-Vorbeimärschen feierten, versuchten sie gleichzeitig, mit einem Riesenaufgebot bewaffneter Sicherheitskräfte die Demonstranten einzuschüchtern.

Honecker weigerte sich, Reformen einzuleiten, zu denen ihm Gorbatschow dringend geraten hatte („Wer zu spät kommt, den bestraft das Leben"). Da Gorbatschow nicht mehr bereit war, die kommunistische Diktatur in Deutschland mit Gewalt zu schützen, erfüllte sich, was Breschnew 1970 Honecker eingeschärft hatte, als beide den Sturz Ulbrichts planten: „Erich, ich sage dir offen, vergiss das nie: Die DDR kann ohne uns, ohne die Sowjetunion, ihre Macht und Stärke, nie existieren. Ohne uns gibt es keine DDR."
Die große Montagsdemonstration am 9. Oktober in Leipzig brachte den Umschwung (➧ M4). 70 000 Menschen demonstrierten friedlich, im klaren Bewusstsein, dass es dabei zu einem Blutbad kommen könnte. Obgleich die bewaffneten Kräfte in höchste Alarmbereitschaft versetzt worden waren, wurde der Befehl zur gewaltsamen Zerschlagung der Demonstrationen nicht gegeben. Offenbar auch unter dem Einfluss der Sowjets unterlief eine Gruppe im Politbüro um Egon Krenz Honeckers Absicht zur gewaltsamen Beendigung des Bürgerprotests.

Honeckers Sturz

In den folgenden Wochen gingen in Leipzig und im ganzen Land Hunderttausende auf die Straßen und setzen die politische Führung in Ost-Berlin unter Handlungsdruck (➧ M5). Die Mehrheit des Politbüros versuchte jetzt, durch Gesprächsangebote an die Bevölkerung („Dialog") und die Entmachtung Honeckers am 18. Oktober 1989 die Situation wieder in den Griff zu bekommen. Egon Krenz übernahm Honeckers Ämter. Doch die Menschen wollten sich nicht mehr mit kleinen Korrekturen an der bisherigen Politik zufrieden geben. Daran änderten auch die bald einsetzenden Rücktritte vieler führender Funktionäre der SED und der Blockparteien nichts mehr. Die Opposition gewann täglich an Boden. „Wir sind das Volk!", scholl es selbstbewusst den Machthabern entgegen, und bald mischte sich darunter immer häufiger der Ruf „Wir sind ein Volk!".

Grenzöffnung und Mauerfall

Die anhaltende Massenflucht aus der DDR und der unablässige Massenprotest im ganzen Land untergruben innerhalb weniger Wochen das bereits brüchige Machtfundament der SED. Am 7. November trat die langjährige Regierung unter Willi Stoph[1)] (SED) zurück, drei Tage nach der größten Demonstration in der Geschichte der DDR, die auf dem Berliner Alexanderplatz stattfand (➧ M6). Das ZK der SED beschloss eine weitgehende personelle Erneuerung der Führungsgremien, mit Ausnahme von Krenz, der als Generalsekretär bestätigt wurde. Neuer Ministerpräsident wurde Hans Modrow[2)].
Um der Demokratiebewegung den Wind aus den Segeln zu nehmen, veranlasste Krenz den Entwurf für eine neue Regierungsverordnung, die Westreisen ohne Einschränkungen gestattete. Die neuen Reisebestimmungen sollten am 10. November in Kraft treten. Auf einer Pressekonferenz am 9. November informierte Günter Schabowski, amtierender Pressesprecher des Politbüros und SED-Parteichef von Ost-Berlin, die Medien

---

[1)] *Willi Stoph (1914 – 1999): Mitglied des Politbüros seit 1953, Armeegeneral, verschiedene Ministerämter, langjähriger Vorsitzender des Ministerrats, Mitglied und zeitweiliger Vorsitzender des Staatsrats*

[2)] *Hans Modrow (*1928): 1958 – 1990 Mitglied der Volkskammer, 1967 – 1989 Mitglied des ZK der SED, ab November 1989 Ministerpräsident der DDR und Mitglied des Politbüros der SED, im Dezember stellvertretender Vorsitzender der in SED-PDS umbenannten Partei; nahm im Februar 1990 Vertreter der oppositionellen Gruppierungen des zentralen Runden Tisches in sein Kabinett auf (Regierung der nationalen Verantwortung); ab Oktober 1990 Abgeordneter der PDS im Bundestag und Ehrenvorsitzender der Partei* über das Reisegesetz. Doch ihm unterlief ein folgenreicher Fehler, als er den Journalisten mitteilte, dass die neuen Reiseregelungen „sofort, unverzüglich" gelten würden. Seine Mitteilung machten die westlichen Medien zu einer Sensation. Um 20 Uhr brachte die Tagesschau der ARD als Spitzenmeldung die Nachricht: „DDR öffnet Grenze", und der Berlin-Korrespondent resümierte: „Also auch die Mauer soll über Nacht durchlässig werden."

Bald setzte ein Ansturm von immer mehr Ost-Berlinern auf die Grenzübergangsstellen nach West-Berlin ein. Die ersten DDR-Bürger überschritten gegen 21.30 Uhr die Grenze an der Bornholmer Straße. Die Grenzoffiziere waren überrascht und verunsichert, sie wussten von nichts, und Instruktionen von der Partei- und Staatsführung blieben aus. Unter dem friedlichen Druck von etwa 20 000 Menschen öffneten sie gegen Mitternacht die Schlagbäume. Wenig später waren alle Grenzkontrollstellen in das Berliner Umland und zwischen der DDR und der Bundesrepublik für jedermann passierbar. Die Mauer, das Symbol der Unterdrückung, stand noch, sie hatte aber ihre Funktion verloren und war offen.

Geschichte In Clips: *Zum Mauerfall siehe Clip-Code 4697-04*

In den Tagen und Wochen darauf besuchten Millionen den anderen Teil Deutschlands und entschieden sich gegen die DDR, die in eine immer stärkere Krise geriet. Dass der Fall der Mauer friedlich verlief, war der Besonnenheit der Bürger, vor allem aber dem Verhalten der sowjetischen Führung zu verdanken. Gorbatschow und sein engster Beraterkreis in Moskau entschieden sich, den „mutigen Schritt" der SED-Führung – so seine Formulierung – zu loben und damit die Öffnung der Mauer zu akzeptieren.

▶ **Jubel für die Ankommenden.** *Foto, 9./10. November 1989. In Trabis und zu Fuß drängten Zehntausende, fassungslos und überglücklich, nach West-Berlin. Der Jubel war riesengroß, „Wahnsinn" wurde zum Wort der Stunde. Allein in Berlin nutzte in dieser Nacht und am nächsten Tag mehr als eine halbe Million Menschen die unerwartete Gelegenheit zu einem Kurzbesuch im Westteil der Stadt.*

Prominente verfassen meist im fortgeschrittenen Alter *Autobiografien*[1], um der Öffentlichkeit Rechenschaft abzulegen. Viele dieser Lebensbeschreibungen setzen bereits in der frühen Kindheit ein. Sie versuchen, den Selbstfindungsprozess hin zur individuellen Persönlichkeit zu reflektieren. Berichte über die späteren sozialen Rollen schließen sich an, rücken aber nicht so in den Mittelpunkt wie in *Memoiren*[2] oder *Erinnerungen* von Politikern, Künstlern oder Sportlern. Diese spiegeln vor allem das eigene Wirken als Erwachsener und die Leistungen im Beruf. Daneben spielen Begegnungen mit anderen interessanten Zeitgenossen eine Rolle. Autobiografien sind grundsätzlich subjektiv: Nur einer kommt mit seinen Erfahrungen und Meinungen zu Wort. Sie werden in der Regel mit großem zeitlichem Abstand zu den Ereignissen verfasst, zumindest teilweise ohne ausführliche Unterlagen aus dem Gedächtnis, sodass sich Fehler einschleichen und Lücken bleiben können. Oft überwiegen Thesen und Wertungen, die nicht immer begründet werden. Bislang unbekannte Informationen werden selten preisgegeben. Vor allem bei Politikern dienen Memoiren mehr zur Rechtfertigung getroffener Entscheidungen als zu deren selbstkritischen Reflexion. Sie sollen den Autor in einem günstigen Licht erscheinen lassen. Dies beeinflusst ihren Wert, sodass weitere Quellen heranzuziehen sind.

Leitfragen für die Analyse

- Informieren Sie sich über den Autor, vor allem über seine Stellung in Beruf und Gesellschaft sowie seinen politischen Standpunkt.
- Ordnen Sie die Aussagen in den historischen Kontext ein. Vergleichen Sie, welche Aspekte hervorgehoben, kaum behandelt oder weggelassen werden.
- Beachten Sie die Sprache. Achten Sie auf Wertungen.
- Prüfen Sie abschließend die Glaubwürdigkeit des Verfassers, um seine Erinnerungen als historische Quelle beurteilen zu können.

---

1) *von griech. „autos": selbst; „bios": Leben; „graphein": schreiben*

2) *von lat. „memoria": Gedächtnis*

▲ **„Winter im Sommer – Frühling im Herbst."**
Vorderseite des Buchumschlags.

M1

Der „Revolutionspastor" erinnert sich

Joachim Gauck[1] *schreibt in seinen 2009 veröffentlichten Erinnerungen an sein Leben in und nach der Auflösung der DDR über den Herbst 1989:*

Bis zum Herbst 1989 war ich ein Pastor gewesen, der im kirchlichen Dienst aufging, dabei seinen Jugendlichen, seinen Gesprächskreisen und seiner Gemeinde im Gottesdienst die Wahrheit nicht schuldig blieb – das war in Rostock bekannt –, aber ich gehörte keiner außerkirchlichen Opposition an. Im Herbst 1989 wuchs ich Schritt für Schritt in eine politische Rolle hinein. Der Sturm hatte mich mitgenommen; nie waren wir aktiver als in diesen

---

1) *Zu Joachim Gauck siehe M1, Seite 103.*

Wochen. Binnen Kurzem nannte mich eine Rostocker Zeitung „Revolutionspastor" [...].
Rasend schnell breitete sich aus, was in Sachsen auf die Formel gebracht worden war „Wir sind das Volk". Ich hörte in diesem Satz mit, was deren Erfinder 1989 wahrscheinlich noch gar nicht im Kopf hatten. Mit der Ermächtigung der Vielen ging die Ermächtigung des Einzelnen einher. Wer einst nur als Staatsinsasse mit staatlich geregelter Eingangs- und Ausgangsordnung aus dem Biotop gelebt hatte, erkannte nun seine Rechte, erklärte sich für zuständig. Die Losung war ein ernster Appell an den, der sie aussprach: Wenn du das Volk bist, also der Souverän, dann trägst du auch Verantwortung. „Wir sind das Volk" sollte in jedem Klassenzimmer hängen. Gibt es einen schöneren Satz aus dem langen Kampf für Menschen- und Bürgerrechte in diesem Land? Gehörte er nicht ins kollektive Gedächtnis der ganzen Nation?
Damals wehte mit dem Satz aus Sachsen eine doppelte Botschaft über das Land: den Einen bestritt sie das Recht zu herrschen, weil sie ohne Recht herrschten, die Anderen forderte sie auf, den nun offenen Raum zu betreten, die Macht, die auf der Straße lag, zu übernehmen, an das Recht zu binden und als frei gewählte Volksvertretung auszuüben.
Auch Tausende von Parteimitgliedern der SED spürten die Kraft, die von der Losung ausging. Die neue Mündigkeit wirkte ansteckend. Viele einfache Parteimitglieder protestierten durch Austritt, sie wollten nicht länger Teil einer herrschenden Klasse sein, die als Gegner oder als Feind des Volkes agierte, andere waren ermutigt: Bald würden die reaktionären Bastionen der ideologischen Festung gestürmt, alte Kader gestürzt und sogar aus der Partei ausgeschlossen sein.
Sicher wäre all dies auch ohne eine starke Losung geschehen, aber mit ihr ging es schneller und besser. Am Ende wurde aus unserer Protestbewegung eine Revolution. Das Oberste, was für alle Zeiten hatte oben sein wollen, wurde nach unten gekehrt. Ganz ohne Gewalt [...]. Revolution war bis dahin immer mit Gewalt verbunden gewesen. Viele sprechen daher lieber von einem Zusammenbruch, einem Kollaps, einer Implosion, einer Wende, zumindest von einer „friedlichen", einer „samtenen" oder einer „verhandelten" Revolution im Osteuropa des Jahres 1989 [...]. All diese Einschränkungen ändern für mich nichts an der grundlegenden, eine Revolution kennzeichnenden Tatsache, dass eine staatliche Ordnung durch das Volk gestürzt und durch ein neues System ersetzt worden ist – auch wenn kein Blut floss und die Aufbegehrenden Transparente und Kerzen statt Waffen in den Händen hielten.
Damals, im Herbst 1989, versuchten Partei und Staat noch, die Mobilisierung der Bevölkerung umzuleiten, die Menschen von der Straße weg- und in institutionalisierte Bahnen zurückzulenken. Dialogveranstaltungen sollten die Unzufriedenheit auffangen und die Meinungsführerschaft der Partei wiederherstellen. Der stellvertretende Rostocker Bürgermeister erschien sogar in unserem Fürbittgottesdienst am 19. Oktober, um für eine derartige Veranstaltung am folgenden Tag in der Ostseehalle zu werben. Hätte die SED ein Jahr zuvor, etwa auf dem Kirchentag 1988 [...], auf die privilegierte Rolle der Partei verzichtet und einen Parteienpluralismus akzeptiert, wir Bürgerbewegte wären auf das Dialogangebot eingegangen. Jetzt sahen wir in den Herrschenden keinen Dialogpartner mehr, sondern nutzten die öffentlichen Diskussionen in der Sport- und Kongresshalle, um sie zu delegitimieren.

Joachim Gauck, Winter im Sommer – Frühling im Herbst. Erinnerungen, München 2009, S. 212ff.

1. *Erarbeiten Sie, wie Gauck sein politisches Engagement im Herbst 1989 begründet.*
2. *Erläutern Sie, worin er die Bedeutung der Parole „Wir sind das Volk" sieht. Nehmen Sie Stellung zu seiner Bewertung.*
3. *Begründen Sie, wieso Gauck die Bezeichnung „Revolution" für die Vorgänge in der DDR bevorzugt.*
4. *Zeigen Sie, an welchen Textstellen die subjektive Darstellung deutlich wird.*
5. *Vielleicht hat Sie der Textauszug neugierig gemacht, mehr aus Gaucks Erinnerungen zu lesen. Dann könnten Sie die Qualität von Gaucks Darstellung als historisches Dokument beurteilen. Ziehen Sie zur Überprüfung andere Veröffentlichungen zu den beschriebenen Ereignissen heran.*

3.2 Die Wiedervereinigung

▲ **Von der Teilung zur Einheit.**

Karikatur von António Calado da Maia, 2. Oktober 1990.

- *Analysieren Sie die dargestellte Szene.*

28. November 1989
Bundeskanzler Helmut Kohl legt ein „Zehn-Punkte-Programm" vor: Durch die Schaffung konföderaler Strukturen zwischen beiden deutschen Staaten soll ein gesamtdeutscher Bundesstaat entstehen – eine zeitliche Perspektive wird nicht genannt.

Dezember 1989
Die SED verzichtet auf ihr Herrschaftsmonopol.

10. Februar 1990
Michail Gorbatschow stimmt der Schaffung eines deutschen Gesamtstaates zu.

18. März 1990
Die ersten freien Wahlen zur Volkskammer finden statt.

1. Juli 1990
Die Wirtschafts-, Währungs- und Sozialunion zwischen der Bundesrepublik und der DDR tritt in Kraft.

16. Juli 1990
Gorbatschow gibt im Gespräch mit Kohl und Genscher seine Zustimmung zur Wiedervereinigung Deutschlands und zur NATO-Mitgliedschaft Gesamtdeutschlands bekannt, nachdem dies durch amerikanisch-sowjetische Verhandlungen vorbereitet worden ist.

12. September 1990
Durch den Zwei-plus-Vier-Vertrag erhält das wiedervereinigte Deutschland die volle staatliche Souveränität.

3. Oktober 1990
Durch den Beitritt der fünf ostdeutschen Länder zur Bundesrepublik ist die Wiedervereinigung Deutschlands vollzogen.

2. Dezember 1990
Bei der ersten gesamtdeutschen Bundestagswahl wird die Regierungskoalition aus CDU/CSU und FDP unter Bundeskanzler Kohl bestätigt.

M1

Gorbatschow gibt grünes Licht

Bundeskanzler Helmut Kohl gibt am 10. Februar 1990 in Moskau eine Presseerklärung ab.

Meine Damen und Herren!
Ich habe heute Abend an alle Deutschen eine einzige Botschaft zu übermitteln. Generalsekretär Gorbatschow und ich stimmen darin überein, dass es das alleinige Recht des deutschen Volkes ist, die Entscheidung zu treffen, ob es in einem Staat zusammenleben will.
Generalsekretär Gorbatschow hat mir unmissverständlich zugesagt, dass die Sowjetunion die Entscheidung der Deutschen, in einem Staat zu leben, respektieren wird, und dass es Sache der Deutschen ist, den Zeitpunkt und den Weg der Einigung selbst zu bestimmen.
Generalsekretär Gorbatschow und ich waren uns ebenfalls einig, dass die deutsche Frage nur auf der Grundlage der Realitäten zu lösen ist: d.h. sie muss eingebettet sein in die gesamteuropäische Architektur und in den Gesamtprozess der West-Ost-Beziehungen. Wir müssen die berechtigten Interessen unserer Nachbarn und unserer Freunde und Partner in Europa und in der Welt berücksichtigen.
Es liegt jetzt an uns Deutschen in der Bundesrepublik und in der DDR, dass wir diesen gemeinsamen Weg mit Augenmaß und Entschlossenheit gehen.
Generalsekretär Gorbatschow und ich haben ausführlich darüber gesprochen, dass auf dem Wege zur deutschen Einheit die Fragen der Sicherheit in Europa herausragende Bedeutung haben. Wir wollen die Frage der unterschiedlichen Bündniszugehörigkeit in enger Abstimmung auch mit unseren Freunden in Washington, Paris und London sorgfältig beraten, und ich bin sicher, dass wir eine gemeinsame Lösung finden.
Ich danke Generalsekretär Gorbatschow, dass er dieses historische Ergebnis ermöglicht hat.
Wir haben vereinbart, im engsten persönlichen Kontakt zu bleiben.
Meine Damen und Herren,
dies ist ein guter Tag für Deutschland und ein glücklicher Tag für mich persönlich.

Bulletin des Presse- und Informationsamtes der Bundesregierung, Nr. 24, 13.02.1990, S. 189

Zeigen Sie die Zugeständnisse, die die deutsche Bundesregierung an die UdSSR macht.

▶ **Abzug der russischen Armee.**
Foto, 31. August 1994, Berlin.
Mit seiner Zustimmung zur Wiedervereinigung und völligen Souveränität Deutschlands willigte Gorbatschow auch in den vollständigen Abzug aller sowjetischen Streitkräfte aus dem Gebiet der DDR ein. Im Gegenzug verpflichtete sich die Bundesrepublik, die Gesamtstärke ihrer Streitkräfte auf 370 000 Mann zu begrenzen. Der Abzug der Sowjetarmee zog sich über mehrere Jahre hin. Am 31. August 1994 wurde die russische Armee schließlich mit einer Parade feierlich verabschiedet.

Einheitsgleichung.
Karikatur von Brigitte Schneider aus der Wochenzeitung „Das Parlament", 22. Juni 1990

M2

Der Zwei-plus-Vier-Vertrag

Am 12. September 1990 unterzeichnen die vier Siegermächte USA, Sowjetunion, Frankreich und Großbritannien und die beiden deutschen Staaten in Moskau den „Vertrag über die abschließende Regelung in Bezug auf Deutschland". Am 15. März 1991 tritt er in Kraft.

Artikel 1

(1) Das vereinte Deutschland wird die Gebiete der Deutschen Demokratischen Republik, der Bundesrepublik Deutschland und ganz Berlins umfassen. Seine Außengrenzen werden die Grenzen der Deutschen Demokratischen Republik und der Bundesrepublik Deutschland sein und werden am Tage des Inkrafttretens dieses Vertrages endgültig sein. Die Bestätigung des endgültigen Charakters der Grenzen des vereinten Deutschlands ist ein wesentlicher Bestandteil der Friedensordnung in Europa.
(2) Das vereinte Deutschland und die Republik Polen bestätigen die zwischen ihnen bestehende Grenze in einem völkerrechtlich verbindlichen Vertrag.
(3) Das vereinte Deutschland hat keinerlei Gebietsansprüche gegen andere Staaten und wird solche auch nicht in Zukunft erheben. […]

Artikel 3

(1) Die Regierungen der Bundesrepublik Deutschland und der Deutschen Demokratischen Republik bekräftigen ihren Verzicht auf Herstellung und Besitz von und auf Verfügungsgewalt über atomare, biologische und chemische Waffen. […]
(2) Die Regierung der Bundesrepublik Deutschland hat in vollem Einvernehmen mit der Regierung der Deutschen Demokratischen Republik am 30. August 1990 in Wien bei den Verhandlungen über konventionelle Streitkräfte in Europa folgende Erklärung abgegeben:
„Die Regierung der Bundesrepublik Deutschland verpflichtet sich, die Streitkräfte des vereinten Deutschlands innerhalb von drei bis vier Jahren auf eine Personalstärke von 370 000 Mann (Land-, Luft- und Seestreitkräfte) zu reduzieren. […] Im Rahmen dieser Gesamtobergrenze werden nicht mehr als 345 000 Mann den Land- und Luftstreitkräften angehören, die gemäß vereinbartem Mandat allein Gegenstand der Verhandlungen über konventionelle Streitkräfte in Europa sind." […]

Artikel 5

(3) Nach dem Abschluss des Abzugs der sowjetischen Streitkräfte vom Gebiet der heutigen Deutschen Demokratischen Republik und Berlins[1] können in diesem Teil Deutschlands auch deutsche

1) Die Bundesrepublik unterstützte die „Überleitung" der sowjetischen Truppen finanziell mit 6,9 Milliarden Euro. In der DDR waren 390 000 Sowjets und 140 000 Soldaten der Nationalen Volksarmee stationiert, in der Bundesrepublik standen 490 000 Bundeswehrsoldaten und 340 000 Soldaten der alliierten Streitkräfte ständig unter Waffen.

Streitkräfte stationiert werden, die in gleicher Weise militärischen Bündnisstrukturen zugeordnet sind wie diejenigen auf dem übrigen deutschen Hoheitsgebiet, allerdings ohne Kernwaffenträger. […] Ausländische Streitkräfte und Atomwaffen und deren Träger werden in diesem Teil Deutschlands weder stationiert noch dorthin verlegt. […]

Artikel 7

(1) Die Französische Republik, die Union der Sozialistischen Sowjetrepubliken, das Vereinigte Königreich von Großbritannien und Nordirland und die Vereinigten Staaten von Amerika beenden hiermit ihre Rechte und Verantwortlichkeit in Bezug auf Berlin und Deutschland als Ganzes. […]
(2) Das vereinte Deutschland hat demgemäß volle Souveränität über seine inneren und äußeren Angelegenheiten.

Bulletin des Presse- und Informationsamtes der Bundesregierung, Nr. 109, 14.09.1990, S. 1154ff.

1. *Erläutern Sie Vorteile und Forderungen, die der Vertrag für Deutschland beinhaltet.*
2. *Bundesaußenminister Hans-Dietrich Genscher nannte den Vertrag den „wichtigsten und chancenreichsten […], den Deutschland je geschlossen" habe. Diskutieren Sie diese Wertung.*

M3

„Rote Zahlen vom roten Sozialismus"

Der Wirtschaftswissenschaftler Karl-Hans Hartwig fasst zwei Monate nach Inkrafttreten der Wirtschafts-, Währungs- und Sozialunion am 1. Juli 1990 die wirtschaftlichen Probleme der DDR zusammen:

Die DDR-Wirtschaft befindet sich gegenwärtig in einer tiefen Krise […]. Auch die weiteren Aussichten sind zunächst düster. Arbeitslosenzahlen von 1,5 bis 2 Millionen oder 15 Prozent werden selbst von Optimisten nicht mehr als unrealistisch angesehen. […] Die Marktwirtschaft und der mit ihr notwendig verbundene freie Informationsfluss bringen diese Altlasten der planwirtschaftlichen Vergangenheit an den Tag. Sie machen deutlich, dass vom roten Sozialismus vorwiegend rote Zahlen bleiben. Experten ist nicht erst seit dem 9. November bekannt, dass etwa 30 bis 40 Prozent der DDR-Betriebe nicht konkurrenzfähig sind und in Wirtschaft und Verwaltung schon immer eine große Anzahl von Arbeitskräften mitgeschleppt wurde, die ökonomisch nicht gerechtfertigt war. Produktivitätsrückstände bis zu 60 Prozent gegenüber westlichen Betrieben kommen ja nicht von ungefähr. D.h. aber, dass von den vorhandenen 9,3 Millionen Arbeitsplätzen in den ersten Jahren nach Einführung der Marktwirtschaft mehr als drei Millionen wahrscheinlich sowieso nicht zu halten wären. Sie durch neue wettbewerbsfähige Arbeitsplätze zu ersetzen, ist die vordringliche Aufgabe, und nicht irgendwelche Beschäftigungsgarantien zu geben. Das in den Köpfen der Menschen noch immer verankerte Recht auf Arbeit hat es ja faktisch auch in der DDR nie gegeben. Praktiziert wurden vielmehr ein Recht auf Lohn und der Zwang zur Beschäftigung an den falschen Stellen.

Das Parlament, 14.09.1990

1. *Arbeiten Sie die Probleme bei der Umwandlung der Planwirtschaft der DDR in eine Soziale Marktwirtschaft heraus.*
2. *Erläutern Sie die Aufgaben demokratisch gewählter Politiker in diesem Prozess.*
3. *Historiker sprechen angesichts der Vorgänge in der DDR seit Herbst 1989 von drei „Revolutionen"; einer „liberalen", einer „nationalen" und einer „sozialen". Erörtern Sie, welche Gründe für eine solche Einteilung sprechen.*

M4

Ist eine Verfassunggebende Versammlung erforderlich?

Über den geeigneten verfassungsrechtlichen Weg zur Wiedervereinigung nach Artikel 23 GG oder Artikel 146 GG führen Mitte März 1990 Innenminister Wolfgang Schäuble (CDU) und der Bürgerrechtler und stellvertretende Vorsitzende der DDR-SPD Markus Meckel ein Streitgespräch auf Einladung des SPIEGEL:

Auszug aus dem Grundgesetz

Art. 23: Dieses Grundgesetz gilt zunächst im Gebiete der Länder Baden, Bayern, Bremen, Groß-Berlin, Hamburg, Hessen, Niedersachsen, Nordrhein-Westfalen, Rheinland-Pfalz, Schleswig-Holstein, Württemberg-Baden und Württemberg-Hohenzollern. In anderen Teilen Deutschlands ist es nach deren Beitritt in Kraft zu setzen.

Art. 146: Dieses Grundgesetz verliert seine Gültigkeit an dem Tage, an dem eine Verfassung in Kraft tritt, die von dem deutschen Volke in freier Entscheidung beschlossen worden ist.

Meckel: Auch der Weg nach 146 muss überhaupt nicht lange dauern. Ich denke, dass sich die Artikel 23 und 146 gar nicht ausschließen. Ich strebe es nicht an, aber ich halte es auch nicht für unmöglich, auf der Grundlage des Artikels 23 in Verhandlungen mit der Bundesregierung einzutreten, um konkrete Bedingungen auszuhandeln. Im Ergebnis soll dann eine neue Verfassung entsprechend Artikel 146 herauskommen, die der gesamten Bevölkerung zur Abstimmung vorgelegt wird.

Schäuble: Man kann theoretisch durchaus beide Wege miteinander verbinden. Die Zeitfrage ist auch nicht das entscheidende Argument. Wichtig ist, dass bei einem Prozess über Artikel 146 überhaupt keine Klarheit besteht, wie die Grundstrukturen unserer Verfassung aussehen werden. Wir brauchen aber ein Element der Vertrauensbildung, der Stabilität […].

Meckel: Jetzt bauen Sie aber einen Buhmann auf. Wir haben mit aller Klarheit gesagt, wir wollen vom Grundgesetz ausgehen, nur ein paar Bestimmungen sollen thematisiert werden. Es ist doch eigentlich sinnvoll, dass sich das Volk 45 Jahre nach dem Krieg in einer historischen Situation eine neue Verfassung gibt […]. Natürlich soll nichts von dem, was sich bewährt hat, worauf auch viele DDR-Bürger mit Bewunderung blicken, über den Haufen geworfen werden.

Schäuble: Das ändert nichts daran, dass der Weg über Artikel 146 erst am Ende Klarheit schafft, während nach Artikel 23 von vornherein Klarheit besteht, dass dieses Grundgesetz in seinen Grundstrukturen erhalten bleibt.

Meckel: Was unterstellen Sie denn eigentlich den Bürgern der DDR? Das, was wir als Verfassung hatten, ist doch ein Lappen. Und das Grundgesetz ist die beste deutsche Verfassung. Dies ist Konsens in der DDR, behaupte ich. Aber das heißt nicht, sie sei nicht noch verbesserungswürdig.

Schäuble: Gleichwohl können Sie so keine Verlässlichkeit schaffen. Eine Verfassunggebende Versammlung nach Artikel 146 entscheidet mit einfacher Mehrheit. Nach Artikel 23 ist Grundlage das Grundgesetz, das nur mit Zweidrittelmehrheit geändert werden kann. Sonst gilt das Grundgesetz weiter […]. Der Risikospielraum für Verfassungsänderungen bei den qualifizierten Mehrheitserfordernissen – Zweidrittelmehrheit im Bundestag und im Bundesrat – ist und bleibt sehr viel geringer. Das ist genau der Punkt. Bei 146 ist alles offen, bei 23 nicht.

Gerhardt Maier, Die Wende in der DDR, Bonn 1990, S. 83f.

1. *Stellen Sie Meckels und Schäubles Argumente gegenüber.*
2. *Überlegen Sie in Gruppenarbeit, welche inhaltlichen Positionen sich hinter dem verfassungsrechtlich geführten Streitgespräch verborgen haben könnten.*
3. *Entscheiden Sie selbst und begründen Sie: Halten Sie den gewählten Weg der Wiedervereinigung für richtig oder hätten Sie dem Verfahren nach Artikel 146 Grundgesetz den Vorzug gegeben? Berücksichtigen Sie dabei das Verhalten der Bürger in der DDR 1989/90.*

▲ **Besetzte Stasi-Zentrale.**
Foto, Februar 1990, Ost-Berlin.
Mit der Besetzung von Dienstgebäuden der Staatssicherheit bereiteten Bürgerrechtler dem Treiben der Stasi ein Ende.

Das Ende der SED-Diktatur

Die seit Mitte November 1989 amtierende SED-Regierung unter Ministerpräsident Hans Modrow geriet bald unter starken Erfolgszwang. Die schwierigen Probleme der Wirtschaft, über die jetzt in aller Öffentlichkeit kritisch berichtet und diskutiert wurde, ließen sich mit den gegebenen Möglichkeiten der DDR nicht mehr bewältigen. Im November und Dezember 1989 kehrten 176 650 Menschen der DDR den Rücken.
Unter dem Druck der jetzt zu Hunderttausenden demonstrierenden Bevölkerung gab die SED ihre Hegemonialstellung schrittweise auf. Im Dezember wurde ihre „führende Rolle“ aus der Verfassung gestrichen, das Ministerium für Staatssicherheit aufgelöst, Politbüro und Zentralkomitee traten geschlossen zurück, Partei- und Staatschef Krenz gab seine Ämter ab.
Einer Stabilisierung der Verhältnisse sollte Anfang Dezember die Einrichtung eines „Runden Tisches“ nach polnischem Vorbild unter Beteiligung der wichtigsten Gruppierungen der Bürgerrechtsbewegung und der Kirchen dienen. Unter öffentlichem Druck erklärten sich Regierung und die inzwischen neu formierte SED-PDS (Partei des demokratischen Sozialismus) dazu bereit, den Forderungen des Runden Tisches zu entsprechen und die ersten freien Volkskammerwahlen auf den 18. März 1990 vorzuziehen. Anfang Februar 1990 traten sieben Vertreter der Bürgerrechtsgruppen als Minister ohne Geschäftsbereich in die von Modrow so bezeichnete „Regierung der nationalen Verantwortung“ ein. Noch ging die Opposition vom Fortbestand der DDR, jedoch als demokratischer Staat, aus.

Auf der Suche nach einem Weg zur Einheit

Bundeskanzler Helmut Kohl hatte Ende November 1989 mit einem „Zehn-Punkte-Programm zur Überwindung der Teilung Deutschlands und Europas" die Initiative ergriffen. Der Plan basierte auf der Überlegung, dass die Bundesregierung mit einer demokratisch legitimierten DDR-Regierung in einer Vertragsgemeinschaft behutsam die Vereinigung der beiden deutschen Staaten vorantreiben sollte, um den Menschen in der DDR eine Perspektive zu geben. Einen Zeitplan gab es nicht, denn noch wusste niemand, wie die Sowjetunion auf den Untergang des alten DDR-Regimes reagieren würde.

Doch die politische und wirtschaftliche Situation der DDR spitzte sich zu und setzte die Regierenden in Ost und West unter Zugzwang: Die Übersiedlerwelle aus zumeist jungen und beruflich gut qualifizierten DDR-Bürgern schwoll im Januar 1990 auf fast 74 000 Personen an. Bereits Ende November 1989 dominierten bei Massendemonstrationen in Leipzig und in anderen Städten Rufe wie „Deutschland, einig Vaterland". Alle langfristig angelegten Pläne wurden deshalb rasch zu Makulatur, auch eine Initiative Modrows für eine Konföderation beider Staaten, die er am 1. Februar mit Zustimmung Gorbatschows bekannt machte. Weil der wirtschaftliche Zusammenbruch der DDR offenkundig nicht mehr aufzuhalten war und gute Beziehungen zu Deutschland im sowjetischen Interesse lagen, bestätigte Gorbatschow am 10. Februar 1990 Bundeskanzler Kohl und Außenminister Genscher in Moskau, dass die Sowjetunion nichts gegen die deutsche Vereinigung einzuwenden habe (➧ M1). Zeitpunkt und Weg sollten die Deutschen selbst festlegen.

Erste freie Wahlen

Die erste freie Volkskammerwahl am 18. März 1990 brachte die Antwort des Volkes auf die Frage nach der Zukunft der DDR. Das Wahlbündnis *Allianz für Deutschland* aus CDU (Ost), Demokratischem Aufbruch (DA) und der Deutschen Sozialen Union (DSU) siegte klar mit 47,8 Prozent der Stimmen. Die SPD erreichte knapp 22 Prozent, und nur 20 Prozent der Wähler unterstützten jene Parteien, die sich für eine eigenständige DDR eingesetzt hatten. Die Mehrheit der DDR-Bürger hatte sich für die umgehende Einbeziehung Ostdeutschlands in ein wiedervereinigtes Deutschland ausgesprochen.

Am 12. April 1990 wählte die Volkskammer *Lothar de Maizière*[1)] (CDU-Ost) zum Ministerpräsidenten und bestätigte sein Kabinett der Großen Koalition aus CDU, SPD, Liberalen, DSU und DA. Neben einer Fülle von Gesetzen im Rahmen des Einigungsprozesses verabschiedete die Volkskammer am 17. Juni ein verfassungsänderndes Gesetz von großer symbolischer Bedeutung, das den politischen Umbruch in der DDR festschrieb und den Trägern der friedlichen Revolution ein Denkmal setzte. Artikel 1 der geänderten DDR-Verfassung lautete jetzt: „Die Deutsche Demokratische Republik ist ein freiheitlicher, demokratischer, föderativer, sozialer und ökologisch orientierter Rechtsstaat."

---

1) *Lothar de Maizière (*1940): Rechtsanwalt und seit 1956 Mitglied der Ost-CDU, von November 1989 bis 1990 deren Vorsitzender; vom 12. April bis 2. Oktober 1990 letzter Ministerpräsident der DDR, 3. Oktober bis 19. Dezember 1990 Bundesminister für besondere Aufgaben; Mitarbeit an den Verhandlungen über die deutsche Wiedervereinigung; Rücktritt am 6. September 1991 aufgrund von Vorwürfen, Inoffizieller Mitarbeiter des MfS gewesen zu sein*

Die außenpolitische Strategie der Bundesregierung

Während die inneren Aspekte der Vereinigung seit dem Frühjahr 1990 in einem Verhandlungsmarathon zwischen Bonn und Ost-Berlin geregelt wurden, liefen parallel dazu zwischenstaatliche und internationale Verhandlungen über die äußere Absicherung des Einigungsprozesses. Ohne die Zustimmung der vier Siegermächte des Zweiten Weltkrieges, die sich seit 1945 in Potsdam ihre Zuständigkeit für „Deutschland als Ganzes" vorbehalten hatten, konnte es keine Wiedervereinigung geben. Ebenso mussten die Interessen der übrigen europäischen Staaten, insbesondere Polens, berücksichtigt und mögliche Befürchtungen über ein größer und mächtiger werdendes Deutschland entkräftet werden. Denn die europäische Staatengemeinschaft war, wie viele Deutsche auch, von der fortdauernden Existenz zweier deutscher Staaten ausgegangen. Die Bundesregierung entwickelte deshalb eine Strategie, die fünf Ziele umfasste:

- Einhegung der wirtschaftlichen und politischen Macht Deutschlands durch die Stärkung der europäischen Integration und die Schaffung einer Wirtschafts- und Währungsunion mit dem Euro als gemeinsamer Währung;
- Beschränkung der deutschen Streitkräfte, nuklearwaffenfreier Status Deutschlands, besondere Zusicherungen an die Sowjetunion;
- grundlegende Erneuerung des bilateralen Verhältnisses zwischen Deutschland und der Sowjetunion;
- Anerkennung der Oder-Neiße-Grenze als definitive Westgrenze Polens;
- Mitwirkung bei der Schaffung von neuen Formen und Mechanismen einer gesamteuropäischen Zusammenarbeit.

Zugute kam der Bundesrepublik dabei das beträchtliche Vertrauenskapital, das sie sich durch jahrzehntelange Zusammenarbeit mit den USA, im westlichen Bündnissystem und in der Europäischen Gemeinschaft, aber auch im Verhältnis zu den östlichen Staaten erworben hatte.

▲ **„March of the Forth Reich."**
Zeichnung von Bill Caldwell aus der britischen Zeitung „Daily Star", Februar 1990.
● *Interpretieren Sie die Aussage der Zeichnung.*

Verhandlungen auf allen Ebenen

Ohne Einschränkung förderten die USA unter Präsident *George Bush* und Außenminister *James Baker* die Wiedervereinigung Deutschlands. Eine Schwächung der NATO durch ein deutsches Ausscheiden lehnten sie ab. Der französische Staatspräsident *François Mitterrand* sorgte sich anfangs um die Haltung eines größeren Deutschland zum europäischen Zusammenschluss. Gegen die Wiedervereinigung sprach sich offen die britische Premierministerin *Margaret Thatcher* aus, die eine deutsche Dominanz in Europa befürchtete. Einen radikalen Kurswechsel nahm der sowjetische Staats- und Parteichef Michail Gorbatschow vor. Aus dem Zusammenbruch der DDR zog er den Schluss, die Wiedervereinigung im Grundsatz zu akzeptieren, um Deutschland als Partner für den Neuaufbau der Sowjetunion zu gewinnen.

Im Februar 1990 vereinbarten die Außenminister Frankreichs, Großbritanniens, der Sowjetunion, der USA sowie der DDR und der Bundesrepublik Deutschland in sogenannten „Zwei-plus-vier-Gesprächen", die offenen Fragen der Grenzen, der Bündniszugehörigkeit Deutschlands, der Höchststärke einer gesamtdeutschen Armee und der deutschen Souveränität einvernehmlich zu klären. Zunächst hielten Gorbatschow und sein Außenminister *Eduard Schewardnadse* an der Forderung fest, ein größeres Gesamtdeutschland dürfe nicht Mitglied der NATO werden. Hingegen erklärten die Bundesregierung und die Westmächte wiederholt, dass gerade die Einbeziehung in die NATO eine Sicherheitsgarantie für ganz Europa darstelle.

Aufgrund eines amerikanisch-sowjetischen Übereinkommens vom Juni 1990 über die zukünftige Mitgliedschaft Gesamtdeutschlands in der NATO erhielten Bundeskanzler Kohl und Außenminister *Genscher* am 15. Juli 1990 von Gorbatschow die Zusage zur deutschen Einheit. Dafür versprach der Kanzler, die gesamtdeutschen Streitkräfte zu reduzieren und auf die Herstellung, den Besitz und den Einsatz von ABC-Waffen[1)] zu verzichten. Darüber hinaus sagte Kohl der Sowjetunion umfangreiche wirtschaftliche Unterstützung zu.

Vertragliche Regelungen

Mit dem am 12. September 1990 in Moskau unterzeichneten „Vertrag über die abschließende Regelung in Bezug auf Deutschland" (▸ M2), der die Funktion eines Friedensvertrages hatte, erhielt das wiedervereinigte Deutschland die volle staatliche Souveränität zuerkannt und damit das Recht, seine Bündniszugehörigkeit frei zu wählen. In einem weiteren von Kohl und Gorbatschow am 9. November 1990 in Bonn unterzeichneten Vertrag wurde die umfassende Zusammenarbeit beider Staaten vereinbart. Den Abschluss bildete der deutsch-polnische Grenzvertrag vom 14. November 1990, der die definitive Anerkennung der polnischen Westgrenze durch das wiedervereinigte Deutschland bestätigte.

Wirtschafts-, Währungs- und Sozialunion

Noch bevor die außenpolitischen Voraussetzungen der staatlichen Vereinigung geklärt waren, wurde durch die Einführung der D-Mark in der DDR die Einheit Deutschlands unumkehrbar. Um die Übersiedlerzahlen und den Einigungsprozess insgesamt unter Kontrolle zu bringen, entschied sich Bundeskanzler Kohl bereits im Februar 1990 gegen den Rat vieler Wirtschaftsexperten dafür, die Wirtschafts- und Währungsunion so schnell wie möglich zu verwirklichen. Um den Erwartungen der DDR-Bürger entgegenzukommen, einigte man sich auch auf einen für sie sehr günstigen Wechselkurs: Löhne, Renten und Mieten wurden im Verhältnis 1:1 umgestellt, Sparguthaben bis 6 000 Mark ebenfalls 1:1, darüber hinausgehende Beträge 2:1.

---

1) *Sammelbezeichnung für atomare, biologische und chemische Waffen*

Der *Staatsvertrag zur Wirtschafts-, Währungs- und Sozialunion* zwischen der Bundesrepublik Deutschland und der DDR wurde am 18. Mai 1990 unterzeichnet, im Juni von der Volkskammer (gegen die Stimmen der PDS und der Fraktion von Bündnis 90), vom Bundestag und vom Bundesrat ratifiziert und trat am 1. Juli 1990 in Kraft. Einen Tag später wurde die D-Mark als offizielle Währung in der DDR eingeführt. Was die in der DDR lebenden Menschen seit Jahrzehnten ersehnt hatten, war Wirklichkeit geworden: Mit „richtigem“ Geld konnten sie die begehrten Westwaren, vor allem Autos, kaufen. Sozusagen über Nacht wurde aber auch die gesamte Wirtschaft der DDR dem internationalen Wettbewerb ausgesetzt, dem die meisten Betriebe nicht gewachsen waren. Ein gewaltiger Modernisierungsschock erfasste Wirtschaft und Gesellschaft (➧ M3).

Der Einigungsvertrag

Anfang Juli 1990 begannen in Ost-Berlin die Verhandlungen der beiden deutschen Regierungen über den zweiten Staatsvertrag zur deutschen Einheit unter der Leitung von Bundesinnenminister *Wolfgang Schäuble* und DDR-Staatssekretär *Günther Krause*. Die Übernahme der bundesdeutschen Rechtsordnung in Ostdeutschland erforderte komplizierte Regelungen. Erhebliche Probleme bereiteten besonders die Frage der Finanzierung der Einheit und die Regelung der Rechtsansprüche all derer, die in der DDR enteignet worden waren. Die Enteignungen unter sowjetischer Besatzungsherrschaft zwischen 1945 und 1949 wurden nicht rückgängig gemacht, während für die durch die DDR-Regierung später veranlassten Enteignungen der Grundsatz „Rückgabe vor Entschädigung“ galt. Darüber hinaus musste eine wichtige Verfassungsfrage geklärt werden. Das Grundgesetz sah zwei Möglichkeiten für die Wiedervereinigung vor: Artikel 23 ermöglichte den Beitritt „anderer Teile Deutschlands“ zum Geltungsbereich des Grundgesetzes, während Artikel 146 den Weg über eine neue gemeinsame Verfassung vorsah (➧ M4). In einer Sondersitzung beschloss am 23. August 1990 die Volkskammer den Beitritt nach Artikel 23 des Grundgesetzes.[1] Am 31. August wurde der *Einigungsvertrag* in Ost-Berlin unterzeichnet und am 20. September von Volkskammer und Bundestag mit großer Mehrheit verabschiedet.

Wiedervereinigung und Wahlen

Die vielen historischen Ereignisse des Jahres 1989/90 mündeten am 3. Oktober 1990, um Mitternacht, in die Wiedervereinigung Deutschlands durch den Beitritt der im Juli von der Volkskammer wieder ins Leben gerufenen – seit 1952 aufgelösten – Länder Brandenburg, Mecklenburg-Vorpommern, Sachsen, Sachsen-Anhalt und Thüringen zur Bundesrepublik Deutschland. Sowohl die ersten Landtagswahlen in den neuen Bundesländern am 14. Oktober als auch die erste gesamtdeutsche Bundestagswahl am 2. Dezember bestätigten die regierenden Parteien CDU/CSU und FDP und wurden von Bundeskanzler Kohl als Volksabstimmung über seine Politik der deutschen Einheit gewertet. In vier von fünf ostdeutschen Ländern stellte die CDU den Ministerpräsidenten,

---

[1] *Über zwei Drittel der Abgeordneten der Volkskammer stimmten für den Beitritt, nur die PDS und das Bündnis 90 sprachen sich für eine neue Verfassung aus. Der „Runde Tisch“ der DDR hatte sich bereits am 12. März 1990 für diesen Weg entschieden.*

▲ **Jubelndes Paar am Tag der deutschen Einheit in Berlin.**
Foto, 3. Oktober 1990.

in Brandenburg die SPD. Der von Kohl geführten neuen Koalitionsregierung in Bonn gehörten drei Minister aus Ostdeutschland an, darunter *Angela Merkel*[1] (CDU).
In der vorherrschenden Euphorie honorierten die Wähler, dass Kohl und Genscher die Chance zur schnellen Herstellung der Einheit genutzt hatten. Insbesondere das Versprechen Kohls einer raschen Angleichung der Lebensverhältnisse im Osten an den Standard des Westens überzeugte die neuen Bundesbürger. Die Haltung der SPD zur Wiedervereinigung war gespalten: Während ein Teil der SPD um Willy Brandt sie vorbehaltlos befürwortete, warnte der SPD-Kanzlerkandidat *Oskar Lafontaine* vor den Kosten und Folgen einer raschen Vereinigung.

[1] *Angela Merkel (*1954): 1973–1978 Physikstudium in Leipzig, 1989 Beitritt zum „Demokratischen Aufbruch", 1990 CDU-Beitritt, 1991–1994 Bundesministerin für Frauen und Jugend, 1994–1998 Bundesministerin für Umwelt, Naturschutz und Reaktorsicherheit, seit 2000 Vorsitzende der CDU Deutschlands, seit 2005 Bundeskanzlerin der Bundesrepublik Deutschland*

3.3 Bilanz der deutschen Einheit

▲ **„Daran müssen wir noch arbeiten."**
Karikatur von Rainer Schwalme, 1992.
• *Erklären Sie die Haltung des Zeichners zur deutschen Einheit. Diskutieren Sie, ob die Aussage der Karikatur auch heute noch Gültigkeit hat.*

Juni 1990
Die noch von der Volkskammer in der DDR eingesetzte Treuhandanstalt übernimmt ca. 8 000 Volkseigene Betriebe, um sie zu privatisieren oder stillzulegen.

Dezember 1994
Die Treuhandanstalt wird aufgelöst, ihre verbliebenen Aufgaben übernehmen verschiedene Nachfolgeeinrichtungen; die Schulden der Treuhandanstalt gehen in den Bundeshaushalt ein.

1997–99
Führende DDR-Funktionäre werden wegen ihrer Verantwortung für die Tötungen an der innerdeutschen Grenze angeklagt und verurteilt.

2010
Bislang wurden aus öffentlichen Haushalten für den Aufbau Ost einschließlich aller Sozialleistungen etwa 1 500 Milliarden Euro netto aufgebracht.

M1

Ost und West im Vergleich

Aus dem 2008 vorgelegten Jahresbericht der Bundesregierung zum Stand der deutschen Einheit geht hervor:

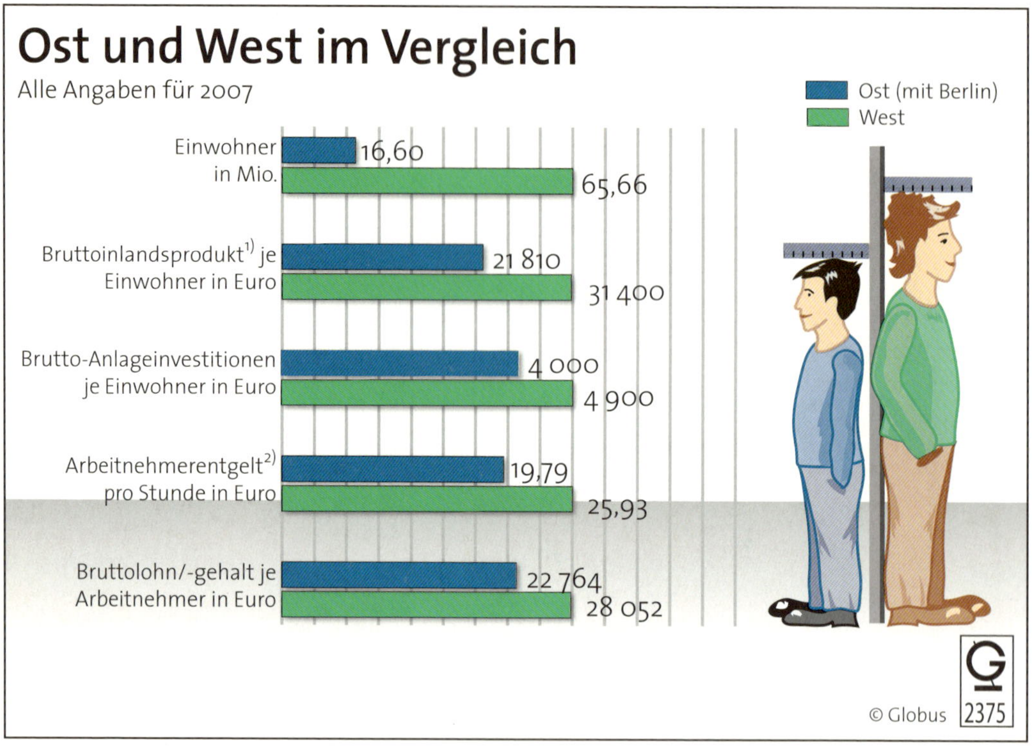

1. *Beurteilen Sie anhand der Daten den Stand der wirtschaftlichen Angleichung zwischen Ost und West.*
2. *Diskutieren Sie über die weitere wirtschaftliche Entwicklung in den neuen Bundesländern. Berücksichtigen Sie dabei aktuelle Einschätzungen in den Medien.*

---

1) *Wert aller in einer bestimmten Periode erzeugten Sachgüter und Dienstleistungen*
2) *Bruttolöhne/-gehälter und Sozialbeiträge des Arbeitgebers*

M2

Die DDR im Spiegel von Umfragen

Das Meinungsforschungsinstitut Emnid führt im April 2009 in den neuen und alten Bundesländern folgende repräsentative Befragung durch:

Können die Ostdeutschen stolz sein auf die friedliche Überwindung der SED-Herrschaft?[1)]

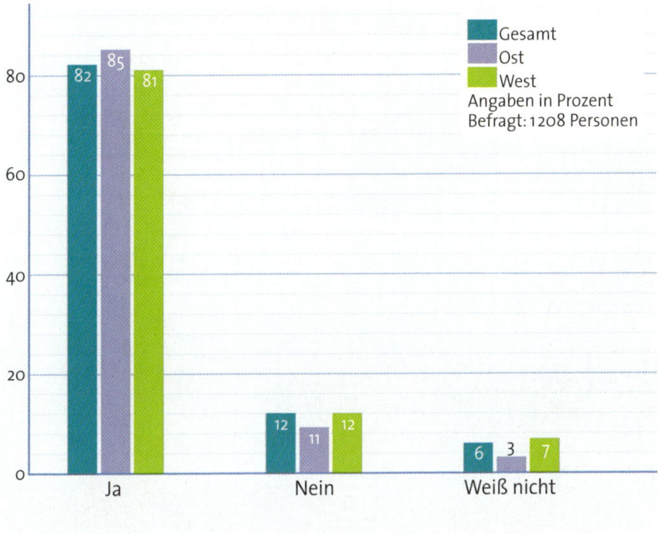

Welcher der folgenden Faktoren war ihrer Meinung nach für das Ende der SED-Herrschaft der ausschlaggebende? (nur eine Antwort möglich)

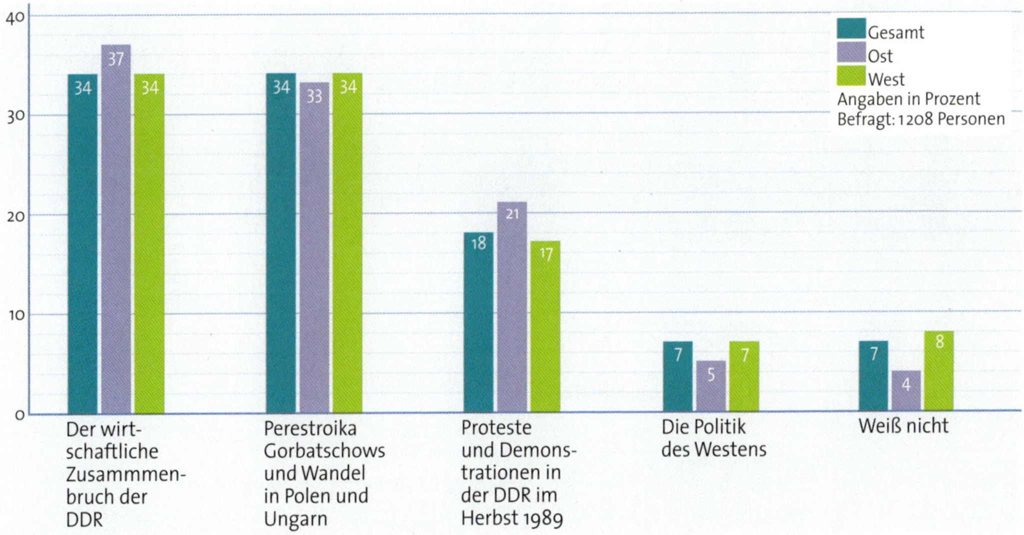

1) *Abweichungen von 100 % sind rundungsbedingt.*

Wie beurteilen Sie rückblickend das Leben in der DDR? Welcher These stimmen Sie am ehesten zu?[2)]

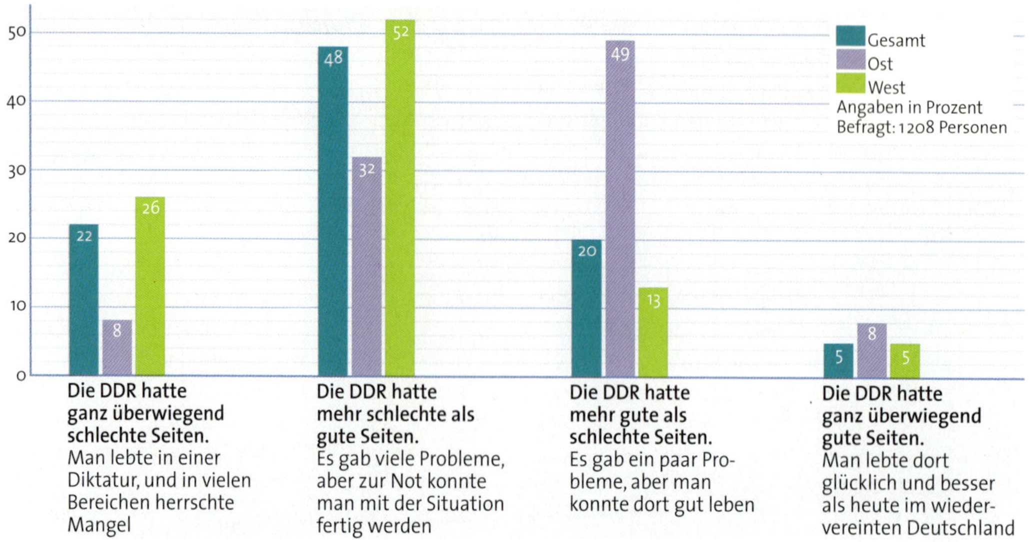

Welche Hoffnungen aus der Zeit von 1989/90 sind heute verwirklicht? (Mehrfachnennungen möglich)

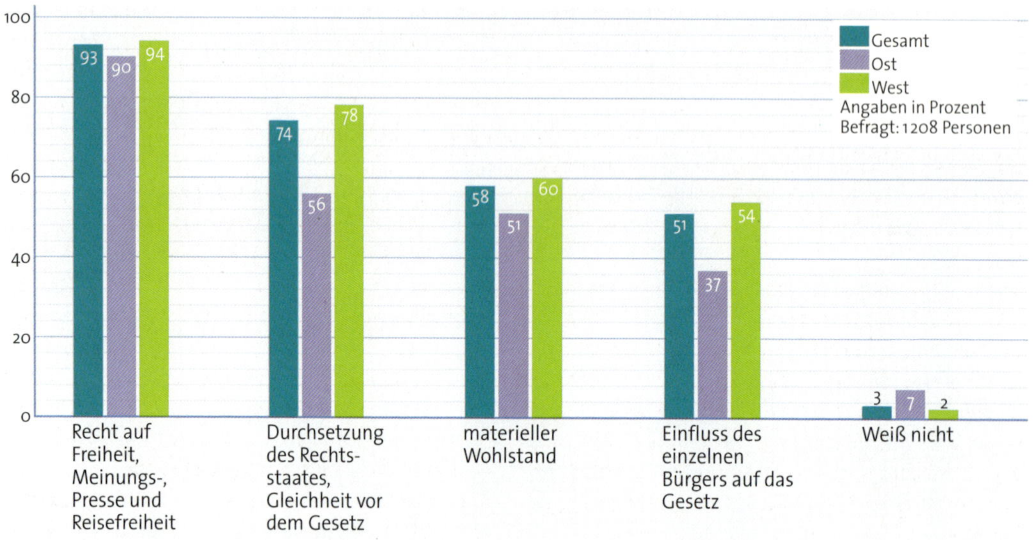

Nach: Stefan Wolle, 20 Jahre nach der Friedlichen Revolution, hrsg. vom Bundesministerium für Verkehr, Bau und Stadtentwicklung, Berlin 2009, S. 11ff., 17f.

1. *Interpretieren Sie die in der Umfrage erkennbaren Einschätzungen der Ostdeutschen.*
2. *Erläutern Sie die Gründe für die Unterschiede in den Antworten zwischen Ost- und Westdeutschen.*
3. *Bewerten Sie die Aussagekraft der Umfrageergebnisse.*

[2)] *3 Prozent der Ostdeutschen und 4 Prozent der Westdeutschen gaben keine Antwort.*

M3
DDR-Nostalgie

Der ostdeutsche Historiker Stefan Wolle ist 1990 an der Auflösung der Stasi beteiligt; in den 1990er-Jahren wirkt er als Sachverständiger an den beiden Enquête-Kommissionen des Bundestages zur „Aufarbeitung von Geschichte und Folgen der SED-Diktatur in Deutschland" mit. Im Jahre 2009 schreibt er über die verbreitete DDR-Nostalgie:

Für die grassierende Sehnsucht nach der machtgeschützten Idylle des Mauerländchens sind weder die Medien noch die Schulen verantwortlich. Die Ostalgieshows, Ostprodukte-Messen und DDR-Partys bedienen das Heimweh nach der Vergangenheit, haben es aber nicht erfunden; der SED-Nachfolgeverein mit dem häufig wechselnden Namen instrumentalisiert die Sehnsucht nach dem treu sorgenden Staat, hat sie aber nicht geschaffen. Die Wurzeln für die seltsamen Wandlungen in der Erinnerungswelt liegen tiefer – in der konkreten Lebenswirklichkeit vor und nach dem Umbruch von 1989/90, im Alltag der DDR, im normalen Leben und Erleben der Menschen. […]

Die zentrale Kategorie zur Erklärung der DDR ist der Begriff der Sicherheit. […] Zum einen meinte Sicherheit den Frieden, der von der Sowjetunion und den bewaffneten Organen der DDR beschützt wurde – und nicht zuletzt durch das Sicherheitsorgan, das Ministerium für Staatssicherheit (MfS) […].

Sicherheit meinte aber auch soziale Sicherheit, vor allem die Sicherheit des Arbeitsplatzes. Aufgrund des niedrigen technologischen Niveaus der Wirtschaft sowie der Republikflucht bis 1961 herrschte in der DDR ein akuter Arbeitskräftemangel. Es gab sogar eine reguläre Arbeitspflicht. Wer ohne ständige Beschäftigung war, musste mit Ärger rechnen, der bis zu einem halben Jahr Arbeitserziehung gehen konnte.

Man wechselte seltener den Wohnort und den Arbeitsplatz als in der westlichen Gesellschaft. Zwischen dem Betrieb und den Werktätigen gab es oft eine feste Bindung. Es war nicht ungewöhnlich, dass Belegschaftsmitglieder schon im Betrieb gelernt hatten, später zum Studium delegiert wurden, dann vom Betrieb eine Wohnung erhielten, ihre Kinder in die Obhut der betrieblichen Einrichtungen gaben und ihren Urlaub im Betriebsferienheim verbrachten. Man muss dies wissen, um zu begreifen, welch schwerer Schlag für viele Menschen nach 1990 der Verlust des Arbeitsplatzes war […]. Die Menschen definierten sich über ihre Arbeit. Arbeit war Sinnerfüllung, Teilnahme an einem großen Aufbauwerk. […]

Sicherheit im Alltag bot vor allem das Kollektiv. Das ist das zweite Schlüsselwort zum Verständnis der Alltagsrealität der DDR. […]

Das Kollektiv war – ganz wie die Mauer – Schutzraum und Gehäuse der Hörigkeit, sei es nun das Klassenkollektiv, das FDJ-Kollektiv, das Arbeitskollektiv oder die Hausgemeinschaft. Es war Transmissionsriemen für die Durchsetzung der politischen Vorgaben der Partei, Instrument der Sozialkontrolle und ideologische Kontrollinstanz – aber auch eine Hilfe bei der Bewältigung von Alltagsproblemen: Bei Umzügen und Wohnungsrenovierungen sprangen die Kollegen ein, denn Möbelwagen und Malerfirmen waren teuer und schwer zu bekommen. […]

Das dritte Grundelement des Alltagslebens war der ständige Mangel. Der Zusammenhang von Sicherheit und Mangel leuchtet auf den ersten Blick nicht ein. Doch es war gerade die Furcht vor Unsicherheit, die jeden Einspruch der Wirtschaftsfachleute ins Leere laufen ließ. Aus Furcht vor einer politischen Destabilisierung hatte Erich Honecker feste Endverbraucherpreise verordnet. Das erwies sich als sicheres Mittel, die Wirtschaft zu ruinieren. Es entstand ein permanenter Geldüberhang oder, umgekehrt ausgedrückt, ein Mangel an Leistungen und Waren. […]

Die DDR-Bewohner entwickelten sich zu einem Volk der Jäger und Sammler, immer auf der Pirsch. So wie die Jäger in der Wildnis waren sie gute Fährtensucher, kannten die Lieferzeiten oder bekamen Tipps von den Angehörigen des Verkaufsstellenkollektivs. Man sah eine Schlange, stellte sich an und fragte dann, was es denn gebe. […]

Nicht dass in der DDR Hunger geherrscht hätte: Im Gegenteil, es wurde mehr gefuttert und getrunken, als der Gesundheit zuträglich war. Was fehlte, waren Qualität und Auswahl, vor allem aber Kontinuität. […]

Als die eiserne Klammer des Zwangssystems fiel, wurden die eingeübten Überlebensstrategien der

Mangelgesellschaft gegenstandslos. Die relative Gleichheit der sozialistischen Einheitsgesellschaft wich schnell einer neuen Ungleichheit zwischen den Verlierern und den Gewinnern der „Wende". Es waren vor allem die Schattenseiten der Marktwirtschaft, mit denen die Bewohner der neuen Länder nun in Berührung kamen. Die politischen Parolen und Symbole der SED-Herrschaft wurden ersetzt durch eine grelle und allgegenwärtige Werbung. Die alte Verlogenheit war durch eine neue abgelöst worden. Diese Gesellschaft sonderte einen beträchtlichen Prozentsatz der erwerbsfähigen Bevölkerung als nicht brauchbar aus. Menschen, deren Selbstwertgefühl sich aus ihrer beruflichen Tätigkeit ergab, fühlten sich plötzlich nutzlos.

In der DDR war das Leben des Einzelnen eingebunden gewesen in eine Art kollektive Sinnerfüllung. Fleißige Arbeit im Betrieb und gesellschaftliche Tätigkeit im Wohnbezirk wurden geehrt und geachtet. [...] Die Notgemeinschaft des Alltags und die Zwangsgemeinschaft des repressiven Staates bildeten eine seltsame Mischung. Es gab ein Grundgefühl dafür, dass jeder seinen Platz, seinen Wert und seine Aufgabe hatte.

Dieses Wertesystem brach 1989/90 zusammen, ohne dass die traditionellen Werte der Zivilgesellschaft automatisch wieder ihren Platz einnahmen. Und auch die Kirche hatte trotz ihrer wichtigen Rolle 1989 – manche sprachen von einer protestantischen Revolution – ihre Funktion als Hüterin sittlicher Werte verloren. Das Ende der DDR war somit begleitet von einem doppelten Glaubensverlust, der zu einer diffusen Sehnsucht nach einer starken Hand, nach der Geborgenheit der Gruppe, nach einer ideologischen Sinnerfüllung jenseits jeglicher Kritik führte. Das machte Teile der Bevölkerung anfällig für die rückwärtsgewandte Utopie vom Arbeiter-und-Bauern-Paradies, das es so niemals gegeben hat.

Stefan Wolle, Es war einmal die DDR, in: 1989. Die geglückte Revolution. Die ZEIT Geschichte, Hamburg 2009, Heft 2, S. 78–84

1. *Fassen Sie die zentralen Thesen des Autors zusammen und beurteilen Sie deren Plausibilität.*
2. *Erörtern Sie, ob die DDR-Nostalgie ein zeitbedingtes Phänomen ist, und diskutieren Sie dessen Folgen.*

M4

„Vom Pathos nicht viel geblieben"

Im Jahr 2008 zieht der Präsident der Bundeszentrale für politische Bildung in Bonn, Thomas Krüger, eine Bilanz der Aufarbeitung der DDR-Geschichte:

Reden wir also von der Farce, den verschiedenen Typen von DDR-Verklärung. Ihnen ist gemeinsam, lieb gewonnene Ideologien zu reproduzieren, zu verteidigen oder zu verharmlosen. Die ewig-gestrigen Funktionäre versuchen, der Öffentlichkeit und sich selbst ein X für ein U vorzumachen: War ja doch nicht so schlimm, wie der „Klassenfeind" immer behauptet. Ein Beispiel aus der „jungen Welt" vom 15.9.: Klaus Blessing, ehemals Staatssekretär im Erzbergbauministerium, tischt uns die These auf, dass die wirtschaftliche Lage 1989 doch nicht so schwerwiegend war, wie das „Schürer-Papier"[1] nahelegt [...]. Gipfel seiner These ist die Bemerkung, dass nicht die DDR, sondern die Bundesrepublik über ihre Verhältnisse lebt und Schulden aufhäuft. Es gehört zur grundgesetzlich geschützten Meinungsfreiheit, solchen Stuss veröffentlichen zu können. Dieser Typus von Verklärung ist nicht gefährlich, er ist nur lächerlich, eine Farce eben.

Ein zweiter Typus ist bei Protagonisten einer ideologisch zugespitzten Totalitarismustheorie vor allem westdeutscher Provenienz zu finden, die mit ihrer nicht selten linken und jetzt radikal „überwundenen" Vergangenheit auch bei einem Teil von in der DDR Verfolgten Anklang findet. Hier wird das Bild einer teuflischen DDR wie eine Monstranz gepflegt, als Unrechtsstaat, als „abgeschlossenes Sammelgebiet", als Leiche, die man immer weiter sezieren muss und deren Geschichte losgelöst von der Existenz der Bundesrepublik und dem internationalen Kontext gesehen wird. Kein Platz für selbstbewusste Menschen, die ihren Weg trotz Diktatur und Unfreiheit gemacht haben, die alternative Galerien gegründet, in autonomen Seminaren nachgedacht und wochenlang mit Transitvisa „unerkannt durch Freundesland" gereist sind. Die wissenschaftlich-empirischen Untersuchungen, die hier angeführt bzw. erstellt werden, vermitteln den Eindruck,

[1] *von Gerhard Schürer für das Politbüro des ZK der SED erstellte geheime Analyse zur ökonomischen Lage der DDR;* *siehe M4 auf Seite 97*

schon vor der Befragung das Ergebnis zu kennen. Die DDR steht hier zudem nicht nur für den untergegangenen DDR-Staat, sondern nicht selten für all das, was aktuell als „links" in der Gegenwart identifiziert wird: Selbst die untergegangene DDR zersetzt bzw. „verostet" noch die freiheitlich-demokratische Grundordnung.

Ein dritter Typus von Verklärung ist in den zahlreichen Formen medialer Banalisierung zu sehen. Ach wie war's doch lustig und geradezu witzig, sich im real existierenden Sozialismus an den Wohltaten der Nationalen Front zu laben oder den Häschern ein Schnippchen zu schlagen. Die DDR wird zum Unterhaltungsthema. Diese Form von Verklärung hat immerhin zwei Seiten. Zum einen gelingt aufgrund der Macht des Audiovisuellen und der Erschließung des alltagskulturellen Wirklichkeitsfelds ein DDR-Bild zu vermitteln, das Berufsvermittlern und Zeitzeugen oft nicht mehr abgenommen wird. Dieser Zugang kann Neugier wecken und ist nicht mehr nur Farce, sondern auch niedrigschwellige Aufklärung. Zum anderen verfällt man hier allzu oft politischer Weichzeichnung und Verkürzung. Verlustig gehen dabei letztlich das „gelebte Leben" und die „Wirklichkeitstiefe" der DDR.

Eine vierte, wirklich problematische Form der Verklärung – eine tragische Farce – begegnet in einer alltagsverankerten Verknüpfung von Nichtverknüpfbarem. Ich meine etwa den aus guten Gründen besorgten Vater aus Aschersleben, der seiner Tochter erklärt, dass in der DDR alle Arbeit hatten, er aber heute Morgen nicht wisse, ob er nicht abends arbeitslos sei. Statt die Gegenwart kritisch zu befragen, wird mit einem Übersprungsbezug Geschichte verklärt. Ein gefundenes Fressen für die populistischen Akteure der Linkspartei, denen es, wie Reinhard Mohr kürzlich treffend anmerkte, gar nicht so sehr auf linke Politik, sondern auf besitzstandsorientierten Wohlfühl-Widerstand ankommt.

Thomas Krüger, Vom Pathos nicht viel geblieben, in: Neues Deutschland, 02.10.2008; zitiert nach: www.bpb.de/presse/DHSQUL,0,0,Vom_Pathos_nicht_viel_geblieben.html [14.05.2009]

▲ **Demonstrant in Berlin**
Foto, Oktober 2004.

1. *Arbeiten Sie die verschiedenen Typen der „Verklärung" heraus. Welche hält Krüger für gefährlich, welche nicht? Wie begründet er seine Auswahl?*
2. *Inwiefern kann von einer „Ost"- und einer „Westverklärung" gesprochen werden?*
3. *Überlegen Sie, wie heute mit der DDR-Vergangenheit umgegangen werden sollte.*

Umbau der Wirtschaft

Die Folgen der vierzigjährigen kommunistischen Herrschaft waren schwerer zu bewältigen und benötigten mehr Zeit als Politiker und Experten ursprünglich angenommen hatten. Der Systemwechsel von der zentralen Planwirtschaft zur Sozialen Marktwirtschaft erwies sich als kompliziert und ohne Vorbild. Die meisten der ehemaligen Staatsbetriebe waren veraltet und unproduktiv, ihre Produkte international nicht konkurrenzfähig. Da die Eigentumsverhältnisse mancher Betriebe und Anlagen nicht zu klären waren, konnte nicht rechtzeitig investiert werden, um die Herstellung der Güter rentabel zu machen oder neue Produkte anbieten zu können. Als problematisch erwies sich der gegen die ökonomischen Realitäten festgesetzte Umtauschkurs von DDR-Mark in D-Mark. Der bisherige, allerdings von der DDR-Regierung geheim gehaltene Umrechnungskurs für Exportwaren betrug 1 (D-Mark): 4,4 (Ost-Mark), am freien Markt wurden sogar neun Ost-Mark für eine D-Mark bezahlt. Die DDR-Mark war also in Wirklichkeit viel weniger wert als der politisch festgesetzte Umrechnungskurs signalisierte. Weil jetzt alle Preise in D-Mark abgerechnet wurden, verteuerten sich die Exportwaren der DDR erheblich und wurden auf dem wichtigen osteuropäischen Markt bald nicht mehr nachgefragt. Hinzu kam, dass die Ostdeutschen anfangs vor allem Westwaren kauften. Ganze Wirtschaftszweige in der DDR brachen zusammen und viele Arbeitsplätze gingen verloren.
Die Stilllegung, Sanierung und Privatisierung der Betriebe nach marktwirtschaftlichen Gesichtspunkten ließen die Arbeitslosigkeit zusätzlich dramatisch anwachsen und forderten gewaltige Geldsummen. Die mit dieser einzigartigen Aufgabe noch von der letzten Volkskammer der DDR beauftragte *Treuhandanstalt* mit Sitz in Berlin übernahm im Sommer 1990 fast 8 000 Staatsunternehmen mit 45 000 Einzelbetrieben und vier Millionen Beschäftigten sowie rund 60 Prozent der Fläche der DDR. Viele Betriebe erwiesen sich als schwer verkäuflich oder fanden Interessenten nur dann, wenn die Käufer hohe staatliche Zuschüsse zur Tilgung bestehender Schulden erhielten. Zahlreiche Firmen fielen in die Hände zweifelhafter Geschäftemacher, die nur an Subventionen und Grundstücken interessiert waren und die Betriebe bald stilllegten.
Als die Treuhandanstalt, das zeitweilig größte Unternehmen der Welt, Ende 1994 ihre Tätigkeit beendete, hatte sie 3 700 Betriebe als nicht sanierungsfähig stillgelegt und über 15 000 Firmen mit 1,5 Millionen Arbeitsplätzen privatisiert. Dabei gingen aber etwa die Hälfte der ursprünglichen Arbeitsplätze verloren, die nach heutiger Einschätzung die ehemals unproduktiven Scheinbeschäftigungsverhältnisse in der DDR widerspiegelten. Durch die Übernahme der Altschulden der früheren DDR-Betriebe und Finanzhilfen aller Art für private Investoren hinterließ die Treuhandanstalt 140 Milliarden Euro Schulden, die den Bundeshaushalt seither jährlich mit etwa 8,7 Milliarden Euro belasten.

Finanzielle Lasten

Der wirtschaftliche Umbau und die schrittweise Angleichung der Lebensverhältnisse an den westlichen Standard erforderte die Modernisierung der gesamten Infrastruktur in Ostdeutschland (Straßen, Autobahnen, Wohnungen, Eisenbahn, Telefonnetz, Häuser und ganze Stadtzentren, Energieversorgung, Krankenhäuser, Schulen, Hochschulen). Auch die Umweltschäden in der ehemaligen DDR konnten weitgehend beseitigt werden. Bis 2010 wurden dafür sowie für die Förderung der gewerblichen Wirtschaft, für Renten und sonstige Sozialleistungen über 1 500 Milliarden Euro netto – also nach Abzug der zurückfließenden Steuern und Abgaben aus den neuen Ländern – aus Steuern und Sozialversicherungs-

beiträgen aufgebracht und zu einem beträchtlichen Teil durch staatliche Schulden finanziert. Jährlich waren das in den letzten Jahren etwa 83 Milliarden Euro netto, die 30 bis 40 Prozent des ostdeutschen Verbrauchs ausmachten und vier Prozent des Bruttoinlandsprodukts der Bundesrepublik entsprachen.
Dennoch dauerte die Angleichung der Lebensverhältnisse an die westlichen Standards länger als viele erwartet hatten und seitens der Politik voreilig versprochen worden war. Zum größten Problem wurde die Arbeitslosigkeit in Ostdeutschland. Sie nahm zwar im Verlauf der letzten beiden Jahrzehnte in absoluten Zahlen ab, blieb jedoch bis Anfang 2010 prozentual etwa doppelt so hoch wie im Westen. Die erwähnten Betriebsstilllegungen, die Differenz zwischen Löhnen und Produktivität (Löhne stiegen sehr viel schneller als die Produktivität), das geringe Wirtschaftswachstum sowie die noch bestehende „Unternehmenslücke" des Ostens trotz neuer Großunternehmen in Dresden, Jena und Leipzig sind ursächlich dafür.

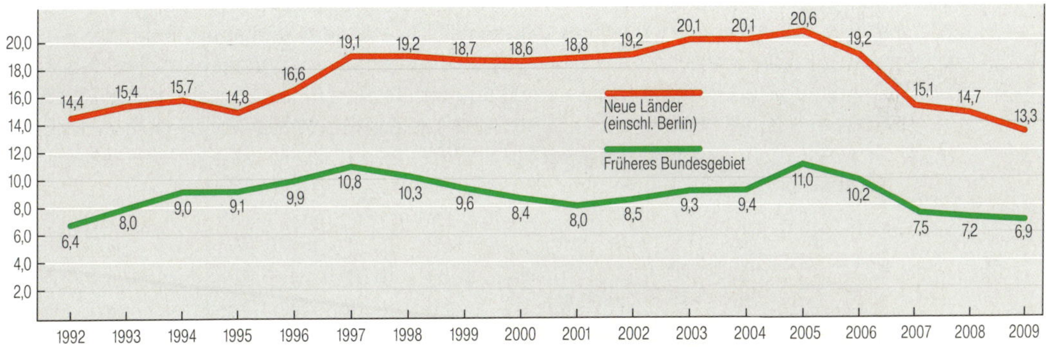

▲ **Entwicklung der Arbeitslosenquote in Prozent.**
Nach: www.destatis.de und Fischer-Weltalmanach 2010. Zahlen – Daten – Fakten, Frankfurt am Main 2009, S. 171

Viele vor allem junge Ostdeutsche suchten daher ihre berufliche Zukunft in den alten Bundesländern. Von 1989 bis 2008 betrug der Abwanderungsverlust aus den neuen Ländern per saldo insgesamt 1,1 Millionen Personen.[1)] Trotz allem haben die neuen Bundesbürger in den letzten zwanzig Jahren einen erheblichen Wohlstandszuwachs erfahren: Löhne und Gehälter sind nahezu angeglichen, die Lebenshaltungskosten vergleichbar, in der Ausstattung mit modernen Wohnungen und hochwertigen Gebrauchsgütern wie Autos, Computer etc. besteht zwischen Ost und West fast kein Unterschied mehr. Auch wenn zwanzig Jahre nach der Wiedervereinigung der wirtschaftliche Aufholprozess Ostdeutschlands noch längst nicht beendet ist (▸ M1), lässt sich doch feststellen: Nach der Freiheit hat auch der Wohlstand im östlichen Teil Deutschlands Einzug gehalten.

---

1) *5,2 Millionen Personen gingen in den Westen, 4,1 Millionen zogen in den Osten.*

Das Erbe der Stasi

Erst nach dem Ende der DDR bekamen die Bürger Einblick ins Zentrum des SED-Staates: das Ministerium für Staatssicherheit. Gigantische Aktenberge (112 Kilometer Akten), zahllose Tonbandaufnahmen, Fotos, Filme und Geruchskonserven belegen die umfassenden Kontroll- und Bespitzelungsaktionen sowie Menschenrechtsverletzungen der Stasi.

Auf Initiative von Bürgerrechtlern wurden diese Unterlagen sichergestellt und einer 1991 geschaffenen Bundesbehörde (*Stasi-Unterlagenbehörde, BStU*) zur Aufarbeitung übertragen. Seither stellten 2,6 Millionen Menschen (Stand: 2009) Anträge auf Einsicht in ihre Akten. Erst daraus erfuhren viele, warum sie ins Visier der Staatsmacht geraten waren, wer sie verraten und hintergangen hatte. Gleichzeitig belegen diese Akten auch den Widerstandswillen zahlreicher DDR-Bürger, die sich nicht von der Stasi anwerben ließen.

Bereits im Einigungsvertrag von 1990 wurde festgelegt, die ostdeutschen Abgeordneten und Mitarbeiter des öffentlichen Dienstes in Ostdeutschland auf Stasikontakte zu überprüfen. Bis 2009 fanden rund zwei Millionen solcher Überprüfungen statt, der größte Teil davon in den Anfangsjahren seit der Wiedervereinigung. Viele Prominente aus Politik, Wissenschaft, Kultur und Sport erlebten als enttarnte ehemalige Helfer der Geheimpolizei ein frühzeitiges Ende ihrer Karriere. Andere redeten sich heraus, weil die Beweise nicht eindeutig waren. Unter den aus der Nationalen Volksarmee in die Bundeswehr übernommenen Soldaten waren 20 Prozent als IM tätig, bei den Lehrern 4,5 Prozent.

Strafrechtliche Aufarbeitung und Wiedergutmachung

Bereits in den Monaten des revolutionären Aufbruchs 1989/90 forderten Regimegegner und Demonstranten die Bestrafung der herrschenden SED-Elite. Einige SED-Politiker wurden noch von der DDR-Justiz Anfang 1990 wegen Korruption und Wahlfälschung verurteilt. Die in den folgenden Jahren von der Berliner Justiz und in den neuen Ländern eingeleiteten Ermittlungsverfahren bezogen sich auf Gewalttaten an der innerdeutschen Grenze (Mauertote, Schießbefehl), Justizunrecht (Rechtsbeugung, Freiheitsberaubung, politische Prozesse), Gewalttaten von Angehörigen des MfS, Zwangsaussiedlungen und Doping von Sportlern.

Weil dem Rechtsstaat im Gegensatz zur Willkürjustiz der SED-Diktatur enge Grenzen gesetzt sind,[1)] blieb die strafrechtliche Ahndung des DDR-Unrechts für die Opfer des SED-Regimes unbefriedigend. Viele zeigten sich enttäuscht über die Ergebnisse der Ermittlungsverfahren und Prozesse. Etwa 1000 Angeklagte mussten sich in rund 500 Verfahren vor Gericht verantworten, weniger als 300 wurden rechtskräftig verurteilt – darunter ehemalige Mitglieder des Politbüros wie Egon Krenz, Minister, Generäle und Offiziere der Grenztruppen, Grenzsoldaten, Richter und sonstige Staatsfunktionäre.[2)]

Frühere Unrechtsurteile der DDR-Justiz wurden inzwischen aufgehoben und politische Opfer rehabilitiert. Einige erhielten für ihre Haft und Verfolgung eine geringe staatliche Entschädigung. 2007 beschloss der Bundestag eine Opferrente für einen kleinen Kreis armer ehemaliger Häftlinge der DDR.

---

1) *Gemäß dem Grundgesetz konnte nur verurteilt werden, wer gegen die Gesetze der DDR verstoßen hatte.*
2) *Zum Politbüro-Urteil von 1997/1999 siehe M6 auf Seite 52.*

Von der Euphorie zur Ernüchterung

Die Übernahme der westdeutschen Gesellschaftsordnung erwies sich für die neuen Bundesbürger als eine gewaltige Umstellung ihres gesamten Alltagslebens. Vom Kindergarten bis zur Altersversorgung hatte sich alles geändert. Viele Bürger im Osten fühlten sich deklassiert und von den „Wessis" überrollt. Die Unterschiede in der Lebenserfahrung und im Lebensgefühl zwischen den Deutschen in Ost und West waren doch größer, als man das in den aufregenden Monaten der friedlichen Revolution erwartet hatte (➧ M2). Eine nostalgische Verklärung des Sozialismus – in der Zusammensetzung von „Osten" und „Nostalgie" teils humorvoll, teils kritisch „Ostalgie" genannt – erfasste deshalb Teile der ostdeutschen Bevölkerung (➧ M3). Eine Mischung aus sentimentaler Rückbesinnung auf die DDR, Ablehnung westlicher Lebensart, Ausländerfeindlichkeit, Sehnsucht nach Gemeinschaft, Harmonie und Heimat machte es möglich, dem Regime im Nachhinein positive Seiten abzugewinnen – nach dem Motto „Es war nicht alles schlecht in der DDR" (➧ M4).

Die Diktatur hatte längst ihre Schreckungen und Bedrückungen verloren, weil es sie nicht mehr gab, aber die Erinnerung an die „Geborgenheit" im Kollektiv, die ruhige Gangart in den Betrieben, die solidarische Hilfe unter Nachbarn und Freunden war gegenwärtig und verwies auf einen aktuellen Verlust. Auch wenn solche und ähnliche Erinnerungen häufig mit der realen Vergangenheit nur teilweise übereinstimmten, so bildeten sie doch die Maßstäbe für die Einschätzung der gegenwärtigen Lebenslagen. Ähnlich wie nach dem Untergang des „Dritten Reiches" standen bei vielen die individuellen Erinnerungen im Vordergrund, während die negativen Seiten des Regimes weitgehend ausgeblendet wurden. Eine Unterscheidung zwischen privater Lebenswelt und politischer Geschichte fand häufig nicht statt.

Nur wenige Bürger im östlichen Teil Deutschlands wollten allerdings die DDR zurück haben. Aber die Skepsis gegenüber der Praxis der Demokratie und die Unzufriedenheit mit manchen Folgen der Marktwirtschaft und gesellschaftlichem Pluralismus im vereinten Deutschland nahmen zu. Auch im Wahlverhalten der neuen Bundesbürger wurden Kritik und Skepsis deutlich. So verlor die CDU bei den Bundestagswahlen in den neuen Ländern seit ihrem Spitzenergebnis vom Dezember 1990 (41,8 Prozent) kontinuierlich Wähler (2005: 25,3 Prozent) und wurde ab 1998 von der SPD überflügelt (2005: 30,4 Prozent). Die Bundestagwahl 2009 beendete allerdings diesen Trend: Die CDU (29,8 Prozent) lag wieder deutlich vor der SPD (17,9 Prozent). Überraschender für viele westdeutsche Beobachter aber: Die aus der SED hervorgegangene Linkspartei/PDS (seit 2007: Die Linke) konnte bald in der ostdeutschen Wählerschaft einen festen Stammplatz erobern (1990: 11,9 Prozent; 2009: 28,5 Prozent), auch bei den Landtagswahlen. Sie verstand es, sich als „Stimme des Ostens" zu etablieren, obwohl sie nur etwa ein Viertel der ostdeutschen Wählerschaft repräsentiert.

Es lässt sich nicht vorhersagen, wie lange die von früheren Repräsentanten und Nutznießern, aber auch verspäteten Sympathisanten des SED-Staates gepflegte Weichzeichnung der DDR ihr Publikum findet. Können sinkende Arbeitslosigkeit und weitere Erfolge des Aufbaus Ost dazu beitragen, dass die frühere Diktatur nicht mehr schöngeredet wird? Oder werden die nachwirkenden Prägungen eines politischen Zwangssystems erst im Verlauf mehrerer Generationen überwunden sein? Das bleibt vorerst eine offene Frage.

Grundbegriff: Identität ···› Als Identität lässt sich die Gesamtheit an Erfahrungen, Werten und Traditionen bezeichnen, die das Selbstbild der Menschen, ihren Umgang untereinander, ihr Geschichtsbewusstein, ihr Verständnis von Eigenem und Fremdem und ihre Erwartungen an die Zukunft bestimmen. Es wird zwischen individueller und kollektiver Identität unterschieden. Dabei setzt sich der Einzelne immer aus verschiedenen Teil-Identitäten zusammen: als Mann bzw. Frau, Arbeitnehmer, Ehepartner bzw. Single, Freund etc.
In früheren Jahrhunderten waren Identitäten vorgegeben – durch Milieus, geschlossene Weltbilder und die Religion. Die moderne Gesellschaft muss diese Identitäten selbst entwerfen. Mit der Auflösung vorgefundener Interpretationsmuster für die eigene Lebenswelt wird der Bedarf an Orientierung daher besonders groß.
Die Deutschen taten sich aufgrund des Mangels an staatlicher und räumlicher Kontinuität in ihrer Geschichte schon immer schwer, ihre kollektive Identität befriedigend zu beschreiben. Die deutsche Teilung von 1949 bis 1990 hat diese Tendenz verstärkt. Die Identität der DDR war geprägt von der offiziellen Konzentration auf die Begriffe Klasse, Klassenkampf und Sozialismus, die in strenger Abgrenzung zum kapitalistischen System der Bundesrepublik als Bezugspunkte einer eigenständigen deutschen Nation sozialistischer Prägung galten. Seit den 1980er-Jahren rückten das Anwachsen oppositioneller Kräfte und die deutlich zutage tretenden wirtschaftlichen Schwierigkeiten jedoch die Diskrepanz zwischen der offiziellen Version und der Realität (vor allem im Vergleich zur Bundesrepublik) ins Bewusstsein: Ein Rückzug vieler DDR-Bürger in die viel zitierte „Nischengesellschaft" war die Folge.
In der alten Bundesrepublik herrschte lange das Gefühl einer ausgeprägten Stabilität vor: Das politische System wurde von wenigen großen Parteien beherrscht, der materielle Aufschwung trat schnell und langanhaltend ein. Die staatliche Teilung wurde – allen offiziellen Verlautbarungen zum Trotz – zunehmend von vielen Bundesbürgern als unvermeidlich akzeptiert.
Seit der Wiedervereinigung zeigt sich die Schwierigkeit, aus den beiden west- und ostdeutschen Identitäten eine gemeinsame zu entwickeln. Die Politik der westdeutschen Regierung ging davon aus, dass mit dem Beitritt der fünf neuen Länder zur Bundesrepublik am 3. Oktober 1990 das politische, soziale und wirtschaftliche Bezugssystem der Bundesrepublik einfach auf das Gebiet der DDR ausgeweitet werde. Die letzten Jahre haben jedoch gezeigt, dass die Ostdeutschen aufgrund ihrer unterschiedlichen Erfahrungswelten dieses bundesrepublikanische Modell nicht ungefragt akzeptieren und übernehmen, sondern unter dem „Modernisierungsschock" der letzten Jahre vielfach auf ihrer „ostdeutschen Identität" beharren. Eine größere Bereitschaft – gerade auch auf westdeutscher Seite – zum gegenseitigen Zuhören und Aufeinanderzugehen ist gefordert, um die Herausbildung einer gemeinsamen Identität der Deutschen zu befördern.

Wissen und Kompetenzen vertiefen

1. *Beurteilen Sie die Aktionen von Bürgerrechtlern gegen die letzte von der SED manipulierte Kommunalwahl im Mai 1989 für das weitere Geschehen in der DDR.*
2. *Analysieren Sie die Gründe der 1989 zunehmenden Zahl von Fluchtwilligen und „Antragsteller" für die Ausreise in die Bundesrepublik. Nehmen Sie Stellung zur Reaktion der DDR-Führung.*
3. *Charakterisieren und vergleichen Sie die Ziele der politischen Opposition mit den Forderungen der Demonstranten bei den Massenprotesten im Herbst 1989.*
4. *Nehmen Sie Stellung zur These: Die Massendemonstration in Leipzig am 9. Oktober 1989 war der Anfang vom Ende der SED-Diktatur.*
5. *Beurteilen Sie den Beitrag, den die treibenden Kräfte der friedlichen Revolution zur Wiedergewinnung der Einheit Deutschlands geleistet haben.*
6. *Erläutern Sie die Rolle von Bundeskanzler Helmut Kohl und der vier ehemaligen Siegermächte bei der Wiederherstellung der deutschen Einheit.*
7. *Beschreiben Sie die Probleme bei der Transformation der sozialistischen Planwirtschaft in eine soziale Marktwirtschaft.*
8. *Erörtern Sie den aktuellen Stand des Einigungsprozesses in politischer, wirtschaftlicher und gesellschaftlicher Hinsicht.*

Projekttipps

- **„Wir sind das Volk" – „Wir sind ein Volk"**

Verfassen Sie einen Zeitungsartikel über die Massendemonstrationen im Herbst 1989. Berücksichtigen Sie dabei auch die Forderungen der Bürger, die auf Plakaten und Transparenten zu lesen waren (siehe hierzu auch z.B. Seite 125).

- **Vom Mauerfall zur Wiedervereinigung**

Bereiten Sie für das Thema „Vom Mauerfall zur Wiedervereinigung" eine Ausstellung vor, die die wichtigsten Akteure und historischen Ereignisse mithilfe von Fotos, erklärenden Texten, O-Tönen und Video-Clips präsentiert.

- **„Blühende Landschaften"? – Erfolge und Misserfolge der Wiedervereinigung**

Nehmen Sie in Form eines Streitgesprächs (Talkshow) Stellung zum aktuellen Stand der deutschen Einheit. Sie können beispielsweise die Rolle von Parteivertretern, Historikern, Journalisten oder Bürgern (Ost/West) einnehmen.

◀ **Festakt zum 20. Jahrestag des Mauerfalls.**
Foto, 9. November 2009.
In Berlin wurden rund 1000 von Jugendlichen aus aller Welt bunt gestaltete Dominosteine aus Styropor zu Fall gebracht, um damit symbolisch an den Mauerfall vor 20 Jahren zu erinnern.
- *Informieren Sie sich im Internet über die Dominostein-Aktion.*

Auf den folgenden vier Seiten finden Sie kompakt und übersichtlich einige grundlegende Hinweise zur methodischen Arbeit im Geschichtsunterricht.

Eine schriftliche Quelle analysieren und interpretieren

- Klären Sie zunächst Ihnen unbekannte oder unklare Begriffe.
- Sammeln Sie Hinweise und Informationen über
  - den Autor: seine Funktion, seinen Beruf, seine soziale Stellung und Lebensumstände, seine politische Haltung, seinen Bezug zum Thema,
  - die Entstehungszeit der Quelle, die Einordnung in den historischen Kontext (Anlass, Umstände),
  - die Gattung der Quelle (primär: Urkunde, Vertrag, Rede, Brief, Tagebuch, Flugblatt, Denkschrift, Biografien (Lebenserinnerungen)[1], Zeitungsartikel; sekundär: nachträglich verfasste Beschreibung eines Ereignisses oder einer Person; wissenschaftliche Arbeit) und deren spezifische Kennzeichen sowie ihre begrifflichen und sprachlichen Besonderheiten,
  - die Intentionen (Absichten), die Perspektive der Darstellung, die Interessenlage und den Standort des Verfassers, seine Wertungen, Belege, Lücken, Glaubwürdigkeit und Urteilsfähigkeit,
  - die Adressaten des Textes (eventuelle Beeinflussungsversuche durch den Autor?).
- Erarbeiten Sie aus Ihren Notizen strukturiert und prägnant
  - die formalen Merkmale der Quelle, beschreiben Sie in eigenen Worten den Aufbau und Gang der Argumentation,
  - die inhaltlichen Aussagen, um das Verständnis zu klären, und belegen Sie Ihre erläuternden Aussagen mit wichtigen, markant formulierten Zitaten aus der Vorlage. Ziehen Sie ein Fazit.
- Prüfen Sie abschließend kritisch den Gehalt, nennen Sie erkannte Probleme. Ordnen Sie die Ergebnisse Ihrer Quellenanalyse in den historischen Kontext ein.

Mit wissenschaftlichen Texten (Sekundärliteratur) arbeiten

- Bestimmen Sie nach dem ersten Lesen das Problem, um das es dem Autor geht, und seine Absicht.
- Gliedern Sie den Text. Unterstreichen Sie wichtige Aussagen. Beschränken Sie sich dabei weitgehend auf das Markieren einzelner Wörter (Schlüsselbegriffe). Fassen Sie in eigenen Worten die wesentlichen Aussagen zusammen. Zitieren Sie dabei kurze, besonders aussagestarke Textstellen und erläutern Sie diese. Formulieren Sie ein abstrahierendes Fazit ohne Wiederholungen.
- Prüfen Sie die Art der Darstellung: Überwiegen Thesen und Beispiele oder werden Argumente sorgfältig entwickelt? Was wird festgestellt? Was wird erklärt? Was will der Autor zeigen? Werden die Aussagen belegt? Ist die Darstellung multiperspektivisch? Wie wird gewertet? Welche Kriterien sind dem Autor dabei wichtig? Formulieren Sie Einwände gegen die Darstellung, falls es Ihnen notwendig erscheint.

---

1) *Vgl. Methoden-Baustein: Autobiografien als historische Quellen* ➧ *S. 132 f.*

Eine Statistik auswerten

Zu unterscheiden sind Zahlentabellen und Diagramme. Sie präsentieren und veranschaulichen ermittelte Daten und zeigen, wie sich Mengen im Laufe einer Zeiteinheit verändern, wie sich eine Gesamtzahl in Teile gliedern lässt oder welchen Anteil bestimmte Gruppen am Ganzen haben. Um gültige Aussagen zu erlangen, benötigen wir möglichst viele, einheitliche, untereinander vergleichbare, lückenlose Angaben über eine Sache oder einen Zusammenhang. Meistens sind die in diesem Buch abgedruckten Tabellen bereits bearbeitet worden. Die ihnen zugrunde liegenden ursprünglichen Rohdaten wurden beispielsweise für eine Region zusammengefasst, in einer überschaubaren Messgröße vereinheitlicht, umgerechnet oder nach bestimmten Gesichtspunkten ausgewählt und sortiert.

- Sammeln Sie zunächst Aussagen zu Thema, Zeit, Raum, Messgrößen sowie ihre Beziehung zueinander.
- Ermitteln Sie die Art der verwendeten Daten. Achten Sie auf Prozentwerte oder Indexierungen (Verhältniszahlen, die sich auf einen gleich 100 gesetzten Wert eines Ausgangsjahres beziehen).
- Vergleichen Sie die Angaben in den einzelnen Zeilen und Spalten miteinander. Achten Sie auf besonders hohe und niedrige Werte. Suchen Sie nach Schwerpunkten und Trends. Beschreiben und erläutern Sie die Veränderungen. Ermitteln Sie Gründe.
- Stellen Sie Ihre Erkenntnisse in den Zusammenhang mit anderen Informationsquellen. Vergleichen Sie die Aussagen miteinander.
- Fassen Sie Ihre Arbeitsergebnisse in einem strukturierten Text prägnant und so klar nachvollziehbar zusammen, dass sie für andere ohne Blick auf das bearbeitete Material verständlich sind.

TIPP

Sie können Statistiken sich selbst und anderen veranschaulichen, indem Sie diese in Diagramme umwandeln. Für den Vergleich absoluter Werte eignen sich Säulen, für langfristige Entwicklungen bieten sich Kurven an und in Kreisen lassen sich gut prozentuale Teile eines Ganzen zeigen.

Historische Karten lesen

Geschichtskarten berücksichtigen räumliche, chronologische, thematische und quantitative Aspekte. Sie setzen geografische Bedingungen in eine Beziehung zu historischen Zuständen und Entwicklungen.

- Worüber informiert die Karte? Auf welche Region und Zeit beziehen sich ihre Aussagen? Zeigt sie einen Zustand oder eine Entwicklung? Welche Bedeutung haben die Zeichen der Legende? Was ist wann wo in welchem Ausmaß vorhanden?
- Formulieren Sie anschließend, welche Schlussfolgerungen sich ziehen lassen, wenn Sie die einzelnen Fakten miteinander verknüpfen und im Zusammenhang betrachten. Ziehen Sie bei Bedarf andere Quellen heran, um Ihre Erkenntnisse abzusichern oder zu erweitern.

Bildquellen interpretieren

Karikaturen

Karikaturen sind gezeichnete Kommentare. Sie gehen von der Realität aus, die sie jedoch subjektiv vereinfachen und verzerrt wiedergeben, um einen zentralen Aspekt hervorzuheben. Sie zeigen Schwächen von Personen, kritisieren Zustände und Entwicklungen, wollen sie vielleicht verändern.
Meist finden Sie unter dem Bild eine kurze Textzeile, beispielsweise die Aussage einer Person, eine bekannte Redewendung, ein mehrdeutiges Stichwort.

- Klären Sie zunächst den Bildinhalt.
- Erläutern Sie dann seinen historischen Kontext, bevor sie schließlich
- die Intention bestimmen und
- die Wirkung kommentieren.

Plakate

Plakate sollen Aufmerksamkeit wecken und müssen auf den ersten Blick wirken. Sie vereinfachen deshalb eine beabsichtigte Aussage.

- Beschreiben Sie die bildliche Darstellung. Achten Sie auf dominierende Farben, die mit ihnen verbundenen Assoziationen und auf Symbole.
- Erläutern Sie den Text und stellen Sie eine Beziehung zwischen ihm und dem Motiv her. Berücksichtigen Sie die Entstehungszeit und den Ort der Veröffentlichung.
- An welche Adressaten wendet sich das Plakat? Wer hat es entwerfen lassen? In welcher Absicht?

TIPP

Schließen Sie aufgrund Ihrer Kenntnisse aus anderen Materialien auf die Mentalität der Zielgruppen. Berücksichtigen Sie dabei den „Zeitgeist".

Fotos[1)]

- Beschreiben Sie möglichst genau, was das Bild zeigt (Personen, Objekte, Umgebung).
- Handelt es sich um eine (zufällige) Amateur- oder um eine (geplante/bestellte) Profiaufnahme?
- In welcher Absicht wurde fotografiert? Für wen? Beachten Sie den Kontext (Entstehungszeit und -ort).
- Entdecken Sie Hinweise auf Manipulationen (Retuschen, Montagen, unpassende Übergänge und Perspektiven)?

---

1) *Vgl. Methoden-Baustein: Fotografien interpretieren* ▸ *S. 58f.*

Gemälde

- Ausgangspunkt ist wie bei jeder Bildquelle die genaue Beschreibung des Kunstwerks (Formen, Farben, Bildaufbau, Personen, Gegenstände, Raumbeziehungen, Größenverhältnisse, Perspektive).
- Erklären und deuten Sie danach die verwendeten bildlichen Elemente vor dem historischen Hintergrund des Dargestellten.
- Bestimmen Sie schließlich die Bildaussage des Künstlers (Intention).
- Hatte der Künstler einen Auftraggeber? Aus welchem Anlass und für welchen Zweck entstand das Kunstwerk?
- Berücksichtigen Sie bei jedem Arbeitsschritt Ihre im Kunstunterricht erworbenen spezifischen Kenntnisse oder informieren Sie sich aus der Literatur über Kennzeichen jener Epoche, der das Bild zuzuordnen ist.

Filme[1)]

- Fassen Sie zunächst den Gang der Handlung knapp zusammen. Nennen Sie dabei besonders Ort und Zeit. Wird fortlaufend „erzählt" oder gibt es Sprünge?
- Charakterisieren Sie die wichtigsten Personen. Bestimmen Sie ihre Beziehung(en) zueinander.
- Ermitteln und erläutern Sie zeittypische Merkmale des Films. Berücksichtigen Sie allgemeine Grundsätze filmischer Gestaltung. Ziehen Sie ein Filmlexikon zu Rate, um Ihren Blick zu schärfen.
- Informiert der Film sachlich? Prüfen Sie kritisch politische oder ideologische Aussagen vor dem Hintergrund der Entstehungszeit des Films.
- Gab es Reaktionen auf den Film, die Ihnen bei der Interpretation helfen?

TIPP Ist der Film ein historisches Dokument? Erläutern und begründen Sie Ihr zusammenfassendes Urteil.

Bauwerke

Wir gehen hier davon aus, dass Sie gelegentlich mit Abbildungen von Bauwerken arbeiten. Deshalb zählen wir sie zu den Bildquellen.

- Wer war der Auftraggeber des Gebäudes/Bauwerks?
- Welchen Zwecken sollte das Bauwerk dienen?
- Wurde der Bau verwirklicht? Wie lange wurde von wem an dem Bauwerk gearbeitet? Wer bezahlte es?
- Was kennzeichnet das Bauwerk (Stilelemente, Form, Größe, Platzierung, Besonderheiten)?
- In welchem Zusammenhang stehen Stil und Funktion des Baus? Ziehen Sie bei Bedarf für architekturgeschichtliche Aspekte ein Fachbuch oder Speziallexikon heran.
- Welche Reaktionen auf das Bauwerk gab es? Wurde es später verändert? Warum?

---

1) *Vgl. Methoden-Baustein: Einen historischen Spielfilm analysieren* ➧ *S. 109 f.*

Lexika

Rainer Eppelmann u.a. (Hrsg.), Lexikon des DDR-Sozialismus. Das Staats- und Gesellschaftssystem der Deutschen Demokratischen Republik, Paderborn 1996

Andreas Herbst, Winfried Ranke und Jürgen Winkler, So funktionierte die DDR. Lexikon der Organisationen und Institutionen, Reinbek 1994

Helmut Müller-Enbergs u.a. (Hrsg.), Wer war wer in der DDR? Ein Lexikon ostdeutscher Biografien, Berlin ^{4}2006

Hans-Joachim Veen u.a. (Hrsg.), Lexikon Opposition und Widerstand in der SED-Diktatur, Berlin/München 2000

Quellen

Renatus Deckert, Die Nacht, in der die Mauer fiel. Schriftsteller erzählen vom 9. November 1989, Frankfurt am Main 2009

Roman Grafe (Hrsg.), Anpassen oder Widerstehen in der DDR, Bonn 2010

Saskia Handro, Alltagsgeschichte. Alltag, Arbeit, Politik und Kultur in SBZ und DDR, Schwalbach/Ts. 2004

Harald Hauswald und Lutz Rathenow, Gewendet. Vor und nach dem Mauerfall. Fotos und Texte aus dem Osten, Berlin 2006

Gerold Hofmann, Mutig gegen Marx & Mielke. Die Christen und das Ende der DDR, Leipzig 2009

Matthias Judt (Hrsg.), DDR-Geschichte in Dokumenten. Beschlüsse, Berichte, interne Materialien und Alltagszeugnisse, Berlin 1998

Christoph Kleßmann und Georg Walter (Hrsg.), Das gespaltene Land. Leben in Deutschland 1945 bis 1990, Texte und Dokumente, München 1993

Alf Lüdtke und Peter Becker (Hrsg.), Akten, Eingaben, Schaufenster. Die DDR und ihre Texte. Erkundungen zu Herrschaft und Alltag, Berlin 1997

Peter März (Hrsg.), Dokumente zu Deutschland 1944–1994, München ^{2}2000

Armin Mitter und Stefan Wolle (Hrsg.), Ich liebe euch doch alle! Befehle und Lageberichte des MfS, Januar–November 1989, Berlin ^{3}1990

Wolfgang Rüddenklau (Hrsg.), Störenfried. DDR-Opposition 1986–1989. Mit Texten aus den Umweltblättern, Berlin ^{2}1992

Charles Schüddekopf (Hrsg.), „Wir sind das Volk!" Flugschriften, Aufrufe und Texte einer deutschen Revolution, Reinbek 1990

Walter Süß (Hrsg.), Ende und Aufbruch – von der DDR zur neuen Bundesrepublik Deutschland, Frankfurt am Main ^{2}1997

Jutta Voigt, Westbesuch. Vom Leben in den Zeiten der Sehnsucht, Bonn 2009

Darstellungen

Hannes Bahrmann und Christoph Links, Chronik der Wende: die Ereignisse in der DDR zwischen 7. Oktober 1989 und 18. März 1990, Berlin ^{12}2009

Rainer Eckert, Was stimmt? DDR. Die wichtigsten Antworten, Freiburg im Breisgau 1997

Bernd Eisenfeld und Roger Engelmann, 13.8.1961: Mauerbau. Fluchtbewegung und Machtsicherung, Bremen 2001

Susanne Fritsche, Die Mauer ist gefallen. Eine kleine Geschichte der DDR, München 2004

Jens Gieseke, Die DDR-Staatssicherheit. Schild und Schwert der Partei, Bonn 2000

Thomas Großbölting (Hrsg.), Friedensstaat, Leseland, Sportnation? DDR-Legenden auf dem Prüfstand, Bonn 2010

Klaus-Dietmar Henke (Hrsg.), Revolution und Vereinigung 1989/90. Als in Deutschland die Realität die Phantasie überholte, München 2009

Hans-Hermann Hertle, Chronik des Mauerfalls. Die dramatischen Ereignisse um den 9. November 1989, Berlin ^{12}2009

Ders. und Stefan Wolle, Damals in der DDR. Der Alltag im Arbeiter- und Bauernstaat, München 2006

Günther Heydemann, Die Innenpolitik der DDR, München 2003

Beate Ihme-Tuchel, Die DDR, Darmstadt ^{2}2007

Martin Jankowski, Der Tag, der Deutschland veränderte – 9. Oktober 1989, Leipzig ^{2}2009

Ilko-Sascha Kowalczuk, 17.6.1953: Volksaufstand in der DDR. Ursachen – Abläufe – Folgen, Bremen 2003
Ders., Endspiel. Die Revolution von 1989 in der DDR, München 2009
Bernd Lindner, Die demokratische Revolution in der DDR 1989/90, Bonn 2001
Ulrich Mählert, Kleine Geschichte der DDR, München 1998
Norman M. Naimark, Die Russen in Deutschland. Die Sowjetische Besatzungszone 1945 bis 1949, Berlin 1997
Ehrhart Neubert, Geschichte der Opposition in der DDR 1949–1989, Bonn ^{2}2000
Ders., Unsere Revolution. Die Geschichte der Jahre 1989/90, München 2008
Karl-Heinz Paqué, Die Bilanz. Eine wirtschaftliche Analyse der deutschen Einheit, Bonn 2010
Michael Rauhut, Rock in der DDR. 1964 bis 1989, Bonn 2002
Andreas Rödder, Deutschland einig Vaterland. Die Geschichte der Wiedervereinigung, München ^{2}2009
Jörg Roesler, Ostdeutsche Wirtschaft im Umbruch 1970–2000, Bonn 2003
Martin Sabrow (Hrsg.), Erinnerungsorte der DDR, München 2009
Joachim Scholtyseck, Die Außenpolitik der DDR, München 2003
Klaus Schroeder und Steffen Alisch, Der SED-Staat. Partei, Staat und Gesellschaft 1949–1990, München ^{2}2009
Ders., Die veränderte Republik. Deutschland nach der Wiedervereinigung, München 2006
Wolfgang Schuller, Die Deutsche Revolution 1989, Berlin 2009
André Steiner, Von Plan zu Plan. Eine Wirtschaftsgeschichte der DDR, München 2004
Frederick Taylor, Die Mauer. 13. August 1961 bis 9. November 1989, München 2009
Matthias Uhl, Die Teilung Deutschlands. Niederlage, Ost-West-Spaltung und Wiederaufbau 1945–1949, Berlin 2009
Hermann Vinke, Die DDR. Eine Dokumentation mit zahlreichen Biografien und Abbildungen, Ravensburg 2008
Hermann Weber, Die DDR 1945–1989, München ^{4}2006
Jürgen Weber, Kleine Geschichte Deutschlands seit 1945, München ^{3}2006
Ders. (Hrsg.), Illusionen, Realitäten, Erfolge. Zwischenbilanz zur Deutschen Einheit, München 2006
Ders. (Hrsg.), Der SED-Staat. Neues über eine vergangene Diktatur, München-Landsberg am Lech 1995
Falco Werkentin, Recht und Justiz im SED-Staat, Bonn ^{2}2000
Edgar Wolfrum, Die Mauer. Geschichte einer Teilung, München ^{2}2009
Ders., Die DDR. Eine Geschichte in Bildern, Darmstadt 2008
Stefan Wolle, Die heile Welt der Diktatur. Alltag und Herrschaft in der DDR 1971–1989, Berlin ^{3}2009
Ders., Aufbruch in die Stagnation. Die DDR in den Sechzigerjahren, Bonn 2005
Ders., DDR, Frankfurt am Main 2004

Internet

Allgemeines

www.bpd.de
www.ddr-bilder.de
www.ddr-im-unterricht.de
www.ddr-wissen.de
www.deinegeschichte.de
www.hdg.de

Spezielle Themen

www.bstu.bund.de
www.chronik-der-mauer.de
www.ddr89.de
www.die-berliner-mauer.de
www.havemann-gesellschaft.de
www.jugendopposition.de
www.mein-herbst-89.de
www.politische-bildung.de/20_jahre-deutsche-einheit.html

www.revolution89.de
www.stiftung-aufarbeitung.de
www.zeitzeugenportal8990.de
www.17juni53.de

Museen und Gedenkstätten
www.berliner-mauer-dokumentationszentrum.de
www.ddr-museum.de
www.grenzdenkmaeler.de
www.mauermuseum.de
www.runde-ecke-leipzig.de
www.stasimuseum.de

Spielfilme
An die Grenze, Regie: Urs Egger, 2007
Das Leben der Anderen, Regie: Florian Henckel von Donnersmarck, 2005
Der Rote Kakadu, Regie: Dominik Graf, 2004
Der Tunnel, Regie: Roland Suso Richter, 2000
Good bye Lenin, Regie: Wolfgang Becker, 2003
Kleinruppin forever, Regie: Carsten Fiebeler, 2004
NVA, Regie: Leander Haussmann, 2005
Parallelwelt: Film. Ein Einblick in die DEFA, hrsg. von der Bundeszentrale für politische Bildung, Bonn 2007 (DVD-Edition mit 12 DDR-Spielfilmen von 1946 bis 1990 und Arbeitsmaterialien für den Unterricht)
Prager Botschaft, Regie: Lutz Konermann, 2007
Sonnenallee, Regie: Leander Haussmann, 1999

Dokumentarfilme/Dokumentationen
Allein gegen die Stasi oder Das teuerste Flugblatt der Welt, Regie: Gabriele Denecke, 2008
Chronik der Wende vom 7. Oktober 1989 bis 18. März 1990. 164 TV-Dokus zur Friedlichen Revolution in der DDR, hrsg. von der Bundeszentrale für politische Bildung, Bonn 2009
Ein Volk unter Verdacht. Die Staatssicherheit der DDR, Regie: Franziska Schlotterer, 2010
Feindbilder. Die Fotos und Videos der Stasi, Regie: Holger Kulick, 2006
Helden ohne Ruhm. Der 17. Juni 1953, Regie: Andreas Christoph Schmidt und Artem Demenok, 2003
Kontraste. Auf den Spuren einer Diktatur, hrsg. von der Bundeszentrale für politische Bildung und Rundfunk Berlin – Brandenburg, Bonn 2005 (DVD-Edition mit 32 Filmen zur DDR-Geschichte und Begleitmaterialien)
„Revisor" – Überwachung, Verfolgung, Inhaftierung durch das MfS: ein Fallbeispiel für den Unterricht, hrsg. von der BStU, Berlin 2008
Verriegelte Zeit, Regie: Sybille Schönemann, 1990
Wendebilder – Fünf Fotos und ihre Geschichten, Regie: Karoline Kleinert, Berlin 2006
1989 – Aufbruch ins Ungewisse, Regie: Christian Schulz, 2009

Personenregister

*Auf den mit einem * gekennzeichneten Seiten finden Sie kurze biografische Informationen.*

Sachregister

Titel dpa Picture-Alliance, Frankfurt
S. 8 DIZ – Süddeutscher Verlag, Bilderdienst, München
S. 10 Lilo Sandberg, Berlin
S. 13 Verlagsarchiv
S. 15 Archiv für Kunst und Geschichte, Berlin
S. 16 dpa Picture-Alliance/ZB, Frankfurt
S. 18 Verlagsarchiv
S. 20 dpa Picture-Alliance, Frankfurt
S. 21 Bildarchiv Preußischer Kulturbesitz, Berlin
S. 22 Dieter Vorsteher (Hrsg.), Parteiauftrag: Ein neues Deutschland. Bilder, Rituale und Symbole der frühen DDR, Berlin 1996, S. 29
S. 25 Verlagsarchiv
S. 27 Deutsches Historisches Museum, Berlin
S. 29 Verlagsarchiv
S. 30 Dieter Vorsteher (Hrsg.), a.a.O., S. 71
S. 31 Dieter Vorsteher (Hrsg.), a.a.O., S. 41
S. 35 Archiv für Kunst und Geschichte, Berlin
S. 38 Achim Bleyer, Erlangen
S. 40 Verlagsarchiv
S. 43 Deutsches Historisches Museum, Berlin
S. 44 Dieter Vorsteher (Hrsg.), a.a.O., S. 352
S. 46 dpa Picture-Alliance, Frankfurt
S. 48 Archiv der sozialen Demokratie der Friedrich-Ebert-Stiftung, Bonn
S. 51 Ullstein-Bild, Berlin
S. 53 Deutsches Historisches Museum, Berlin
S. 57 Institut für Zeitungsforschung, Dortmund
S. 58 DIZ – Süddeutscher Verlag, Bilderdienst, München; Picture Press – Bild- und Textagentur, Hamburg
S. 60 Stefanie Witt, Bamberg
S. 62 Verlagsarchiv
S. 64 Bundesarchiv, Koblenz
S. 66 Haus der Geschichte der Bundesrepublik Deutschland, Bonn
S. 70 dpa Picture-Alliance/Tewes, Frankfurt
S. 71 Bildarchiv Preußischer Kulturbesitz, Berlin
S. 72 Ullstein-Bild, Berlin
S. 74 Ullstein-Bild, Berlin
S. 75 Presse- und Informationsamt der Bundesregierung, Bundespresseamt, Berlin
S. 76 Institut für Zeitungsforschung, Dortmund
S. 79 Stefanie Witt, Bamberg
S. 80 Ullstein-Bild/Beitlich, Berlin
S. 83 Haus der Geschichte der Bundesrepublik Deutschland/Zeitgeschichtliches Forum, Leipzig; Carlotta Raum, Mühl Rosin
S. 84 Institut für Zeitungsforschung, Dortmund
S. 87 Institut für Zeitungsforschung, Dortmund
S. 89 Deutsches Historisches Museum, Berlin
S. 92 Der Bundesbeauftragte für die Unterlagen des Staatssicherheitsdienstes der ehemaligen Deutschen Demokratischen Republik (BStU), Außenstelle Dresden, AU 896/89, Bd. 2, Bl. 30
S. 93 Heinz Behling, Berlin
S. 96 dpa Picture-Alliance, Frankfurt
S. 99 dpa Picture-Alliance, Frankfurt
S. 100 Ullstein-Bild, Berlin
S. 101 Paul Glaser, Berlin
S. 102 Haus der Geschichte der Bundesrepublik Deutschland/Michael Jensch, Axel Thünker, Bonn
S. 103 Jörn Vanhöven
S. 107 Uwe Kraeusel, Berlin
S. 108 Matthias-Domaschk-Archiv, Berlin
S. 109 Buena Vista Home Entertainment, München
S. 111 The Associated Press GmbH/Bernhard J. Holzner, Frankfurt
S. 112 dpa Picture-Alliance, Frankfurt
S. 115 dpa Picture-Alliance, Frankfurt
S. 117 Deutsches Allgemeines Sonntagsblatt, Hansisches Druck- und Verlagshaus, Hamburg
S. 118 dpa Picture-Alliance/ZB, Frankfurt
S. 120 Verlagsarchiv
S. 124 dpa Picture-Alliance, Frankfurt
S. 126 Deutsches Historisches Museum, Berlin
S. 128 Ullstein-Bild/BPA, Berlin
S. 129 Stefanie Witt, Bamberg
S. 131 alimdi.net/Thomas Müller, Deisenhofen
S. 132 Joachim Gauck, Winter im Sommer – Frühling im Herbst, München: Siedler Verlag 2009
S. 134 Haus der Geschichte der Bundesrepublik Deutschland/Antonio Maia, Bonn
S. 135 Verlagsarchiv
S. 136 Deutscher Bundestag, Redaktion Das Parlament, 22.06.1990, Berlin
S. 139 Der Bundesbeauftragte für die Unterlagen des Staatssicherheitsdienstes der ehemaligen Deutschen Demokratischen Republik, Berlin
S. 141 Daily Star/Bill Caldwell
S. 144 dpa Picture-Alliance, Frankfurt
S. 145 Rainer Schwalme, Groß-Wasserburg
S. 146 dpa Infografik, Hamburg
S. 151 IPON/Stefan Boness, Berlin
S. 157 dpa Picture-Alliance, Frankfurt

Staatsflagge, Staatswappen und Nationalhymne der DDR

▲ **Staatsflagge.**

Die erste Verfassung der DDR von 1949 sah keine Nationalflagge vor. Im Artikel 2, Absatz 1 hieß es lediglich: „Die Farben der Deutschen Demokratischen Republik sind Schwarz-Rot-Gold." Trotzdem gab es eine Fahne, auf der die drei Farben waagerecht in Streifen angeordnet wurden. 1955 kam es auch offiziell per Gesetz zur Einführung der schwarz-rot-goldenen Nationalflagge – in der DDR „Staatsflagge" genannt. Vier Jahre später änderte sich ihr Erscheinungsbild. Anfang Oktober 1959 wurde festgelegt, die Flagge mit dem Wappen der Republik auf beiden Seiten zu versehen.
Die Fahnenänderung untermauerte die deutsche Zweistaatlichkeit, denn bis 1959 nutzten Bundesrepublik und DDR noch die gleiche Fahne.

▲ **Staatswappen.**

Die Gestaltung des Staatswappens durchlief mehrere Entwicklungsstufen. Seine endgültige Form wurde im September 1955 mit dem „Gesetz über das Staatswappen und die Staatsflagge der DDR" festgelegt. Paragraf 1 bestimmte: „Das Staatswappen der Deutschen Demokratischen Republik besteht aus Hammer und Zirkel, umgeben von einem Ährenkranz, der im unteren Teil von einem schwarz-rot-goldenen Band umschlossen ist." Hammer, Zirkel und Ährenkranz standen symbolisch für die Einheit von Arbeitern, Bauern und „Intelligenz".
Das Wappen orientierte sich insbesondere am sowjetischen Staatswappen und an den Hoheitszeichen anderer sozialistischer Länder. Damit sollte auch die Zugehörigkeit der DDR zum sozialistischen Staatenbund ausgedrückt werden.